★★★ 반드시 내 것으로 ★★★

#MUSTHAVE

딥러닝 '텐초'면 OK, 〈기본 블록〉과 〈학습 루프〉 먼저 구상하세요

텐초의
파이토치
딥러닝 특강

Must Have 시리즈는 내 것으로 만드는 시간을 드립니다. 명확한 학습 목표와 핵심 정리를 제공하고, 간단명료한 설명과 다양한 그림으로 학습 효과를 극대화합니다. 설명과 예제를 제공해 응용력을 키워줍니다. 할 수 있습니다. 포기는 없습니다. 지금 당장 밑줄 긋고 메모하고 타이핑하세요! Must Have가 여러분의 성장을 돕겠습니다.

GOLDEN RABBIT

골든래빗은 가치가 성장하는 도서를 함께 만드실 저자님을 찾고 있습니다.

내가 할 수 있을까 망설이는 대신, 용기 내어 골든래빗의 문을 두드려보세요.

apply@goldenrabbit.co.kr

우리는
가치가 성장하는
시간을
만듭니다.

추천의 말

이 책은 원고 단계에서 베타 리딩을 진행했습니다. 보내주신 의견을 바탕으로 더 좋은 원고로 만들어 출간합니다. 참여해주신 모든 분께 감사드립니다.

딥러닝 현업 전문가

딥러닝의 기본 내용을 알고 있는 초중급자가 더 높은 수준의 개념을 파이토치로 구현하며 이해하고 싶을 때 유용합니다. CNN에서 GAN까지 다양한 신경망을 다루면서 핵심 요약과 정리, 실습을 동시에 제공하고 있어서 실무자와 학생 모두에게 도움되는 책입니다.

이호상 SK텔레콤 매니저

파이토치는 딥러닝 프레임워크의 양대 산맥이지만, 국내에서는 텐서플로에 비해 인기가 덜합니다. 하지만 이 책 덕분에 파이토치를 배우는 사람이 국내에서도 늘어날 것 같습니다. 입문자도 알기 쉽게 코드와 설명을 잘 구성했으며, 현업자에게도 유용한 이미지 분류부터 텍스트 생성과 번역, GAN을 활용한 이미지 생성까지 현재 각광받는 AI 기술도 알려줍니다.

정현준 매드업 CTO

다른 딥러닝 입문 서적을 읽어보았지만 어떻게 활용해야 하는지 감이 잡히지 않은 분께 전체적인 개요와 구체적인 활용 방법을 제공하는 책입니다. 이 책을 다 읽을 때 쯤이면 딥러닝이 사용되는 여러 분야에 대한 기본 지식을 두루 이해할 수 있을 거예요.

홍승환 스캐터랩 Machine Learning Engineer

이 책을 베타리딩하면서 파이토치를 처음 사용해보았습니다. 몇 년 전 OCR 프로젝트를 수행할 당시에는 텐서플로를 사용했는데 그때 이 책을 만났다면 파이토치를 활용해 더 직관적으로 딥러닝 문제를 해결할 수 있었을 텐데 하는 생각이 들었습니다. 무엇보다 파이토치를 활용해서 다양한 문제를 해결하는 과정을 접할 수 있어 좋습니다. 인공지능을 처음 접하는 분이 보기엔 쉽지 않을 수 있지만, 관련 내용을 찾아가며 같이 공부한다면 소중한 경험을 가져갈 수 있을 거라고 생각합니다.

황후순 아일리스프런티어(주) 프로그래머

딥러닝을 기초를 지났고 파이토치로 다양한 문제를 풀고 싶은 사람들에게 추천합니다. 깔끔한 코드와 수많은 그림을 곁들인 설명 덕분에 왠만한 문제는 풀 수 있겠다라는 자신감이 생겼습니다.

Mo Kweon 구글 시니어 소프트웨어 엔지니어

딥러닝 입문자

수많은 개발자, 통계학자, 전문가가 만든 라이브러리로 쉽게 딥러닝을 맛볼 수 있다는 것은 엄청난 혜택입니다. 그중에서도 파이토치는 사용 편의성과 강력한 기능으로 전 세계에서 가장 사랑받는 딥러닝 프레임워크입니다. 이 책에서 다루는 16가지 파이토치를 활용한 예제를 따라 하면 딥러닝에 대한 흥미와 이해를 확실히 높일 수 있을 겁니다.

김수정 웹 프로그래머

이 책의 독자께

이 책은 독자 여러분이 파이토치 딥러닝을 효과적으로 배울 수 있게 파이토치 딥러닝 개념, 파이토치 코딩, 실전 노하우에 집중합니다.

딥러닝 개념은 수학과 떼려야 뗄 수 없습니다. 하지만 너무 어려운 수식을 사용하면 이해하는 데 오히려 방해됩니다. 그래서 고등학교 수학 지식만 있다면 누구나 쉽게 이해할 수 있는 수식에 그림을 곁들여 단계적으로 개념을 설명했습니다.

파이토치는 클래스 기반으로 신경망, 학습 순서를 정의하고 학습합니다. 그래서 파이토치에서 권고하는 **코딩** 구조를 먼저 알려드리고 나서 본격적인 학습에 들어갑니다. 기초 신경망인 CNN부터 스스로 창작하는 GAN까지 총 15가지 신경망을 만들 때는 먼저 신경망의 〈기본 블록〉과 〈학습 루프〉를 그림으로 제시합니다. 제시된 〈기본 블록〉과 〈학습 루프〉를 눈으로 보고 코드로 구현하면 되기 때문에 이해하기가 훨씬 쉽습니다. 참고로 독자의 시간을 아낄 수 있도록 소스 코드뿐만 아니라 학습이 끝난 모델 파일 또한 코랩으로 제공합니다. 따라서 고성능 컴퓨터가 없어도 예제를 체험할 수 있습니다.

▼ CNN 기본 블록 예시

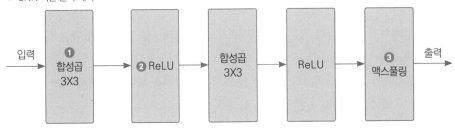

신경망을 만들 때는 〈기본 블록〉을 적당한 반복을 하는데 '적당한'은 주로 협업을 진행해본 사람만 아는 **노하우**입니다. 적당한 손실 함수를 선택하거나, 적당한 평가 방법을 고를 때도 마찬가지입니다. 이 책은 그저 코드를 따라 치는 게 아니라 어떤 관점에서 문제를 풀어나가야 하는지 실전 경험을 바탕으로 설명해 여러분이 실전에서 '적당한'을 알맞게 선택할 수 있게 돕습니다.

학습 마무리에서는 전체 과정을 되짚어 보여주고, 스스로 익힌 바를 확인할 수 있게 연습 문제를 제공합니다. 이런 식으로 15가지 신경망을 모두 학습하고 나면, 딥러닝 알고리즘에 대한 이해뿐만 아니라, 파이토치 코딩에 대한 지식과 실무 노하우도 얻을 수 있게 될 겁니다. 학습에 도움이 되길 빕니다.

 딥러닝이 처음인 파이썬 개발자께

이 책에서는 아주 간단한 예제부터 복잡한 예제까지 다룹니다. 높은 난도의 예제를 무리해서 쫓아가기보다는 쉬운 장부터 충분히 익히며 여러 번 읽어주세요.

- 스킵 제안 : 11장, 15장

 현직 딥러닝 엔지니어께

3장까지는 매우 기초적인 지식을 다루고 있어 이미 아는 내용일 수 있습니다. 특별히 리마인드를 하고 싶지 않으시다면 4장 이후의 내용에 집중해주세요.

- 스킵 제안 : 1장, 2장, 3장

• 알림 : 이 책은 파이썬을 할 줄 아는 분을 대상으로 합니다.

이 책만의 특징

1 학습 목표

모든 장은 학습 목표를 일목요연하게
제시하며 시작합니다.

2 학습 순서

배울 내용을 순서에 맞춰
미리 알려드립니다.

3 핵심 용어

본론에 들어가기 전에 핵심
용어를 미리 알려주어 학습
능률을 높입니다.

실습 예제 소개 4

학습에 사용할 신경망과 데이터, 학습 목표를
손쉽게 파악할 수 있게 표로 제공합니다.

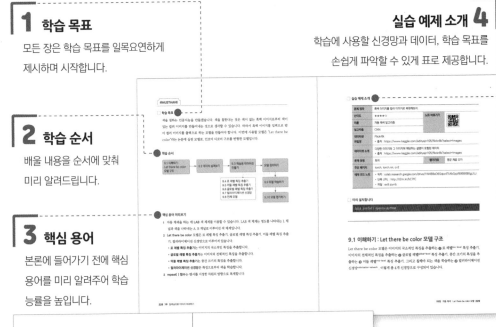

새로 등장한 함수 6

새로 등장한 함수 사용법을
정리해 보여줍니다.

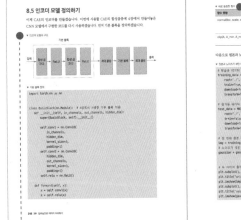

5 기본 블록

기본 블록을 먼저 설계하므로 기본 블록을 재활용해
손쉽게 모델을 정의할 수 있습니다.

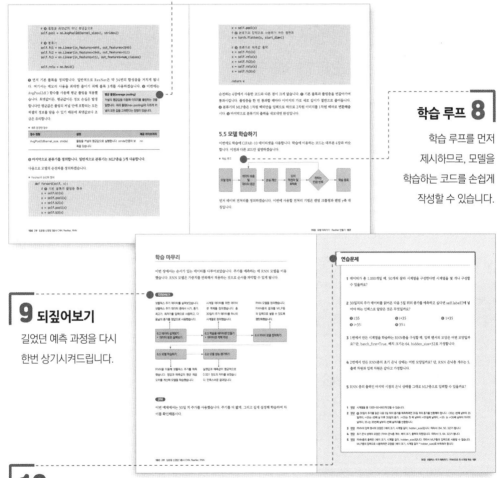

이 책의 구성

이 책은 학습 흐름을 끊지 않기 위해 개발 환경부터 설명한 후, 다음과 같이 총 5단계에 걸쳐 딥러닝 알고리즘을 개발하는 방법을 공략해나갑니다.

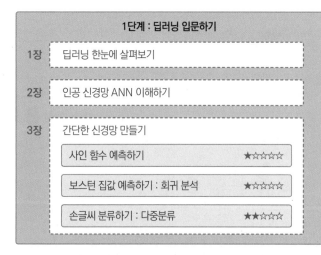

인공지능의 배경지식과 신경망을 알아보고 나서 간단한 신경망을 만듭니다. 이미 배경지식을 아는 분은 1장과 2장을 건너뛰어도 되지만, 가능하면 다시 돌아보는 기회로 삼기 바랍니다.

딥러닝에서 가장 흔하게 사용되는 알고리즘 세 가지를 소개합니다. 먼저 이미지를 처리하는 가장 기본적인 신경망인 VGG(CNN 모델)를 다룹니다. 거기서 조금 더 발전된 형태인 ResNet은 최근에도 사용될 정도로 성능이 좋습니다. 시간의 흐름에 따라 순서가 있는 데이터를 시계열 데이터라고 부르는데, 시계열 데이터를 다루는 기본 알고리즘인 RNN을 마지막으로 알아보겠습니다.

분류보다 더 복잡한 이미지 처리 기술인 이미지 세그멘테이션, 이미지 디노이징, 자동 채색을 알아보겠습니다. U-Net, 오토인코더, Let there be color를 이용합니다. 딥러닝을 이용한 이미지 처리는 이미지로부터 얻은 특징을 어떻게 사용하느냐가 매우 중요합니다. 이미지의 특징을 처리하는 방법도 배워봅시다.

실전에서 등장하는 시계열 알고리즘을 사용해 조금 더 복잡한 텍스트 처리를 배워보겠습니다. 10장에서는 RNN의 발전형인 LSTM을 이용해 '글을 쓰는 인공지능'을, 11장에서는 어텐션 기법을 이용해 기계 번역기를 만듭니다. 12장에서는 이미지로부터 텍스트를 추출하는 알고리즘을 알아봅니다. LSTM과 어텐션은 텍스트 처리에서 빠지지 않고 등장하는 개념입니다.

그림이나 음악을 만드는 등을 입력으로 주고 새로운 결과물을 출력하는 모델을 생성 모델이라고 부르는데, 가장 기본은 적대적 생성 신경망(GAN)입니다. 사람 얼굴을 생성하는 GAN, 화질을 개선하는 GAN, 데이터 없이 학습하는 GAN을 만들겠습니다.

본문에서 다루지 못한 GPT, BERT, ViT를 알아보고, 오차 역전파를 이용해 실제로 가중치가 업데이트되는 과정을 알아봅니다. 끝으로 로컬에 실습 환경을 구축하는 방법을 알아봅니다.

목차

목차

3단계 딥러닝으로 이미지 처리하기 183

목차

4 단계 딥러닝으로 텍스트 처리하기 255

10 글쓰는 인공지능 : LSTM 텍스트 생성 257

11 직접 만드는 번역기 : 어텐션 기계 번역 275

5 단계　GAN으로 생성 모델 만들기　　　323

목차

실습 환경 안내

☐ **학습 목표**

이 책은 실습 환경으로 구글 코랩Colab을 사용합니다. 코랩에 가입해 기본적인 사용법을 익히고 나서 예제 코드를 내려받는 방법을 알아보겠습니다.

☐ **학습 순서**

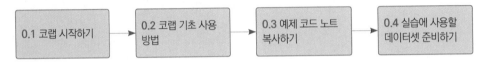

☐ **구글 코랩 소개**

코랩은 구글이 만든 서비스로 인터넷 브라우저에서 코드를 읽고, 쓰고, 실행할 수 있는 개발 환경입니다. 코랩은 특히 머신러닝이나 데이터 분석 등에 특화돼 있습니다. 모든 코드는 구글이 호스팅하는 주피터 노트북에서 실행되며 필요한 대부분의 파이썬 패키지가 이미 설치되어 있습니다.

☐ **테스트 환경 안내**

집필 시점에 코랩은 다음과 같은 실습 환경을 제공합니다. 소프트웨어는 지속적으로 업데이트되기 때문에 버전이 상이하면 UI가 달라지거나 다르게 동작할 수 있습니다

- 파이썬 3.7.13
- pandas 1.3.5
- numpy 1.21.6
- sklearn 1.0.2
- matplotlib 3.2.2
- pytorch 1.11.0

0.1 코랩 시작하기

ToDo **01** 구글에서 Colab을 검색하거나, 아래의 주소로 접속합니다.

- colab.research.google.com

02 구글 계정으로 로그인하면 아래와 같은 시작 화면을 볼 수 있습니다. 여기서 **❶** [새 노트]를 클릭해서 새로운 노트 파일을 열어보세요. 이미 작업한 파일은 **❷** [최근 사용]이나 **❷** [Google Drive] 탭에서 찾아볼 수 있습니다.

> **Note** 노트는 주피터 노트북에서 사용되는 파일 형태입니다. 노트, 노트북, 노트북 파일이라 부릅니다. 확장자는 ipynb 입니다.

03 구글 코랩에서 생성된 노트 파일은 해당 구글 계정의 구글 드라이브에 저장됩니다. 코랩으로 작업한 뒤 구글 드라이브에 들어가면 [Colab Notebooks] 폴더가 생성되어 있을 겁니다.

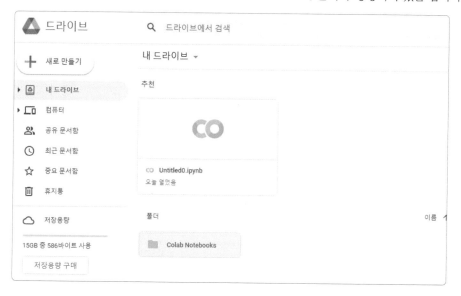

04 구글 드라이브에서 곧바로 노트 파일을 생성할 수도 있습니다. 드라이브 화면에서 **❶** [새로

만들기] 클릭(또는 여백을 우클릭) → ❷ [더보기] 클릭 → ❸ [Google Colaboratory]를 선택하면 노트 파일을 생성할 수 있습니다.

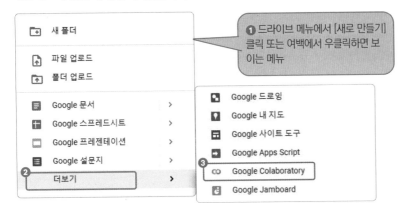

0.2 코랩 기초 사용 방법

코랩은 셀 단위로 코드와 텍스트를 편집합니다. 특히 코드를 실행할 수 있어 편리합니다. 코랩에서 생성한 노트의 예시를 보면서 설명하겠습니다.

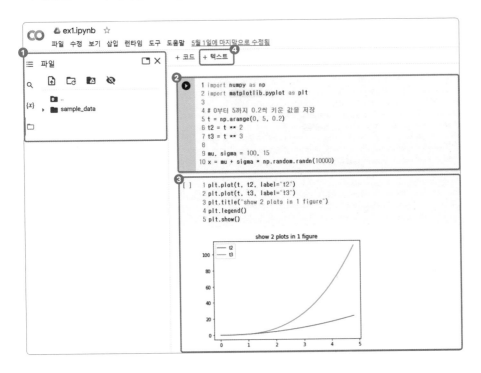

❶ 파일 탐색기입니다. 코랩을 실행하는 원격 저장소의 파일을 나타냅니다.

❷ 코드 셀입니다. + 코드 아이콘을 누르면 생성됩니다. 파이썬 코드를 입력하고 나서 ▶ 아이콘을 누르거나 Shift + Enter 키를 누르면 코드 셀을 실행시킬 수 있습니다.

❸ 셀의 실행 결과를 나타냅니다. 표시할 내용이 없다면 아무것도 표시되지 않습니다.

❹ + 텍스트 아이콘을 누르면 텍스트 셀이 생성됩니다. 어렵지 않으니 직접 생성해보세요.

0.2.1 코랩 런타임 설정

코랩에서는 코드를 실행시키는 프로세서를 지정할 수 있습니다. 프로세서를 할당받게 되면 '코랩 세션'이 실행되며, 이 세션에서 실행 정보를 저장합니다. 코드가 돌아가는 실행 정보를 담고 있는 환경을 '런타임'이라고 부릅니다. 세션, 혹은 런타임이 초기화되면 지금까지의 진행 상황이 초기화되므로 주의해주세요. 코랩 무료 버전은 세션을 최대 12시간까지 유지할 수 있고, 90분간 코랩 페이지와 상호작용이 없으면 세션을 초기화해버리므로 주의해야 합니다.

To Do 세션의 런타임 설정하기

01 메뉴에서 **❶** [런타임] → **❷** [런타임 유형 변경]을 클릭해주세요.

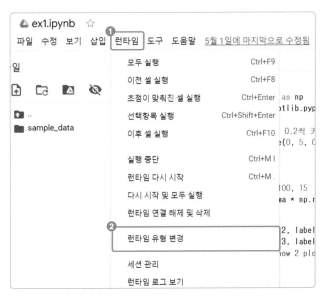

02 팝업창에서 ❶ 하드웨어 가속기, 즉 사용할 프로세서를 선택합니다. None은 CPU 환경을 의미합니다. 실습 코드를 실행할 때는 GPU로 하드웨어 가속기를 바꾼 뒤 실행해주세요. 이 책의 예제는 대용량 데이터를 다루는 일이 많기 때문에 GPU를 사용해야 됩니다.

❷ 코랩 노트를 저장할 때 출력을 저장할지 여부를 선택합니다. 체크를 해제하면 노트에 실행 결과를 저장하지 않습니다. 출력을 저장하지 않으면 노트의 용량을 줄일 수 있지만, 노트를 열 때마다 다시 실행해야 해서 불편합니다. 따라서 해당 항목을 체크를 해서 노트에 결과를 저장하는 것을 권장합니다.

❸ 설정을 마쳤으면 [저장] 버튼을 클릭해주세요.

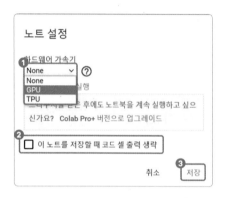

0.2.2 코드 셀 추가하기

코드 셀을 추가하는 방법은 총 3가지입니다. 먼저 단축키를 사용하는 방법 2가지를 알려드리겠습니다. `Shift + Enter` 키를 누르면 현재 셀을 실행하고 아래에 셀이 추가됩니다. `Ctrl + M + B`를 누르면 셀을 실행하지 않고 셀과 셀 사이에 새로운 셀이 추가됩니다.

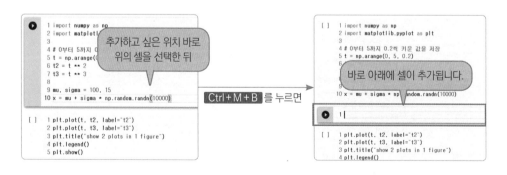

마지막은 메뉴를 사용하는 방법입니다. ❶ [삽입] → ❷ [코드 셀]을 선택하면 추가됩니다.

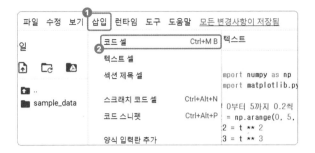

0.2.3 셀 삭제하기

삭제하고 싶은 셀을 선택하고 Ctrl + M + D 를 눌러주세요.

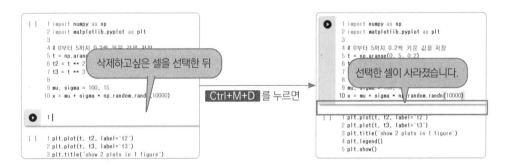

또는 삭제하고 싶은 셀 위에서 마우스 오른쪽 클릭하고 → 팝업 메뉴에서 [셀 삭제]를 선택하면 됩니다.

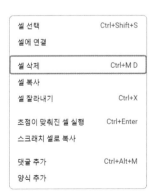

0.3 예제 코드 노트 복사하기

이 책의 모든 예제 코드는 코랩 노트로 공유해놨습니다. 독자 여러분은 제가 공유한 코랩 노트를 복사해서 사용하실 수 있습니다. 노트를 복사해 사용하면 라이브러리 버전을 책과 동일하게 맞출 수 있다는 장점이 있습니다. 즉, 책과 같은 환경에서 작업할 수 있습니다.

코랩 노트를 복사해 실행하는 방법을 알아보겠습니다.

ToDo **01** 이 책에 들어가는 모든 노트의 링크를 모아둔 다음 주소로 이동합니다.

- colab.research.google.com/drive/11k-SAzMs6mw_0gTMxmIAIY2gCfB8VbqB
- 단축 URL : https://me2.do/GtbNqwr7

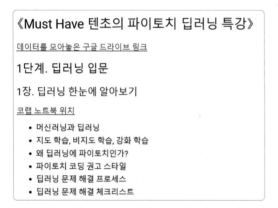

02 메뉴에서 ❶ [파일] → ❷ [드라이브 사본에 저장]을 누르면 ❸ [내 드라이브] → [Colab Notebooks] 아래에 저장됩니다.

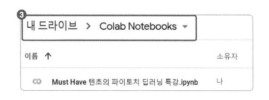

03 페이지에 링크된 다른 노트들도 같은 방식으로 드라이브에 사본으로 저장해 사용하면 됩니다.

0.4 실습에 사용할 데이터셋 준비하기

이 책의 실습 예제는 대용량의 데이터를 사용합니다. 그래서 코랩과 구글 드라이브를 연결할 필요가 있습니다. 먼저 제가 공유한 데이터셋을 여러분의 드라이브에 바로가기로 추가하겠습니다. 그후에 드라이브와 코랩을 연결하면 데이터를 사용할 준비가 된 겁니다.

To Do 실습 데이터셋 준비하기

데이터셋을 여러분의 구글 드라이브에 바로가기로 추가하겠습니다. 압축한 데이터셋 크기가 3GB를 훌쩍 넘기 때문에 내려받으면 몇 시간 동안 작업을 해야 합니다. 바로가기로 추가하면 몇분이면 됩니다. **꼭 이제부터 제시하는 방법을 따라주세요.**

01 이 책에 들어가는 모든 데이터셋을 모아둔 다음 주소로 이동합니다.

- drive.google.com/drive/u/0/folders/1_XuoiGdAoueqwYcaJtt5NhJEFGHJKtvG
- 단축 URL : https://me2.kr/vq6tj

02 ❶ 메뉴에서 [data] → [드라이브에 바로가기 추가를 클릭합니다.

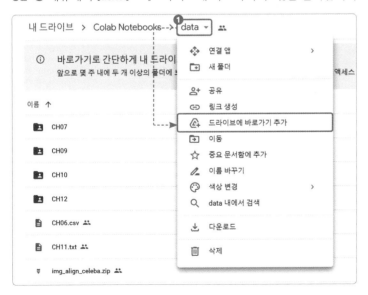

03 그러면 어디에 저장할지 경로를 지정하는 창이 보입니다. [내 드라이브] → [Colab Notebooks] 폴더로 지정해주면 됩니다.

04 [내 드라이브] → [Colab Notebooks]로 이동했을 때 [data] 폴더가 보이면 제대로 추가된 겁니다.

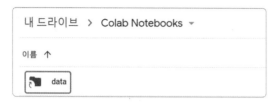

> **Warning** 지금 제시한 경로대로 바로가기를 추가했다면 코드 실습을 원활하게 진행할 수 있습니다. 다른 경로를 사용했다면 소스 코드에서 알맞게 데이터셋 경로를 수정해주세요.

이 작업은 한 번만 진행하면 됩니다.

To Do 코랩 노트와 구글 드라이브 연결하기

노트와 구글 드라이브 연결은 파일마다 진행해야 합니다.

01 0.3절을 참고해서 7장 예제 코드를 여러분의 드라이브에 저장하고 나서 열어주세요. 코랩 파일 탐색기에서 ❶ 🖻 아이콘을 클릭합니다.

02 다음과 같은 창이 뜹니다. 지시대로 해당 셀을 실행해줍니다.

03 팝업창에서 ❶ [Google Drive에 연결]을 클릭하고 나서 안내에 따라 계정 액세스를 허용해 주세요.

그러면 잠시 후에 ❷ [drive]라고 표시된 구글 드라이브 폴더가 탐색기에 나타납니다. [drive] → [MyDrive] → [Colab Notebooks]에 앞서 추가한 [data] 폴더가 있습니다.

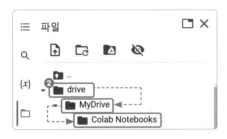

> **TIP** 코드 셀에 다음 코드를 넣고 실행하면 간단히 구글 드라이브를 마운트할 수 있습니다.

```python
from google.colab import drive
drive.mount('/content/drive')
```

이상으로 실습에 필요한 환경 설정을 마쳤습니다.

인공지능의 배경지식과 신경망을 알아보고 나서 간단한 신경망을 만듭니다. 이미 배경지식을 아는 분은
1장과 2장을 건너뛰어도 되지만, 가능하면 다시 돌아보는 기회로 삼기 바랍니다.

Start

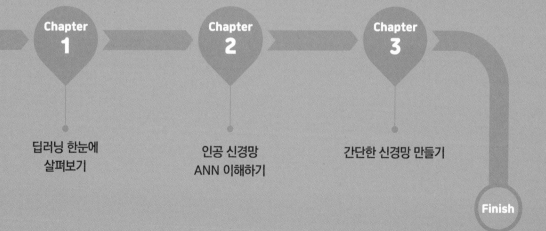

딥러닝 한눈에 살펴보기

☐ **학습 목표**

딥러닝이 무엇인지, 어떤 기법이 있는지 알아보고 나서 파이토치 기본 코딩 스타일을 알아봅니다. 이어서 딥러닝을 수행하는 프로세스와 최소한의 통계 지식, 시각화 기법을 알아봅니다. 빠르게 딥러닝을 알아가는 시간이 될 겁니다.

☐ **학습 순서**

☐ **핵심 용어 미리보기**

1 **머신러닝**은 입력 데이터를 이용해 알지 못하는 변수를 반복적으로 학습해나가면서 예측하는 알고리즘입니다.

2 **딥러닝**은 인공 신경망을 사용한 머신러닝 알고리즘입니다.

3 **지도 학습**은 데이터에 정답 데이터를 제공하는 학습 방법입니다.

4 **비지도 학습**은 데이터에 정답 데이터를 제공하지 않은 학습 방법입니다.

5 **강화 학습**은 데이터를 사용하지 않고, 인공지능이 스스로 시행착오를 겪으며 성장하는 학습 방법입니다.

6 **딥러닝 문제 해결 프로세스**는 ❶ 문제 정의 → ❷ 데이터 수집 → ❸ 데이터 가공 → ❹ 딥러닝 모델 설계 → ❺ 딥러닝 모델 학습 → ❻ 성능 평가 순서로 진행됩니다.

7 **독립변수**는 다른 변수의 값을 결정하는 변수를 말합니다. 입력값으로 사용됩니다.

8 **종속변수**는 독립변수에 의해 값이 결정되는 변수를 의미합니다. 출력 대상이 되는 변수(목푯값)입니다.

1.1 머신러닝과 딥러닝

사람은 직접 경험하거나, 책이나 영상으로 타인의 경험을 간접 경험하면서 학습합니다. 누군가 "사람은 학습합니다"라고 말하면 별다른 의문 없이 "뭐 그렇지, 맞아"라고 수긍할 겁니다. 그렇다면 "기계가 학습한다"는 말의 의미는 무엇일까요?

먼저 기계에게 간접 체험을 시켜봅시다. 예를 들어 수많은 질병 증상을 기계에게 알려준 다음, 환자의 증상을 알려준다면 기계는 증상을 토대로 병을 진단할 겁니다. 열이 나고 목이 아프면서 기침을 한다면 감기라고 말이죠. 또 다른 예시를 하나 들어볼까요? 컴퓨터의 결함에 대한 증상을 컴퓨터에게 알려주고, 내 컴퓨터의 상황을 알려주면 어디가 고장이 났는지 알 수 있을 겁니다. 이렇게 특정 분야의 전문가처럼 동작하는 시스템을 전문가 시스템experts system이라고 부릅니다. 최초의 전문가 시스템은 1960년 보건 분야 인공지능인 덴드랄입니다.

▼ 전문가 시스템의 예

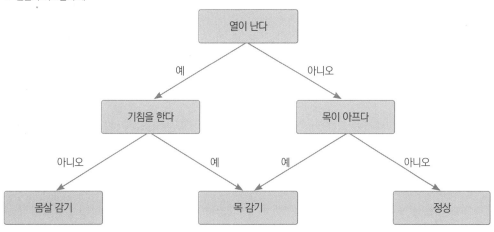

그러나 이런 전문가 시스템은 진정한 의미의 인공지능은 아니었습니다. if else 구문으로 다양한 경우의 수를 구현한 프로그램에 가까웠습니다. 인간이 입력한 지식 베이스(사례집)를 활용해 특정 분야에서 1980년대까지 상업적으로 사용되었지만, 미리 등록되지 않은 지식에 대해서는 알지 못해 1990년대에 들면서 퇴출되었습니다. 전문가 시스템에 어떤 문제점이 있을까요?

전문가 시스템의 가장 큰 약점은 시행착오가 없다는 겁니다. 사례집을 단순히 찾아볼 뿐, 무언가를 학습하는 것이 아니었다는 뜻입니다. 또한 기계의 힘을 빌려야 하는 복잡한 분야에 전문가 시스템을 이용하려면 계산량이 너무 많아졌습니다. 이런 문제를 해결하고자 기계에게 시행착오

개념을 알려주고, 문제를 간단하게 만들어 제공하기 시작했습니다. 대용량 데이터를 바탕으로 입력값에 대한 출력값을 예측하거나 범주로 나눌 수 있는 기계를 연구한 겁니다.

문제를 크게 값을 예측하는 회귀 문제, 범주로 나누는 분류 문제로 나눌 수 있습니다. 회귀 문제와 분류 문제는 맥락이 비슷합니다. 두 문제 모두 데이터를 수치화한 다음, 해당 데이터를 가장 잘 나타내는 직선(고차원에서는 결정 경계 또는 초평면이라고 부름)을 구하고 나서 직선 위에 있는지, 아래에 있는지를 기준으로 범주를 나누면 되기 때문입니다.

▼ 결정 경계의 시각적 이해

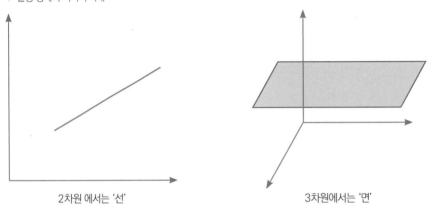

2차원 에서는 '선'   3차원에서는 '면'

앞의 그림에서 선을 '데이터를 표현하는 직선인 가설'이라고 부릅니다. 데이터에 가장 잘 맞는 가설을 구하려면 반복적으로 직선을 수정해야만 합니다.

이처럼 문제를 간단히 만들어 반복적으로 직선을 수정하면 시행착오를 겪으며 성장할 수 있습니다. 이런 기술을 우리는 머신러닝machine learning, 기계학습이라고 부릅니다. 머신러닝은 인간처럼 생각하는 인공지능은 아니지만, 주어진 문제를 해결하는 능력을 갖춘 인공지능이라고 볼 수 있습니다. 사람처럼 모든 문제에 대해 해결 능력을 갖춘 지능을 강 인공지능이라고 부르고, 특정한 문제에 대해서만 해결 능력을 갖는 인공지능을 약 인공지능이라고 부릅니다.

▼ 딥러닝, 머신러닝, 인공지능의 차이

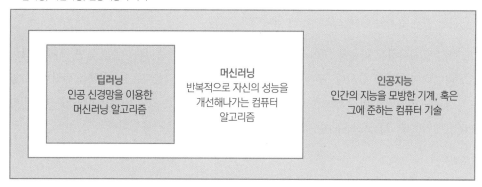

인공지능 알고리즘 중 시행착오를 겪으며 학습해나가는 알고리즘을 머신러닝이라 부르고, 머신러닝 알고리즘 중, 인공 신경망을 이용한 알고리즘을 딥러닝이라고 부릅니다. 시행착오를 겪지 않는 전문가 시스템은 인공지능의 범주에 들어가지만 머신러닝 알고리즘은 아닙니다.

1.2 지도 학습, 비지도 학습, 강화 학습

머신러닝의 학습 방법을 세 가지로 분류할 수 있습니다. 첫 번째로는 데이터에 정답이 있는 지도 학습supervised learning, 두 번째는 데이터에 정답이 없는 비지도 학습unsupervised learning, 마지막으로는 인공지능이 직접 체험하며 학습하는 강화 학습reinforcement learning입니다.

▼ 지도 학습

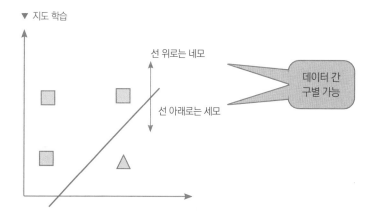

지도 학습은 학습용 데이터에 정답이 붙어 있습니다. 예를 들어 고양이 사진에는 고양이라는 정답이 붙어 있습니다. 토끼 사진에는 토끼라는 정답을 붙여 제공해 학습하고 나서, 학습된 인공지능에 정답 없는 고양이 또는 토끼 사진을 넣어줍니다. 그러면 학습된 인공지능이 고양이와 토끼 사진을 구분한 예측 결과를 출력으로 내놓게 됩니다.

비지도 학습에 사용하는 학습용 데이터에는 정답이 붙어 있지 않습니다. 예를 들면 구매 이력이 담긴 쇼핑 이력이 있다고 합시다. 구매 이력으로 소득 수준을 파악한다든가, 취향을 판단할 수 있습니다. 정답은 없지만 주어진 정보를 이용해 상관관계를 찾아내는 것이 비지도 학습입니다. 비지도 학습은 데이터를 그룹으로 나누는 클러스터링과 이상치 탐지에 사용됩니다.

▼ 비지도 학습

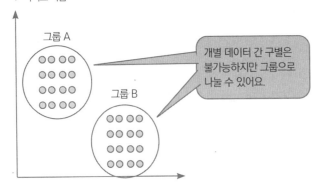

지도 학습과 비지도 학습은 모두 데이터를 입력으로 제공하지만 강화 학습은 데이터를 입력으로 받지 않습니다. 주어진 환경과 인공지능이 직접 상호작용해 인공지능의 행동을 점점 수정해나가도록 학습됩니다. 성공적인 행동에 상을 내리고, 잘못된 행동에 벌을 줘서 인공지능이 직접 자신의 행동을 개선하게 합니다. 구글의 딥마인드가 선보인 알파고는 강화 학습을 이용한 대표적인 예입니다. 이 책에서는 주로 지도 학습을 다루며, 13장 이후에는 비지도 학습의 대표적인 예인 GAN을 알아봅니다.

▼ 강화 학습

결과가 좋으면 보상을 줍니다.

인공지능 ──상호작용──▶ 환경

환경과 직접 상호작용하여 결과를 이용해 행동을 점점 개선함(데이터 불필요)

결과가 나쁘면 벌을 줍니다.

1.3 왜 딥러닝에 파이토치인가?

딥러닝 모델에는 수많은 알고리즘이 들어 있습니다. 데이터를 처리부터 가중치를 계산하고 수정하는 알고리즘, 가중치를 얼마나 수정해야 되는지 계산하는 알고리즘 등 만들어야 할 알고리즘이 한둘이 아닙니다. 딥러닝 모델을 만들면서 이렇게 많은 알고리즘을 우리가 직접 만들기에는 무리가 있습니다. 다행스럽게도 딥러닝 모델을 만들고 학습하는 데 필요한 도구를 모아놓은 프레임워크가 여럿 있습니다. 대표적인 딥러닝 프레임워크로 텐서플로^{TensorFlow}, 케라스^{Keras}, 파이토치^{PyTorch}가 있습니다. 우리는 그중에서 파이토치를 사용합니다.

paperswithcode.com에 따르면 2022년 3월 현재 파이토치는 논문에서 가장 많이 사용하는 딥러닝 프레임워크입니다.

▼ paperswithcode.com에서 공개한 2022년 3월 딥러닝 프레임워크 점유율

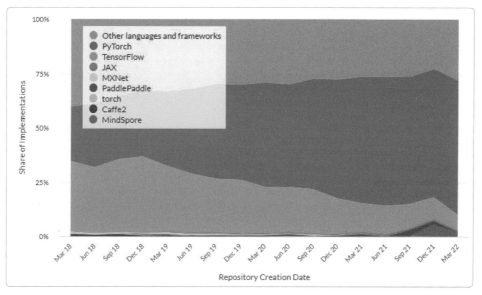

파이토치는 페이스북, 마이크로소프트 같은 대형 회사부터 대학 연구실까지 많은 사람이 이용합니다. 파이토치 코드는 파이썬 본래의 코드와 유사해 직관적이라는 장점이 있습니다. 텐서플로는 구글에서 공개한 프레임워크로 다양한 플랫폼에서 이용할 수 있습니다. 그렇기 때문에 상황에 따라 어느 프레임워크를 이용할지를 정해야 합니다. 텐서플로는 케라스를 고수준 API로 사용하며 파이썬으로 작성된 오픈 소스 신경망 라이브러리로 파이토치와 마찬가지로 파이썬과 유사한 코딩 스타일을 갖고 있습니다.

이미지에는 픽셀의 가로 세로 위치와 RGB값이 존재하는데, 파이토치는 RGB값을 가장 먼저 고려합니다. 딥러닝은 계산이 복잡하기 때문에 계산 그래프를 만들어 계산합니다. 파이토치는 동적 계산 그래프를 활용합니다. 정적 계산 그래프는 변수를 정의할 때 그래프 형태가 만들어지고, 동적 그래프는 변수를 호출할 때 그래프를 만들어가며 사용합니다. 파이토치는 동적 계산 그래프를 사용하기 때문에 코드를 읽어오면서 그래프를 만들어가며 사용합니다.

동적 계산 그래프는 중간에 변수의 값을 바꿀 수 있습니다. 반면 정적 계산 그래프는 값을 바꿀 수는 없지만 미리 정의한 순서대로 계산하므로 속도가 빠릅니다.

파이토치, 텐서플로, 케라스가 지원하는 알고리즘과 기능은 거의 같습니다. 서로 코딩 스타일과 문법이 다르고 공개하는 모델이 다릅니다. 그래서 자신이 사용하고자 하는 모델에 따라 프레임워크를 바꿔야 할 때도 있습니다.

▼ 정적 계산 그래프와 동적 계산 그래프의 차이

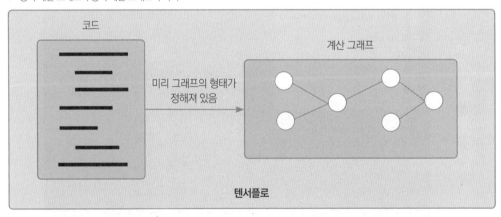

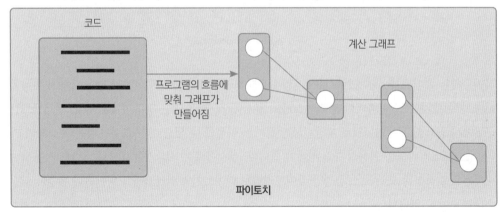

1.4 파이토치 권고 코딩 스타일

파이토치 권고 코딩 스타일을 알아보기 전에 파이토치로 두 텐서의 합을 구하는 아주 간단한 예제를 살펴봅시다. 여기서 텐서는 데이터를 담고 있는 개체를 의미합니다.

▼ 두 텐서의 합

```
import torch

# 1, 2, 3이 들어 있는 텐서를 만듭니다.
a = torch.tensor([1, 2, 3])
# 4, 5, 6이 들어 있는 텐서를 만듭니다.
b = torch.tensor([4, 5, 6])
# 두 텐서의 합을 구합니다.
c = a + b

# 텐서를 출력합니다.
print(c)
```

```
tensor([5, 7, 9])
```

파이토치는 클래스를 사용하도록 권고합니다. 크게 신경망의 동작을 정의하는 모듈 클래스와 데이터를 다루는 데이터셋 클래스가 있습니다. 즉 파이토치를 이용해 딥러닝 신경망을 학습하려면 ① 모듈 클래스를 이용해 신경망을 만들고, ② 데이터셋 클래스를 이용해 데이터를 불러와 학습하면 됩니다.

파이토치의 딥러닝 신경망은 모두 모듈(nn.Module 클래스)로 구성되어 있습니다. 모듈 클래스의 기본적인 뼈대는 다음과 같습니다.

▼ 파이토치 신경망의 기본 구성

```
class Net(nn.Module):
   def __init__(self):
      '''

      # 신경망 구성요소 정의

      '''
```

```
    def forward(self, input):
        '''

        # 신경망의 동작 정의

        '''

        return output
```

모듈 클래스는 신경망의 구성요소를 정의하는 __init__() 함수와 신경망의 동작을 정의하는 forward() 함수로 구성되어 있습니다. 파이토치는 미리 정의해둔 신경망 모듈을 제공합니다. 파이토치가 제공하는 모듈을 불러와 __init__() 함수 안에 정의합니다. 다음으로 forward() 함수에 신경망의 동작을 정의합니다(__init__() 함수에서 정의한 모듈을 연결하거나 필요한 연산 등을 정의합니다).

데이터를 호출하는 데이터셋 클래스의 뼈대는 다음과 같습니다.

```
class Dataset():
    def __init__(self):
        '''
        필요한 데이터 불러오기
        '''

    def __len__(self):
        '''
        데이터의 개수 반환
        '''
        return len(data)

    def __getitem__(self, i):
        '''
        i번째 입력 데이터와
        i번째 정답을 반환
        '''
        return data[i], label[i]
```

데이터셋 클래스의 구성요소는 세 가지입니다. 첫 번째로 __init__() 함수는 학습에 사용할 데이터를 불러옵니다. 두 번째로 __len__() 함수는 데이터 개수를 반환합니다. 마지막으로 __getitem__() 함수는 우리가 지정한 i번째 입력 데이터와 정답을 반환합니다.

모듈 클래스와 데이터셋 클래스를 이용한 딥러닝 학습을 진행하는 뼈대는 다음과 같습니다.

▼ 입력 데이터와 정답 호출

```python
# 데이터로더로부터 데이터와 정답을 받아옴
for data, label in DataLoader():
    # ❶ 모델의 예측값 계산
    prediction = model(data)

    # ❷ 손실 함수를 이용해 오차 계산
    loss = LossFunction(prediction, label)

    # ❸ 오차 역전파
    loss.backward()

    # ❹ 신경망 가중치 수정
    optimizer.step()
```

파이토치는 학습에 사용할 입력 데이터와 정답을 불러오는 데이터로더를 제공합니다. 데이터로더는 데이터셋 클래스를 입력으로 받아 학습에 필요한 양 만큼의 데이터를 불러오는 역할을 수행합니다. 이 데이터로더로부터 데이터와 정답을 불러와 신경망의 예측값을 계산합니다(여기서 신경망은 앞서 말씀드린 파이토치 모듈입니다). ❶ 예측값을 계산했다면 ❷ 손실 함수를 이용해 신경망의 오차를 계산합니다. ❸ 파이토치의 backward() 메서드를 이용해 오차를 역전파한 다음, ❹ step() 메서드를 이용해 신경망의 가중치를 수정합니다.

1.5 딥러닝 문제 해결 프로세스

딥러닝으로 문제를 해결하는 순서는 다음과 같습니다.

▼ 딥러닝 문제 해결 프로세스

❶ 가장 먼저 해결할 문제를 정의합니다. 예를 들면 이미지를 읽어들여 분류한다든가, 문장 안에 비어 있는 단어를 알아맞추는 등의 문제를 정의합니다.

❷ 다음으로는 문제를 푸는 데 필요한 데이터를 수집합니다. 딥러닝은 데이터를 기반으로 학습이 이루어집니다. 그렇기 때문에 딥러닝 모델이 읽어들이는 입력 데이터에 대한 딥러닝 모델의 예측이 올바른지를 판단할 정답이 필요합니다. 예를 들어 다음 그림은 두 가지 범주를 갖는 학습용 데이터셋을 표현하고 있습니다. 왼쪽은 검정색, 오른쪽은 하얀색이 정답입니다.

▼ 딥러닝 학습에 사용하는 데이터셋 구성 예시

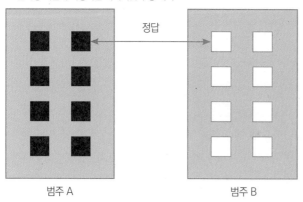

충분한 양의 데이터를 수집했다면 다음으로는 ❸ 데이터를 가공해야 합니다. 데이터를 수집하다 보면 정답이 잘못된 데이터, 혹은 문제 해결에 도움이 되지 않는 데이터 등이 섞이게 됩니다. 이런 데이터는 학습에 악영향을 미치므로 데이터에서 제거해줘야 합니다. 이렇게 딥러닝 모델의 입력으로 사용하기 전에 학습이 원활하게 이루어지도록 가공하는 작업을 데이터 전처리라고 합니다. 다음 그림에서 검정색 데이터에 흰색 데이터가 들어 있습니다. 잘못된 값입니다(경우에 따라 적절한 처리를 하거나 무시합니다).

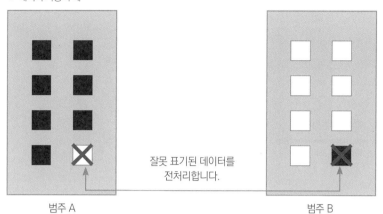

▼ 데이터 가공의 예

범주 A

범주 B

잘못 표기된 데이터를
전처리합니다.

이제 ❹ 딥러닝 모델을 만들 차례입니다. 해결할 문제에 알맞는 딥러닝 모델을 설계해야 합니다
(딥러닝 모델 설계에 대한 자세한 내용은 4장부터 본격적으로 다룹니다). 이 책에서는 이해를 돕
고자 〈기본 블록〉을 먼저 그림으로 설계한 후 코드로 딥러닝 모델을 정의합니다.

딥러닝 모델의 설계를 완료했으면 데이터를 이용해 ❺ 딥러닝 모델을 학습해야 합니다. 데이터를
딥러닝 모델의 입력으로 주면 예측이 올바른지 정답과 비교해가며 모델을 학습합니다. 이때 얼마
나 올바르게 학습했는가를 근사적으로 나타내는 수치를 '손실'이라고 하는데, 이 손실이 작아지도
록 학습합니다. 이 책에서는 먼저 〈학습 루프〉를 그림으로 설계한 후 학습 코드를 정의합니다.

마지막으로 학습 때 이용하지 않은 데이터를 이용해서 학습이 완료된 모델의 ❻ 성능을 평가합니
다. 딥러닝 모델의 성능을 평가하는 데 '평가 지표'를 이용합니다. 이 평가 지표가 딥러닝 모델의
성능을 근사적으로 나타냅니다.

딥러닝 모델의 학습 흐름을 더 자세하게 그림으로 만들어보았습니다.

▼ 딥러닝 모델 학습의 흐름

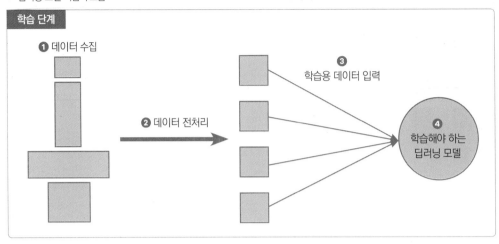

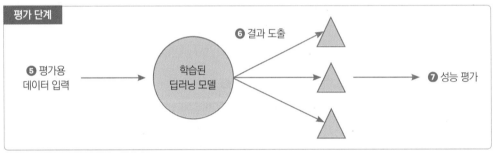

1.6 딥러닝 문제 해결 체크리스트

1.5절에서 살펴본 대로 딥러닝의 문제 풀이 흐름은 거의 고정적입니다. 각 단계마다 확인 사항을 간략하게 체크리스트로 정리해두었습니다. 학습과 업무에 도움이 되길 빕니다.

▼ 딥러닝 문제 해결 체크리스트

문제 풀이 단계	항목
풀어야 할 문제 이해하기	☐ 정확한 값을 예측하는 회귀 문제인가? ☐ 입력이 속한 범주를 예측하는 분류 문제인가?
데이터 파악하기	☐ 입력 자료형과 정답 확인하기 ☐ 클래스 간의 불균형은 없는지 확인하기 ☐ 누락된 데이터 혹은 자료형에 맞지 않는 데이터가 포함되어 있는지 확인하기

데이터 전처리	☐ 학습에 필요한 데이터가 부족하다면 데이터 증강하기
	☐ 데이터를 정규화해서 값의 범위 맞추기
신경망 설계	☐ 데이터의 공간 정보가 중요하면 합성곱 적용하기
	☐ 데이터의 순서 정보가 중요하면 RNN 적용하기
신경망 학습	☐ 적합한 손실 함수 찾기
	☐ 가중치 수정을 위한 최적화 정하기
	☐ 신경망의 성능을 평가하기 위한 평가 지표 정하기
손실이 무한대로 발산한다면	☐ 손실 함수 바꿔보기
	☐ 데이터에 이상한 값이 섞여 있는지 확인하기
	☐ 학습률 줄이기
손실이 0으로 수렴한다면	☐ 데이터가 부족하지 않은지 확인하기
	☐ 신경망 크기 줄여보기

1.7 딥러닝에 필요한 최소한의 통계 개념

딥러닝을 이해하려면 기초적인 통계 지식이 필요합니다. 매우 간단한 개념만 이해하면 되므로 걱정하지 않아도 됩니다. 다음 네 가지 용어에 대해 설명드리겠습니다.

1 종속변수와 독립변수
2 평균과 분산

독립변수는 다른 변수에 영향을 받지 않으며, 결괏값을 결정하는 변수를 말합니다. 설명이 복잡하지만 쉽게 생각하면 입력값이라고 보면 됩니다. 즉 딥러닝 모델의 입력으로 들어가는 값이 독립변수입니다. 1장 이후에 '모델의 입력', '입력 벡터', '입력 데이터', '입력 텐서' 등의 용어가 등장하게 되는데, 모두 독립변수를 지칭하는 용어입니다(경우에 따라 알맞게 사용합니다).

> **독립변수(independent variable)**
> 다른 변수의 값을 결정하는 변수를 말합니다. 입력값으로 사용됩니다.

반대로 종속변수는 독립변수에 의해 값이 결정되는 변수를 의미합니다. 쉽게 말하면 딥러닝 모델의 출력이 되는 변수라고 보면 됩니다. 딥러닝 모델의 출력값은

> **종속변수(dependent variable)**
> 독립변수에 의해 값이 결정되는 변수를 의미합니다. 출력 대상이 되는 변수(목푯값)입니다.

입력으로 사용한 데이터에 의해 변하게 되므로 딥러닝 모델의 출력이 곧 종속변수입니다. 이후에는 '모델의 예측값', '모델의 출력' 등의 용어가 등장하는데, 모두 종속변수를 지칭합니다(역시나 경우에 따라 알맞게 사용합니다).

▼ 독립변수와 종속변수

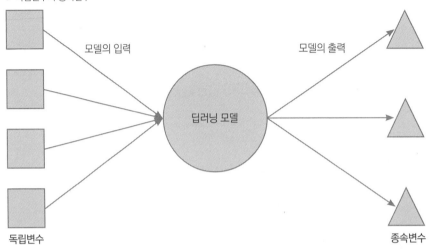

평균과 분산은 데이터의 대략적인 분포를 알수 있게 해줍니다. 평균은 모든 데이터의 합을 데이터 수로 나눈 값을 의미합니다. 평균은 정규분포와 같이 종형 분포를 갖는 확률 분포에서 랜덤하게 데이터를 뽑았을 때 평균에 가까운 값이 나올 확률이 가장 크다는 것을 의미합니다.

분산은 데이터가 얼마나 퍼졌는가를 나타내는 지표입니다. 즉, 분산이 크다는 것은 평균으로부터 넓게 흩어져 있는 데이터가 많다는 것을 의미하고, 분산이 작다는 것은 평균 근처에 데이터가 몰려있다는 뜻입니다. 이때 분산의 양의 제곱근을 표준편차라고 부릅니다.

▼ 분산에 따른 데이터 분포의 차이

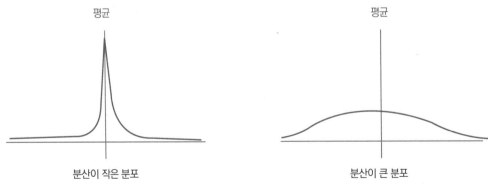

1.8 직관적 분석에 유용한 시각화

시각화는 딥러닝 모델의 동작을 눈으로 직접 확인하는 방법입니다. 이 책에서는 파이썬의 시각화 라이브러리인 맷플롯립^{matplotlib}을 사용합니다. 맷플롯립은 이미지를 그리거나, 데이터 시각화 등에서 사용하는 라이브러리입니다. 이 책에서는 두 방식의 시각화를 이용합니다.

하나는 이미지를 한눈에 볼 수 있도록 하는 서브플롯^{subplot}입니다. 서브플롯은 여러 그래프를 비교하거나 두 이미지의 차이를 비교하는 등 한 번에 여러 그래프를 그릴 때 사용합니다. 딥러닝 모델의 예측과 실제 정답을 비교할 때 주로 사용했습니다.

▼ 서브플롯 시각화 예

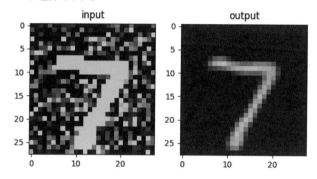

다른 하나는 꺾은 선 그래프를 그리는 플롯^{plot}입니다. 가장 기본이 되는 그래프로 시간의 흐름에 따른 데이터의 변화를 한눈에 알아볼 수 있기 때문에 순서가 있는 데이터를 다룰 때 사용합니다.

▼ 플롯 시각화 예

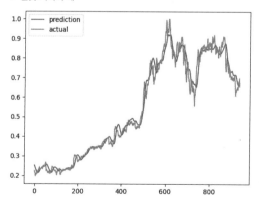

주로 사용하는 선형 그래프, 서브플롯, 히스토그램을 간단히 실습해보겠습니다. 먼저 맷플롯립과 넘파이를 설치해주세요.

▼ 미리 설치합니다

```
!pip install matplotlib
!pip install numpy
```

Note 코랩에서 pip 명령을 사용할 때는 pip 명령에 앞에 !를 붙여줘야 합니다.

예제에 사용할 간단한 데이터(0부터 5까지 0.2씩 증가시킨 값)를 만들겠습니다.

▼ 정규분포로부터 랜덤하게 값 추출

```
import numpy as np
import matplotlib.pyplot as plt

# 0부터 5까지 0.2씩 증가시킨 값을 저장
t = np.arange(0, 5, 0.2)
t2 = t ** 2
t3 = t ** 3

# mu를 평균으로, sigma를 표준편차로 갖는 정규분포로부터 랜덤하게 값을 추출
mu, sigma = 100, 15
x = mu + sigma * np.random.randn(10000)
```

이 데이터를 이용해서 3가지 그래프를 그려보겠습니다.

▼ 맷플롯립에서 지원하는 시각화 그래프

구분	예시 설명	사용하는 장
선형 그래프	여러 개의 선형 그래프를 하나의 그림에 그립니다.	6장

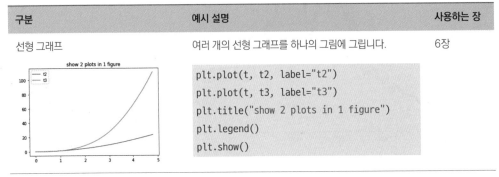	`plt.plot(t, t2, label="t2")`
	`plt.plot(t, t3, label="t3")`
	`plt.title("show 2 plots in 1 figure")`
	`plt.legend()`
	`plt.show()`	

서브 플롯	그래프를 하나의 그림이 아니라 따로따로 볼 때 서브플롯을 이용합니다.	4, 7, 8, 9장 등
| 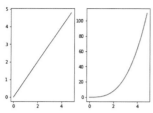 | ```python
plt.subplot(1, 2, 1)
plt.plot(t, t)
plt.subplot(1, 2, 2)
plt.plot(t, t3)
plt.show()
``` | |
| 히스토그램 | 데이터의 분포도가 확인할 때 히스토그램을 이용합니다. | 6장 |
| 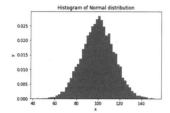 | ```python
plt.xlabel('x')
plt.ylabel('y')
plt.title('Histogram of Normal
distribution')
plt.hist(x, 50, density=1, facecolor='g',
alpha=0.75)
plt.show()
``` | |

학습 마무리

딥러닝을 본격적으로 다루기 앞서 필요한 배경 지식을 빠르게 소개했습니다. 머신러닝은 데이터를 분석해 가설을 만들어 데이터를 분류하는 일련의 과정입니다. 딥러닝은 머신러닝의 한 종류로 인공 신경망을 이용한 학습 방법을 말합니다. 지도 학습은 데이터에 정답이 붙어 있는 학습 방법이고, 비지도 학습은 데이터에 정답이 붙어 있지 않은 학습 방법입니다. 강화 학습은 데이터를 제공하지 않아도 인공지능이 스스로 시행착오를 겪으며 성장하는 학습 방법입니다.

연습문제

1 인공지능, 머신러닝, 딥러닝 중, 가장 범위가 넓은 개념은 무엇일까요?

2 매출전표를 보고 고객의 취향을 분석하는 머신러닝 알고리즘은 어떤 학습 방법을 이용할까요?

3 머신러닝과 딥러닝의 차이는 무엇일까요?

4 if-else 구문으로 이루어진 전문가 시스템은 딥러닝 알고리즘일까요?

5 최고점과 최저점을 받은 학생 두 명을 제외하고 모두가 같은 점수를 받았다면, 학생들의 점수 분포의 분산은 클까요, 작을까요? 단, 학생 수는 매우 많으며 학생 간의 점수차가 크지 않다고 가정합니다.

---

1 정답 인공지능은 인간의 지능을 모방한 모든 컴퓨터 알고리즘을 포함하는 개념입니다. 따라서 인공지능이 가장 넓은 범위입니다.

2 정답 매출전표에는 고객의 취향이 적혀 있지 않습니다. 따라서 알고리즘은 정답이 없는 데이터를 학습했기 때문에 비지도 학습 방법을 이용합니다.

3 정답 머신러닝은 반복적으로 학습해가는 알고리즘입니다. 이 중에서 인공 신경망을 사용한 알고리즘을 딥러닝 알고리즘이라고 부릅니다.

4 정답 전문가 시스템은 인공 신경망을 사용하지 않기 때문에 딥러닝 알고리즘이 아닙니다.

5 정답 최고점과 최저점을 받은 학생을 제외한 모든 학생이 같은 점수를 받았기 때문에 대부분의 데이터가 평균 근처에 분포해 있을 겁니다. 따라서 분산은 작습니다.

인공 신경망 ANN 이해하기

☐ **학습 목표**

인공 신경망을 이용한 딥러닝 기초 지식을 설명합니다. 먼저 인공 신경망이 어떻게 동작하는지, 어떻게 발전해왔는지 알아봅시다. 그다음은 신경망끼리 비교해 어떤 신경망이 더 좋은 성능을 갖고 있는지 성능을 비교하는 방법을 알아봅시다. 마지막으로 인공지능이 어떤 방식으로 학습하는지를 알아보겠습니다.

☐ **학습 순서**

☐ **핵심 용어 미리보기**

1 **인공 뉴런(퍼셉트론)**은 입력값과 가중치, 편향을 이용해 출력값을 내는 수학적 모델입니다.

2 **단층 인공 신경망**은 퍼셉트론을 하나만 사용하는 인공 신경망입니다.

3 **다층 인공 신경망**은 퍼셉트론을 여러 개 사용하는 인공 신경망입니다.

4 입력값을 표현하는 **입력층**, 신경망의 출력을 계산하는 **출력층**, 입력층 이후부터 출력층 전까지는 은닉층입니다.

5 **가중치**는 입력의 중요도를 나타내고 **편향**은 활성화의 경계가 원점으로부터 얼마나 이동할지를 결정합니다.

6 **활성화 함수**는 해당 뉴런의 출력을 다음 뉴런으로 넘길지를 결정합니다. **시그모이드 함수**는 뉴런의 출력값을 0과 1 사이로 고정합니다.

7 **손실 함수**는 정답과 신경망의 예측의 차이를 나타내는 함수입니다.

8 **경사 하강법**은 손실을 가중치에 대해 미분한 다음, 기울기의 반대 방향으로 학습률만큼 이동시키는 알고리즘입니다.

9 **오차 역전파**는 올바른 가중치를 찾기 위해 오차를 출력층으로부터 입력층까지 전파하는 방식입니다.

10 오버피팅은 과적합이라고도 합니다. 학습에 사용한 데이터에 최적화되게 학습되어서 다른 데이터에 대한 예측 성능이 떨어지는 경우를 의미합니다.

11 기울기 소실은 출력층으로부터 멀어질수록 역전파되는 오차가 0에 가까워지는 현상입니다.

2.1 퍼셉트론

인공 신경망^{artificial neural network, ANN}은 사람의 신경망을 본떠서 만든 알고리즘입니다. 가장 처음 등장한 인공 신경망은 1943년 워렌 스터기스 맥컬록^{Warren Sturgis McCulloch}과 월터 피츠^{Walter Pitts}가 만든 퍼셉트론^{Perceptron}입니다. 퍼셉트론은 인공 뉴런을 뜻하며, 사람의 뇌세포(뉴런)를 수학적으로 표현한 겁니다. 인공 신경망은 퍼셉트론, 즉 인공 뉴런의 집합체로 하나의 뉴런이 존재하면 단층 신경망, 여럿을 조합하면 다층 신경망이라고 부릅니다. 퍼셉트론의 동작 과정을 자세히 알아봅시다.

> **퍼셉트론, 인공 뉴런, 인공 신경망**
> 퍼셉트론, 혹은 인공 뉴런은 인간의 뇌세포를 수학적으로 표현한 알고리즘입니다. 퍼셉트론을 이용해 만든 모든 구조물을 인공 신경망이라고 부릅니다. 퍼셉트론을 하나만 사용하면 단층 신경망, 여러 개 사용하면 다층 신경망이라고 부릅니다.

▼ 한눈에 보는 퍼셉트론 동작 원리

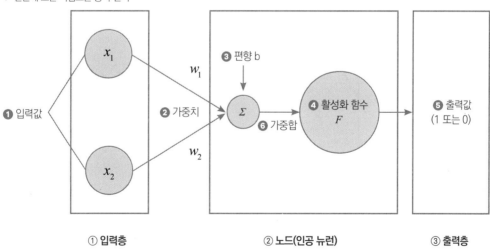

퍼셉트론은 ① 입력층, ② 노드(인공 뉴런), ③ 출력층으로 구성됩니다. 뇌세포는 다른 뇌세포로부터 일정 강도 이상(임곗값)의 자극(입력)을 받지 않으면 다음 뇌세포로 정보를 전달하지 않습니

다. 인공 신경망 역시 입력값에 가중치를 곱해 더해준 다음, 활성화 함수를 이용해 다음 노드에 정보를 전달할지 말지를 결정합니다. 가중치는 중요한 입력값을 더 키우고, 중요하지 않은 입력값을 줄이는 등, 입력에 대한 중요도를 나타내는 숫자입니다. 그림에서 보면 ❶ 입력값(x_1, x_2)에 대응하는 ❷ 가중치(w_1, w_2)가 각각 곱해진 다음, ❹ 활성화 함수(F)의 입력으로 사용되었습니다. 이때 더해지는 ❸ 편향은 활성화 함수의 임곗값을 이동시키는 역할을 합니다. 활성화를 거친 후 얻어지는 값을 ❺ 출력값이라고 부릅니다. ❻ 또한 입력값과 가중치를 곱해서 얻은 가중합이 활성화 함수의 입력으로 사용됩니다.

활성화 함수로는 시그모이드 함수^{sigmoid function}를 사용합니다. 시그모이드 함수는 실수 전체의 모든 입력에 대해 출력이 0과 1 사이의 실수만을 갖게 됩니다. 시그모이드 함수를 사용하는 이유는 인공 신경망의 출력을 확률로써 다루고 싶기 때문입니다. 확률 또한 값이 0과 1 사이로 표현되기 때문에 활성화 함수로 시그모이드 함수를 이용합니다.

> **활성화 함수(activation function)**
> 임곗값을 기준으로 노드의 출력값을 결정하는 함수. 활성화 함수로 인해 층을 쌓는 효과가 생깁니다.

퍼셉트론의 출력값 y는 $F(x_1 w_1 + x_2 w_2 + b)$가 됩니다. 여기서 F는 활성화 함수입니다. 여기서 가중합 a는 $a = (x_1 w_1 + x_2 w_2 + b)$로 표현됩니다.

▼ 시그모이드 함수

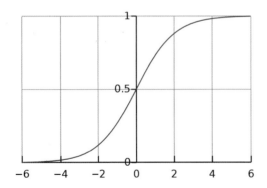

앞의 그림에서 사용한 입력값은 총 2개였습니다. 즉 y값은 x_1과 x_2로 표현할 수 있다는 뜻입니다. 가중치(w_1, w_2)는 변하는 값이 아니라 고정된 상수이므로, 뉴런의 가중합(a)을 그림으로 나타내면 다음과 같습니다.

▼ 입력값의 변화에 따른 가중합의 변화

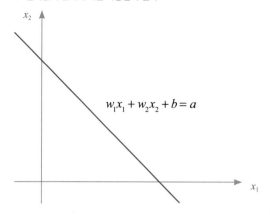

$$w_1 x_1 + w_2 x_2 + b = a$$

가중치가 변함에 따라 위 그래프에서 직선의 기울기와 위치가 변할 겁니다. 뉴런의 계산 결과인 a 의 값에 의해 직선의 아래에 있는지 혹은 위에 있는지 결정을 내릴 수 있기 때문에 위와 같은 직선 을 결정 경계라고도 부릅니다. 그럼 결정 경계를 이용해 어떤 문제를 해결할 수 있을까요? 다음과 같은 데이터가 주어져 있다고 합시다.

▼ 결정 경계를 이용한 데이터 분류의 예

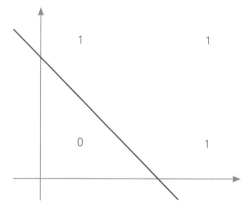

앞의 그림과 같은 데이터가 주어졌을 때 직선을 이용하면 0과 1을 구분할 수 있습니다. 적당한 가 중치가 주어진다면 그림과 같은 결정 경계를 만들 수 있고, 입력에 따라 결정 경계의 값보다 크다 면 1로, 작다면 0으로 구분할 수 있습니다. 또한 이 결정 경계를 만들기 위해 하나의 퍼셉트론을 이용했으므로 이런 구조를 단층 신경망이라고 부릅니다.

2.2 다층 신경망으로 단층 신경망 한계 극복하기

단층 신경망은 다양한 형태의 데이터를 분류할 수 있습니다. 그러나 모든 형태의 데이터에 대해 분류할 수 있을까요? 아쉽지만 단층 신경망은 분류 가능한 데이터 형태보다 분류할 수 없는 데이터 형태가 더 많습니다. 다음과 같은 (단층 신경망으로 분류할 수 없는) 데이터의 분포를 생각해봅시다.

▼ 단층 신경망으로 분류할 수 없는 데이터의 예

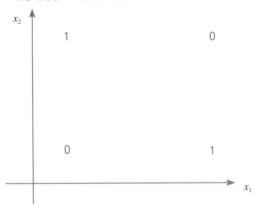

위와 같은 형태의 데이터를 XOR 데이터라고 부릅니다. 여기서 선을 하나 그어서 0과 1을 분류할 수 있을까요? 불가능합니다. XOR는 배타적 논리 연산, 즉 x_1과 x_2 중 하나만 1일 때 결과가 1인 경우를 말합니다. 1969년 마빈 민스키Marvin Minsky가 퍼셉트론이 XOR 문제를 풀 수 없다는 사실을 수학적으로 증명했습니다.

▼ XOR 진리표

x_1	x_2	y
0	0	0
1	0	1
0	1	1
1	1	0

그래서 등장한 것이 바로 다층 신경망입니다. 단층 신경망이 하나의 직선을 이용해 데이터를 분류하는 반면, 다층 신경망은 선을 여러 번 그어서 데이터를 분류합니다. 이제 다층 신경망이 어떤 방

식으로 데이터를 분류하는지 알아봅시다.

▼ 다층 신경망이 XOR 데이터를 분류하는 방법

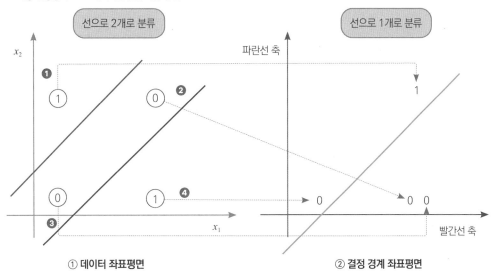

앞에서 직선 하나로는 XOR를 분류할 수 없다고 말씀드렸습니다. 그렇기 때문에 직선을 여러 개 사용하여 데이터를 분류해야 합니다.

다층 신경망이 직선을 사용해서 XOR 문제를 해결하려면, 직선 여러 개를 이용해 데이터의 분포를 바꿔줄 필요가 있습니다. 이를 기저 벡터 변환이라고 합니다. 기저 벡터를 변환한다는 뜻은 좌표계에서 하나의 점을 표현하는 기준을 바꿔준다는 뜻입니다. 왼쪽 데이터 좌표평면에서는 x_1과 x_2가 기준입니다. 기준을 빨간선과 파란선으로 바꿔주면 데이터 좌표평면상의 모든 점이 결정 경계 좌표평면상(오른쪽)으로 이동하게 됩니다. 이런 과정을 여러 번 반복하는 것이 바로 다층 신경망이 데이터를 분류하는 방식입니다. 이제부터 간단하게 직선 2개를 이용해 분류가 가능한 분포를 만들어줄 겁니다.

먼저 두 직선(파란선과 빨간선)을 그어줍니다. **이 두 선은 각각이 결정 경계가 되어 선보다 위에 있는 값은 1을, 작은 값은 0을 반환한다고 가정합시다.** ❹의 1이 빨간선 아래에 있다고 헷갈리지 마세요. 아직은 계산의 중간 단계에 있기 때문에 정답값은 고려하지 않아도 됩니다. 정답값은 모든 계산이 끝난 신경망의 최종 출력에서만 고려합니다.

두 좌표평면은 각각 축이 다르게 설정되어 있습니다. ① 데이터 좌표평면은 x_1과 x_2를 표현하는 축인 것에 반해, ② 결정 경계 좌표평면은 가로축이 빨간선의 결괏값, 세로축은 파란선의 결괏값을 나타내고 있습니다. ①번 좌표평면에 있는 점을 ②번 좌표평면으로 옮길 수 있다면 신 하나로도 1과 0을 구분지을 수 있습니다(1장에서 선은 '데이터를 표현하는 직선인 가설'이라고 말씀드렸습니다. 즉 다층 신경망도 마지막에 데이터를 분류하려면 선(가설)이 하나이어야 합니다). 왼쪽 좌표평면상의 점을 어떻게 오른쪽 좌표평면으로 이동시킬 수 있을까요?

먼저 ❶ 위치에 있는 1을 보겠습니다. 데이터 좌표평면상의 점을 보면 파란선과 빨간선, 양쪽보다 위쪽에 위치해 있습니다. 따라서 결정 경계 좌표평면에 표시된 위치(결정 경계 좌표평면 상 (1, 1)의 위치)로 이동합니다. ❷와 ❸ 위치에 있는 0을 보겠습니다. 데이터 좌표평면에 표시된 두 점 모두 파란선보다는 아래에, 빨간선보다는 위에 위치해 있습니다. 따라서 두 점 모두 결정 경계 좌표평면에 표시된 위치(결정 경계 좌표평면 상 (1, 0)의 위치)로 이동합니다. 마지막으로 ❹ 위치에 있는 1을 보겠습니다. 데이터 좌표평면 상에 표시된 점은 파란선과 빨간선보다 아래에 위치해 있기 때문에 결정 경계 좌표평면 상에 표시된 위치(결정 경계 좌표평면 상 (0, 0)의 위치)로 이동합니다. 이제 결정 경계 좌표평면상의 0과 1의 위치를 살펴보면 그림과 같이 하나의 (노란색) 직선으로 구분할 수 있게 되었습니다. 이렇게 좌표를 바꾸는 것이 '기저 벡터 변환'입니다.

> **기저 벡터 변환**
> 좌표계에서 점을 표현하는 기준(기저 벡터)을 다른 벡터로 변환하는 기법

기저 벡터는 공간을 표현하는 벡터의 집합을 의미합니다. 즉, 데이터 좌표평면에서는 $(x_1, 0)$과 $(0, x_2)$를 기저 벡터로 사용했다면, 결정 경계 좌표평면의 기저 벡터는 데이터 좌표평면에서의 빨간선과 파란선이 되는 겁니다. 빨간선과 파란선은 x_1과 x_2로 표현할 수 있기 때문에, 결정 경계 좌표평면상의 점도 x_1과 x_2로 표현할 수 있게 됩니다.

이처럼 직선 하나로 구분이 불가능한 데이터 분포도 직선을 여러 개 이용하면 구분할 수 있습니다. 직선 하나를 사용하면 단층 퍼셉트론single layer perceptron, 여러 층에 걸쳐 퍼셉트론이 분포되어 있으면 다층 퍼셉트론(MLPMulti Layer Perceptron)입니다. 비슷하게 하나의 층이 존재하는 신경망을 단층 신경망, 여러 층이 존재하는 신경망을 다층 신경망이라고 부릅니다. 퍼셉트론보다 신경망이 더 넓은 범위를 이르는 용어이므로 이후에는 구분 없이 '신경망'으로 부르겠습니다. 단층 신경망과 다층 신경망을 그림으로 알아보겠습니다.

▼ 단층 신경망과 다층 신경망의 구분

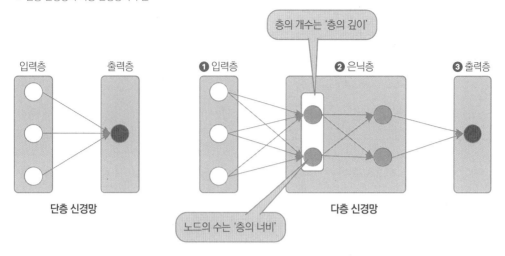

다층 신경망은 입력층, 은닉층, 출력층으로 구성됩니다. ❶ 입력층은 데이터가 들어오는 층입니다. ❷ 은닉층은 굳이 값을 알 필요가 없기 때문에 출력값을 숨긴다 해서 붙여진 이름입니다. 신경망의 하나의 층에서의 노드의 수를 '층의 너비', 층의 개수를 '층의 깊이'라고 합니다. ❸ 출력층은 신경망의 출력을 결정짓는 층입니다. 데이터가 왼쪽부터 오른쪽으로 전달되는데, 이 방향으로 정보가 전달되는 것을 순전파라고 말합니다.

> **순전파(forward propagation)**
>
> 데이터가 입력층으로부터 출력층까지 순서대로 전달되는 것을 의미합니다. 출력층의 출력을 계산할 때 순전파 결과와 역전파에 사용할 기울기도 계산합니다. 딥러닝이 메모리를 많이 사용하는 까닭은 가중치를 수정하는 데 사용하는 계산값을 모두 저장하기 때문입니다.

TIP GPU 메모리가 부족할 때는 은닉층의 너비를 줄이는 것보다 은닉층의 깊이를 줄이는 것이 더 효과적일 수 있습니다. 계산 결과를 저장하는 데 가장 많은 메모리를 사용하기 때문입니다.

2.3 인공 신경망의 학습 확인해보기

이번에는 인공 신경망이 어떻게 학습하는지, 데이터를 0과 1로 분류하는 신경망을 구성해 알아보겠습니다. 약간의 수식이 나오지만 고등 수학 수준이므로 집중만 하면 이해하는 데 문제가 없을 겁니다.

입력층에서 다음과 같이 x_1과 x_2를 입력받는 신경망이라고 가정하겠습니다.

▼ 실습에 사용할 데이터

x_1	x_2	y
0	0	0
0	1	1
1	0	1
1	1	0

다음과 같이 입력층, 은닉층, 출력층, 가중치와 편향을 가지는 신경망을 임의로 만들어보았습니다.

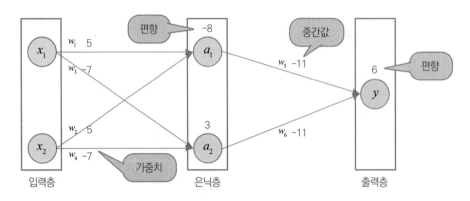

은닉층과 출력층의 뉴런은 아래 공식을 이용해 출력값을 계산합니다.

$$a = x_1 w_1 + x_2 w_2 + b$$

모든 단계에서 활성화 함수는 0 이상이면 1을 출력하고, 0보다 작다면 0을 출력하는 이진분류 함수를 이용하겠습니다.

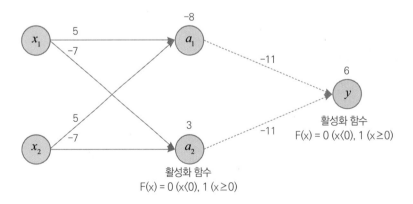

먼저 은닉층의 값을 구하겠습니다.

이 계산식을 이용해서 첫 번째 입력값(x_1, x_2)으로 은닉층값(a_1과 a_2)을 계산하겠습니다.

$$a_1 = F(5x_1 + 5x_2 - 8) = F(5 \times 0 + 5 \times 0 - 8) = F(-8) = 0$$

$$a_2 = F(-7x_1 - 7x_2 + 3) = F(-7 \times 0 - 7 \times 0 + 3) = F(+3) = 1$$

이렇게 모든 연산에 적용하면 a_1과 a_2값은 다음과 같습니다.

x_1	x_2	a_1	a_2
0	0	F(-8) = 0	F(3) = 1
0	1	F(-3) = 0	F(-4) = 0
1	0	F(-3) = 0	F(-4) = 0
1	1	F(2) = 1	F(-11) = 0

출력값을 구하는 공식은 다음과 같습니다.

$$y = a_1 w_5 + a_2 w_6 + b$$

여기서 w_5과 w_6는 그림에서 -11로 나와 있습니다.

> **Note** 출력층은 출력값을 내보내는 층이기 때문에 구조적으로는 은닉층과 동일합니다. 그래서 똑같이 가중치와 편향이 존재합니다. 활성화 함수는 사용자 임의대로 사용하는 함수라서 이번 예제에서는 굳이 수식이 필요하지 않은 매우 간단한 함수를 이용했습니다.

이 식에 첫 번째 은닉층값을 적용하면 다음과 같습니다.

$$y' = F(-11a_1 - 11a_2 + 6) = F(-11 \times 0 - 11 \times 1 + 6) = F(-5) = 0$$

모든 값에 대한 결과는 다음과 같습니다.

x_1	x_2	a_1	a_2	y'
0	0	F(-8) = 0	F(3) = 1	F(-5) = 0
0	1	F(-3) = 0	F(-4) = 0	F(6) = 1
1	0	F(-3) = 0	F(-4) = 0	F(6) = 1
1	1	F(2) = 1	F(-11) = 0	F(-16) = 0

y'는 신경망의 출력입니다. 정답인 y와 비교하면 값이 일치하는 것을 알 수 있습니다. 따라서 신경망이 제대로 데이터를 분류한 겁니다. 이렇게 신경망에 제대로 된 가중치를 준다면 복잡한 형태의 데이터 분포 역시 해결할 수 있습니다. 그렇다면 복잡한 데이터를 분류하는 데 사용할 가중치와 편향을 어떻게 찾을 수 있을까요?

2.4 손실 함수로 올바른 가중치 찾기

이번 절에서는 제대로 된 가중치를 찾는 방법을 알아보겠습니다. 다음 그림에서 두 직선(결정 경계) 모두 입력 데이터를 분류할 수 있습니다. 어떤 선이 더 잘 분류한 걸까요?

▼ 두 결정 경계의 비교

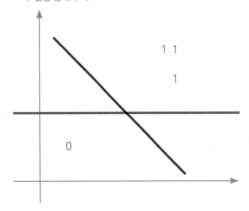

어떤 직선이 나은 결정 경계인지를 알 수 있는 지표가 있을 겁니다. 예를 들어 하나의 점으로부터 직선까지의 거리를 오차라고 가정했을 때, 이 오차의 제곱의 평균이 작을수록 데이터를 잘 분류했

다고 할 수 있습니다. 이렇게 오차를 구하는 함수를 오차 함수 혹은 손실 함수^{loss function}라고 하며, 손실 함수의 값이 결정 경계의 성능을 간접적으로 나타냅니다.

▼ 결정 경계까지의 거리(오차)

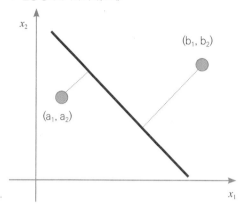

즉 가장 좋은 결정 경계는 오차가 가장 적은 결정 경계라고 정의하는 겁니다. 대표적인 손실 함수는 평균 제곱 오차, 크로스 엔트로피 오차 등이 존재하며 상황에 맞게 사용해야 합니다.

▼ 대표적인 손실 함수

함수	용도	설명
평균 제곱 오차 (Mean Squared Error, MSE)	회귀	정답과 예측값의 차의 제곱의 평균값. 1보다 작은 오차는 더 작게, 1보다 큰 오차는 더 크게 키우는 특성을 갖고 있습니다.
크로스 엔트로피 오차 (Cross Entropy Error, CE)	이진분류, 다중분류	두 확률 분포의 차이를 구하는 함수. 분류 문제에서는 인공 신경망의 출력이 확률 분포이므로 확률 분포의 차를 구하는 함수가 필요합니다. 크로스 엔트로피는 정답값의 확률과 모델이 예측한 확률에 로그를 취한 값을 곱해서 구합니다.
평균 절대 오차 (Mean Average Error, MAE)	회귀	정답과 예측값의 차이의 절댓값의 평균값. 1보다 작은 오차도 놓치지 않는 꼼꼼함을 갖고 있지만, 오차 크기가 아니라 부호에만 의존하기 때문에 작은 오차라도 기울기가 커질 수 있으므로 학습이 불안정합니다.
평균 제곱근 오차 (Root Mean Squared Error, RMSE)	회귀	MSE의 제곱근. 큰 오차에 대한 민감도를 줄여줍니다.

2.5 경사 하강법과 오차 역전파로 최적의 값 찾기

다층 신경망은 단층 신경망이 분류하지 못하는 데이터의 분포도 분류할 수 있습니다. 그러나 데이터 분포가 복잡해지면 은닉층 깊이를 늘리거나, 은닉층의 뉴런 개수를 늘리게 되는데, 그러면 은닉층마다 데이터를 구분해내는 데 사용할 가중치를 구하기 어려워집니다. 손실 함수는 독립변수가 신경망의 가중치와 편향인 함수이며, 최적의 직선을 찾으려면 오차가 가장 적은 최적화된 가중치와 편향을 찾아야 합니다. 최적의 직선을 찾는다는 말은 결국 방정식을 푼다는 의미고, 가중치와 편향이 늘어날수록 풀어야 하는 방정식의 복잡도는 기하급수적으로 증가하기 때문에 어려워지는 겁니다. 따라서 최적의 직선을 찾는 새로운 방법이 필요합니다. 경사 하강법과 오차 역전파를 이용해 해결할 수 있습니다. 이 둘을 이용해 최적의 값을 찾는 방법을 설명하면서 약간의 수식이 등장합니다. 역시나 중학 수학 수준이므로 집중만 하면 이해하는 데 문제가 없을 겁니다.

다음은 앞에서 사용한 다층 신경망입니다.

▼ 이전 예제에서 사용한 다층 신경망

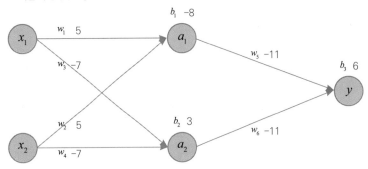

여기서 뉴런의 출력이 계산되는 부분을 자세히 봅시다.

$$a_1 = F(5x_1 + 5x_2 - 8)$$
$$a_2 = F(-7x_1 - 7x_2 + 3)$$

위 식을 행렬로 나타내면 다음과 같이 나타낼 수 있습니다. 가중치와 편향을 바꿀 수 있게 변수로 바꿔주면 다음과 같이 쓸 수 있습니다.

$$a_1 = F(w_1 x_1 + w_2 x_2 + b_1)$$
$$a_2 = F(w_3 x_1 + w_4 x_2 + b_2)$$

위 식에서 알 수 있듯이 뉴런의 출력은 가중치와 편향에 대한 함수입니다. 그렇다면 a_1 과 a_2 를 이용해 이 신경망의 출력을 표현해보겠습니다.

$$y = F(w_5a_1 + w_6a_2 + b_3)$$

이제 신경망의 출력값을 구했기 때문에 손실을 계산할 수 있습니다. 손실 함수는 L로, 신경망의 예측값은 y, 실젯값을 y'로 나타내겠습니다.

$$L(y, y')$$

2.5.1 경사 하강법

이제 손실을 줄이는 방향으로 가중치를 변경해 나가야 합니다. 경사 하강법이라는 알고리즘을 이 용하겠습니다. 경사 하강법은 손실 함수를 미분해서 손실 함수의 경사면을 따라 조금씩 이동해나간다고 해서 붙여진 이름입니다. 기울기의 반대 방향으로, 즉 기울기 값에 –1을 곱한 값만큼 변수의 값을 이동시키면서 최솟값에 조금씩 다가가는 알고리즘입니다.

> **경사 하강법(gradient descent)**
> 함수의 기울기(경사)를 구하고 경사의 반대 방향으로 계속 이동시켜 최솟값에 이를 때까지 반복시키는 학습 방법

경사 하강법에서는 시작점으로부터 어느 정도 이동할지를 손실 함수의 기울기와 학습률$^{\text{learning rate}}$로 결정합니다. 시작점의 기울기를 알아내려면 손실 함수를 미분해야 합니다. 기울기가 음의 기울기라면 가중치가 양의 방향으로 이동해야 한다는 뜻이고, 기울기가 양의 기울기라면 가중치가 음의 방향으로 이동해야 한다는 뜻입니다.

▼ 경사 하강법

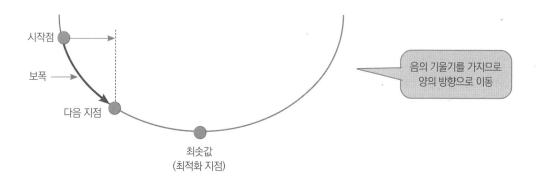

이때 가중치는 시작점으로부터 기울기 크기만큼 이동하게 되는데, 학습률을 이용해 더 많이 이동하거나 더 적게 이동할 수 있습니다. 이것을 수식으로 나타내면 다음과 같습니다.

$$w' = w - \alpha \frac{dL(y, y)}{dw}$$

여기서 y는 가중치에 관한 함수라는 것을 주의해주세요. 위 수식의 α가 학습률입니다. w'은 가중치의 새로운 값을 의미합니다. 이때 학습률과 기울기를 곱하면 가중치가 변하는 크기를 나타내는 보폭이 됩니다.

> **학습률(learning rate)과 보폭(step size)**
> 보폭은 학습률과 기울기의 곱으로 표현됩니다. 즉 기울기가 클수록 보폭도 커지고, 기울기가 작을수록 보폭도 작아집니다.

그럼 큰 학습률을 설정하면 빠르게 학습될까요? 학습률이 너무 크면 최솟값을 지나쳐버릴 가능성이 높습니다. 반대로 너무 작게 설정하면 최솟값에 도달하기까지 지나치게 많은 반복을 하게 되겠죠. 따라서 적절한 학습률을 설정해줘야 합니다. 어떤 값이 가장 좋을지는 알 수 없기 때문에 반복적으로 학습률을 바꿔가며 최적의 학습률을 찾아가야 합니다.

▼ 학습률 크기에 따른 수렴 속도

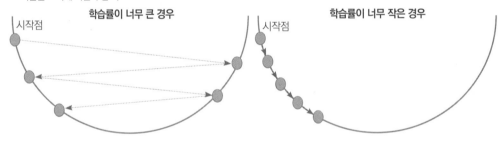

2.5.2 오차 역전파

앞에서 살펴본 수식은 하나의 가중치를 업데이트하는 수식이었습니다. 실제로는 수십만 개의 가중치가 있기 때문에 손실 함수를 사용해 일일이 가중치에 대해 미분해서 값을 수정하는 일은 어렵습니다. 그렇다면 어떻게 해야 할까요?

오차 역전파 알고리즘error backpropagation을 이용하면 해결할 수 있습니다. 오차 역전파 알고리즘은 신경망의 출력층으로부터 입력층까지 오차가 거슬러 전달됩니다. 정보

> **오차 역전파(error backpropagation)**
> 정답과 신경망이 예측한 값과의 오차를 최소화하는 가중치를 찾는 알고리즘. 미분의 연쇄 법칙을 이용해 출력층에 가까운 가중치부터 수정해나간다.

의 방향이 순전파와 반대가 되므로 오차가 역전파한다라고 합니다. 오차 역전파에 경사하강법이 사용됩니다.

▼ 미분의 연쇄 법칙을 이용하여 오차를 역전파!

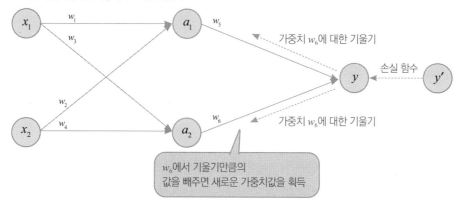

가중치는 원래의 값에서 기울기만큼의 값을 뺀 새로운 값을 얻게 됩니다. 미분의 연쇄 법칙에 의해 층을 거칠수록 기울기가 누적되어 곱해지게 됩니다. 입력층에 가까운 가중치일수록 누적되는 기울기가 늘어나게 되며, 그렇게 입력층까지 기울기가 역전파되어 신경망의 모든 가중치를 수정해나가는 겁니다. 오차 역전파에 대한 더 자세한 내용은 부록 B '오차 역전파에서 가중치 업데이트 과정'을 참조하세요.

2.6 활성화 함수로 기울기 소실 예방하기

오차가 역전파될 때 층을 한 번 거칠 때마다 시그모이드의 도함수가 곱해집니다. 하지만 시그모이드의 도함수는 최댓값이 0.25이기 때문에 곱해질 때마다 오차가 점점 줄어들게 됩니다. 즉, 층이 너무 깊어지면 출력층에 가까운 은닉층들은 제대로 학습이 이루어지나, 입력층에 가까운 은닉층들은 제대로 학습이 이루어지지 않습니다.

또한, 시그모이드 함수는 실수 전체를 0과 1 사이의 값으로 압축하게 됩니다. 시그모이드 도함수의 그래프를 보면 z의 크기가 커지면 도함수의 값이 0에 가까워지는 것을 볼 수 있습니다. 이렇게 기울기 크기가 0에 가까워지는 현상을 기울기 소실 문제라 부릅니다.

▼ 시그모이드 함수의 도함수

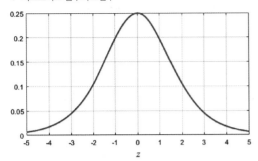

기울기 소실 문제를 해결하려면 미분해도 값이 줄어들지 않는 활성화 함수가 필요합니다.

다음은 ReLU^{Rectified Linear Unit}(렐루) 함수의 그래프입니다.

▼ ReLU 함수

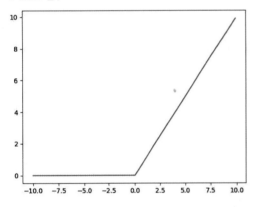

ReLU 함수는 0보다 작은 값을 0으로 반환하고 0보다 큰 값은 들어온 값 그대로 내보냅니다. ReLU 함수를 미분하면 0보다 큰 범위에서 기울기 1을 갖기 때문에 기울기 소실 문제가 발생하지 않습니다. 하지만 0보다 작은 범위에서는 0을 반환하기 때문에 그 뉴런과 연결되어 있는 다음 층의 뉴런은 입력의 일부가 0이 됩니다. 다음 층으로 들어가는 입력이 0이라는 것은 넘어가는 정보가 없어진다는 뜻이기도 합니다. 즉, 우리가 원하는 동작은 아닙니다. 따라서 딥러닝 모델을 만들 때는 은닉층의 깊이, 활성화 함수, 손실 함수 등을 복합적으로 고려해야 합니다.

시그모이드와 ReLU 외에도 다양한 활성화 함수가 있습니다. 자주 사용하는 소프트맥스 함수까지 3가지 활성화 함수를 표로 정리해두었으니 참고 바랍니다.

▼ 활성화 함수

함수	설명(개념 정의 및 용처, 특징)	이 책에서 다루는 곳
시그모이드 `nn.Sigmoid()`	실수 전체의 입력값을 0과 1 사이로 제한하는 함수. 무한한 실수를 0과 1 사이로 일대일 대응시킵니다. 하나의 클래스에 속할 확률이 p라면 반대 클래스에 속할 확률은 1−p가 되므로 이진 분류에 사용합니다.	7장
ReLU `nn.ReLU()`	0보다 작은 값은 0으로, 0보다 크거나 같은 값은 입력값을 그대로 출력하는 함수. 주로 은닉층의 활성화에 이용합니다.	5장, 8장, 9장 등 신경망 전반
소프트맥스 (벡터 함수라 일반적으로 그림으로 나타낼 수가 없음) `nn.Softmax()`	k개의 숫자를 입력받아 k개의 요소를 갖는 확률 분포로 변환하는 함수. 여러 가지 출력값 즉, 여러 클래스에 속할 확률을 나타내므로 다중분류에 사용합니다.	4장, 5장, 12장 등 다중분류 전반

2.7 신경망 성능 비교하기

이제 손실 함수를 최소화하는 직선으로 신경망을 이용해 데이터를 분류할 수 있게 되었습니다. 그렇다면 손실 함수 값은 작으면 작을수록 좋은 것일까요? 다음과 같은 데이터 분포를 분류하는 두 결정 경계를 봅시다.

▼ 같은 데이터를 다르게 분류하는 두 결정 경계

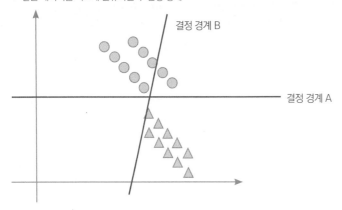

앞의 그림과 같은 학습용 데이터가 있다고 가정해봅시다. 결정 경계 A는 완벽하게 동그라미와 세모를 분류합니다. 반면 결정 경계 B는 완벽하게 분류하지 못합니다. 그렇다면 A가 B보다 좋은 결정 경계일까요? 손실 함수 값도 분명 B보다 A가 작을 텐데 말입니다. 이제 데이터를 조금 더 모아보겠습니다.

▼ 오버피팅된 결정 경계

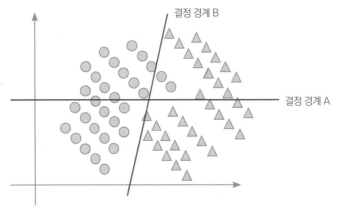

데이터가 조금 더 모였습니다. 이제는 A보다 B가 더 잘 분류하는 결정 경계가 되었군요. 이처럼 학습용 데이터를 완벽하게 분류할 수 있다고 해서 반드시 성능이 좋은 결정 경계라고 할 수는 없습니다. 학습용 데이터를 너무 완벽하게 분류할 수 있는 상황을 '오버피팅'이라고 부릅니다(학습용 데이터에만 최적화된 상황). 학습용 데이터에 대해 어느 정도

오버피팅(overfitting)
갖고 있는 데이터에 대해 너무 완벽하게 최적화된 학습을 의미합니다. 학습에 사용하지 않은 데이터에 대해서 예측 성능이 더 떨어지는 경우가 많습니다. 우리말로 과적합이라고도 부릅니다.

오차를 갖고 있어야 아직 관측되지 않은 데이터에 대한 성능을 확보할 수 있습니다. 그렇다면 아직 관측되지 않은 데이터를 이용한 결정 경계의 성능 평가는 어떻게 할까요? 정답을 갖고 있는 데이터의 일부분을 평가용으로 남겨두는 겁니다(평가용 데이터는 모델 학습에 사용하지 않습니다). 학습에 이용한 데이터를 학습용 데이터training data, 신경망의 성능 평가에 사용한 데이터를 평가용 데이터test data라고 부릅니다. 평가용 데이터에 대한 성능도 마찬가지로 모든 경우 수를 고려한 데이터가 아니기 때문에 맹신은 금물입니다만, 학습 당시 이용되지 않은 데이터에 대한 성능이므로, 관측되지 않은 데이터에 대한 성능을 간접적으로 나타냅니다. 이렇게 신경망의 학습은 학습용 데이터와 평가용 데이터를 이용해 성능을 확인합니다.

평가용 데이터는 학습에 이용하지 않습니다. 그렇기 때문에 학습이 종료될 때까지 평가용 데이터에 대한 성능을 확인하기 어렵습니다. 학습용 데이터의 일부를 고의적으로 학습에 이용하지 않고 중간 평가에 사용하는 데이터를 검증용 데이터validation data라고 부릅니다. 이 책에서는 학습용 데이터양을 확보하기 위해 검증용 데이터를 사용하지 않고, 전부 학습에 사용합니다.

학습 마무리

딥러닝 기초 지식을 배웠습니다. 인공 신경망은 들어온 입력에 가중치를 곱한 다음 편향을 더해, 활성화 함수의 입력으로 사용하는 알고리즘입니다. 뉴런이 하나인 단층 신경망은 분류하지 못하는 데이터의 분포가 있지만, 뉴런을 여러 개 갖는 다층 신경망을 이용하면 분류할 수 있습니다.

인공 신경망의 성능은 손실 함수를 이용해 비교할 수 있습니다. 손실이 적을수록 좋은 신경망이라고 볼 수 있습니다. 하지만 학습용 데이터를 완벽하게 분류하는 것은 오버피팅이 되므로 조금의 오차는 있는 것이 좋았습니다. 손실을 줄이기 위해서 경사 하강법을 이용해 오차 역전파를 진행합니다. 경사 하강법은 출력층부터 입력층까지 미분한 값들을 점점 곱해가면서 가중치를 수정합니다. 하지만 활성화 함수로 이용하는 시그모이드 함수의 도함수는 최댓값이 0.25로 곱할수록 점점 기울기가 줄어들게 됩니다. 이걸 해결하기 위해 ReLU 함수를 이용했습니다.

딥러닝은 결과를 해석하는 일은 쉽지 않습니다. 똑같은 코드를 누가 실행하느냐에 따라 결과가 바뀌고, 성능이 좋게 나오면 운이 좋아서 그런 건지, 아니면 지금 데이터에 한해서만 성능이 좋은 건지 알기 어렵습니다. 이 책을 통해 여러 딥러닝 신경망을 만들며 실력을 갈고 닦으면 여러분만의 해석이 가능해지게 될 겁니다.

연습문제

1 층을 하나인 신경망과 여러 개인 신경망을 지칭하는 용어를 각각 쓰세요.

2 경사 하강법이 미분한 결과를 빼주는 이유는 무엇일까요?

3 학습용 데이터를 완벽하게 분류하는 모델은 좋은 모델인가요?

4 이진분류에서 활성화 함수로 시그모이드 함수를 사용하는 이유는 무엇일까요?

5 데이터를 올바르게 분류하는 가중치를 찾으려면 어떻게 할까요?

---

1 **정답** 층이 하나인 신경망은 단층 신경망, 여러 개인 신경망은 다층 신경망

2 **정답** 경사 하강법은 기울기의 반대 방향으로 이동하는 알고리즘이므로, 기울기값을 빼줘야 합니다.

3 **정답** 학습용 데이터를 완벽하게 분류하는 모델은 오버피팅된 모델이므로 반드시 좋다고 할 수 없습니다.

4 **정답** 시그모이드 함수는 출력값을 0과 1 사이로 범위를 제한하기 때문에 이진분류에 사용합니다.

5 **정답** 데이터를 올바르게 분류하는 가중치를 찾기 위해서는 손실 함수를 이용해 손실을 계산한 후, 오차 역전파를 통해 출력 층으로부터 입력층까지 오차를 역전파합니다.

간단한 신경망 만들기

학습 목표

가중치를 이용해 학습하는 신경망을 어떻게 만드는지 사인 함수 예측, 보스턴 집값 예측(회귀 분석), 손글씨 분류(다중분류) 신경망을 만들며 알아봅시다. 이번 장에서는 신경망의 동작뿐 아니라, 실제로 오차를 계산하고 직접 역전파해 가중치를 수정합니다. 또한 이전에 등장하지 않았던 손실 함수인 평균 제곱 오차와 크로스 엔트로피 오차에 대해서 설명합니다.

학습 순서

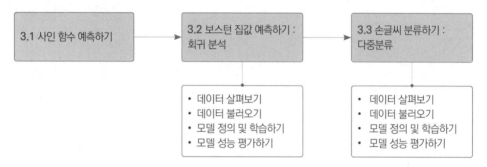

핵심 용어 미리보기

1 파이토치에서 **모듈**은 신경망을 구성하는 기본 객체입니다. 모듈에는 구성요소를 정의하는 __init__( ) 함수와 순전파의 동작을 정의하는 forward( ) 함수가 있습니다.

2 간단한 **신경망**은 nn.Sequential, 복잡한 신경망은 nn.Module을 이용합니다.

3 **MSE(평균 제곱 오차)**는 값의 차이의 제곱의 평균, **CE(크로스 엔트로피)**는 두 확률 분포의 차이입니다. 회귀는 MSE, 분류는 CE 손실을 이용합니다.

4 **다중분류**는 신경망의 입력을 여러 범주로 분류하는 알고리즘입니다.

5 **피처**는 신경망의 입력으로 들어오는 값으로 데이터가 갖고 있는 특징입니다. 말그대로 **특징**으로도 부릅니다.

6 **배치**는 데이터셋의 일부로 신경망의 입력으로 들어가는 단위, **에포크**는 전체 데이터를 모두 한 번씩 사용했을 때의 단위입니다. **이터레이션**은 하나의 에포크에 들어 있는 배치 수입니다.

7 최적화 알고리즘은 역전파된 기울기를 이용해 가중치를 수정합니다. **Adam**은 모멘텀과 RMSprop을 섞어놓은 가장 흔하게 사용되는 최적화 알고리즘입니다. 모멘텀은 기울기를 계산

할 때 관성을 고려하는 것이고, RMSprop은 이동평균을 이용해 이전 기울기보다 현재의 기울기에 더 가중치를 두는 알고리즘입니다.

☐ 파이토치의 인공 신경망

파이토치는 딥러닝에 사용되는 대부분의 신경망을 torch.nn 모듈에 모아놨습니다. 앞에서 딥러닝은 신경망 층을 깊게 쌓아올린다고 말씀드렸는데, 파이토치도 여러 층을 쌓아서 딥러닝 모델을 만듭니다. 층^{layer}은 nn.Module 객체를 상속받아 정의되고, 층이 쌓이면 딥러닝 모델이 완성되는

것이죠. 프로그래밍 초보자라면 '객체를 상속받는다'는 말이 지금은 조금 어려울 수 있는데, nn.Module의 모든 구성요소를 복사해오는 거다'라고 생각하면 됩니다. 부모의 재산을 자식이 그대로 물려받는 것처럼요.

> **모델**
> 딥러닝에서는 인공 신경망과 같은 의미입니다. 일반적으로 딥러닝 신경망을 줄여서 딥러닝 모델이라고 부릅니다.

☐ 미리 설치합니다

```
!pip install sklearn
!pip install pandas
!pip install tqdm
```

3.1 사인 함수 예측하기

흔히 딥러닝이라고 부르는 모델은 가중치를 몇 개나 갖고 있을까요? 백만 개 정도 가질까요? 놀랍게도 이미지를 인식하는 모델은 천만에서 1억 개가 넘는 가중치를 갖습니다. 자연스러운 문장을 생성하는 언어 모델인 OpenAI GPT-3는 1,750억 개까지 늘어난다고 합니다. 생각보다 많죠? 가중치의 의미를 간단히 말하자면 '1,750억 차 방정식을 풀어야 된다'는 뜻입니다.

걷지도 못하는 아이가 뛸 수 없는 노릇입니다. 1,750억 차 방정식이 있는 복잡한 모델을 지금 당장은 만들 수 없습니다. 차근차근 간단한 모델 먼저 배워봅시다. 그런 의미에서 고교 시절부터 인연이 깊은 삼각함수, 그중에서 제일 친숙한 사인곡선을 근사하는 3차 다항식의 계수를 인공 신경망을 이용해 구하겠습니다(계수가 곧 가중치입니다). 이번에는 3차 다항식을 이용하기 때문에 파

라미터를 4개만 사용하지만 이후 소개할 모델들은 수백만 개, 혹은 그 이상의 파라미터를 포함합니다. 얼마나 정확하게 근사할지 벌써부터 기대되네요.

▼ 실습 예제 소개

문제 정의	사인 함수를 3차 다항식의 계수를 이용해 예측합니다.		
난이도	★☆☆☆☆	노트 바로가기	
이름	사인 함수 예측		
알고리즘	MLP		
데이터셋 소개	별도의 데이터셋을 사용하지 않습니다. linspace() 함수를 이용해 사인 함수를 만드는 데 필요한 값을 직접 생성하겠습니다.		
문제 유형	회귀	평가지표	평균 제곱 오차
주요 패키지	torch, torch.nn		
예제 코드 노트	• 위치 : colab.research.google.com/drive/1cu7iaM0Q6l3hll6zcWtX7qAoT5cvlKw5 • 단축 URL : http://t2m.kr/F2hYp • 파일 : ex3_1.ipynb		

파이토치로 학습을 할 때는 크게 두 가지를 신경 써야 합니다. 첫째는 우리가 학습시키고자 하는 모델이고, 나머지 하나는 모델의 학습 방식을 정하는 학습 루프입니다.

이제부터 사인곡선을 근사하는 딥러닝 신경망을 라이브러리를 사용하지 않고 직접 작성하겠습니다. 이 신경망은 다음과 같은 순서로 학습합니다.

▼ 파이토치의 학습 과정

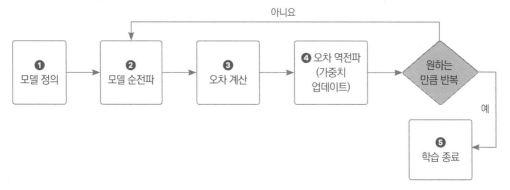

❶ 먼저 딥러닝 모델을 정의합니다. 모델을 학습하기 위해 데이터를 불러온 다음, 원하는 만큼 반복해서 모델을 학습합니다. ❷ 불러온 데이터를 이용해 모델의 예측값을 계산합니다. 이때 데이터가 입력층에서 출력층까지 흘러가기 때문에 이 계산을 모델의 순전파를 계산한다고 합니다. ❸ 모델의 예측값과 손실 함수를 이용해 오차를 계산합니다. ❹ 오차를 역전파하고 모델의 가중치를 수정합니다. ❺ 원하는 만큼 반복했다면 학습을 종료합니다.

3.1.1 랜덤하게 가중치를 적용해 사인곡선 그리기

사인곡선 공식은 $y = \sin(x)$ 입니다. x에 대해서 y값을 예측하는 모델을 만들어봅시다. 여기서는 랜덤하게 가중치를 뽑아 사인곡선을 근사하겠습니다. 사인함수는 3차 다항식으로 근사할 수 있습니다. 3차 다항식에는 계수가 4개 존재하므로 4개의 랜덤한 가중치를 뽑아 다항식의 계수로 이용하겠습니다.

> **Note** 3차 다항식에 계수가 4개인 이유
>
> 3차 다항식은 최고차항의 계수가 3인 다항식입니다. 따라서 3차항부터 상수항까지 계수가 총 4개입니다.

실제 $\sin(x)$ 함수에서 추출한 y값으로 사인곡선을 그리는 그래프와, 임의의 가중치를 얻어 예측한 사인곡선 그래프를 출력하는 코드를 구현하겠습니다.

▼ 학습하기 전 사인 함수 모델

```
# 필요한 라이브러리 불러오기
import math      # 수학 패키지 임포트
import torch    # 파이토치 모듈 임포트
import matplotlib.pyplot as plt # 시각화 라이브로 matplotlib 임포트

# ❶ -pi부터 pi 사이에서 점을 1,000개 추출
x = torch.linspace(-math.pi, math.pi, 1000)

# ❷ 실제 사인곡선에서 추출한 값으로 y 만들기
y = torch.sin(x)

# ❸ 예측 사인곡선에 사용할 임의의 가중치(계수)를 뽑아 y 만들기
a = torch.randn(())
b = torch.randn(())
c = torch.randn(())
```

```
d = torch.randn(())

# 사인 함수를 근사할 3차 다항식 정의
y_random = a * x**3 + b * x**2 + c * x + d

# ❹ 실제 사인곡선을 실제 y값으로 만들기
plt.subplot(2, 1, 1)
plt.title("y true")
plt.plot(x, y)

# ❺ 예측 사인곡선을 임의의 가중치로 만든 y값으로 만들기
plt.subplot(2, 1, 2)
plt.title("y pred")
plt.plot(x, y_random)

# ❻ 실제와 예측 사인곡선 출력하기
plt.show()
```

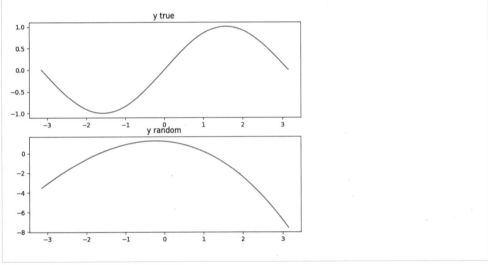

위의 그래프가 실제 사인함수이고, 아래 그래프는 임의의 가중치로 근사한 사인함수입니다. 아직은 가중치들을 학습하기 전이라 완전히 다른 모양의 그래프가 그려졌습니다. 또, 계수들은 랜덤하게 주어진 값이기 때문에 위에 나온 그림하고 다른 그림이 나와도 당황하지 마세요. 코드를 상세히 살펴보겠습니다.

❶ $-\pi$ 부터 π까지 1,000개의 점을 추출합니다.

▼ 새로 등장한 함수

함수 원형	설명	제공 라이브러리
linspace(A, B, C)	시작점 A부터 종료점 B까지 데이터 C개를 반환합니다. 이때 모든 데이터의 간격은 같습니다. • A : 시작 지점 • B : 종료 지점 • C : 출력할 데이터 개수	torch

❷ 실제 사인곡선에서 y 데이터를 입력합니다.

▼ 새로 등장한 함수

함수 원형	설명	제공 라이브러리
sin(A)	입력 A에 대한 사인 함수의 값을 반환합니다.	torch

❸ 예측 사인곡선에 사용할 임의의 가중치를 뽑아 y를 만듭니다. 가중치로 사용할 3차 다항식의 계수는 4개(0차부터 3차까지)입니다. 계수 모두에 임의의 값을 넣어줍니다. 이때 사용한 torch. randn( ) 함수는 정규분포에 따라 랜덤하게 값을 반환해줍니다.

▼ 새로 등장한 함수

함수 원형	설명	제공 라이브러리
randn( )	정규분포를 따르는 랜덤한 값을 반환합니다.	torch

❹ 실제 사인곡선을 실제 y값으로 만듭니다. subplot( ) 함수는 여러 개의 그래프를 그려줍니다. 그중에서 실제의 y값을 그려줍니다. title( ) 함수로 각 그래프에 이름을 지정해주고, plot( ) 함수를 이용해 그래프의 입력값과 함수값을 지정해 그래프를 그립니다. subplot( ) 함수에 인수 3개를 주었습니다. 각각 행의 개수, 열의 개수, 위치를 뜻합니다. 예를 들어 subplot(2, 3, 5)는 2행 3열로 영역을 나누고 5번 위치에 그림을 그립니다. 다음 그림을 보면 이해가 될 겁니다.

▼ subplot이 그래프를 그리는 원리

plt.subplot(2, 3,⑤) 출력 결과

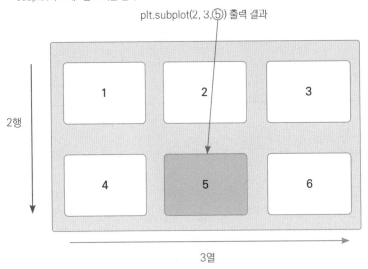

▼ 새로 등장한 함수

함수 원형	설명	제공 라이브러리
subplot(pos)	그림의 위치 pos에 그래프를 지정해줍니다.	matplotlib.pyplot
title(str)	그림의 제목을 지정합니다. str이 제목입니다.	matplotlib.pyplot
plot(x, y)	그래프를 그려줍니다. x는 입력값을, y는 함숫값을 나타냅니다.	matplotlib.pyplot

❺ 예측 사인곡선을 만듭니다. 임의의 가중치로 만든 예측용 y값을 사용합니다.

❻ show( ) 함수로 그래프를 그려줍니다.

▼ 새로 등장한 함수

함수 원형	설명	제공 라이브러리
show( )	그림을 출력해줍니다.	matplotlib.pyplot

3.1.2 가중치를 학습시켜서 사인곡선 그리기

드디어 딥러닝의 첫 단추인 가중치를 학습할 차례입니다. 이번에는 사인곡선을 신경망으로 학습해서 근사해보겠습니다. 사인 곡선과 상당히 비슷한 곡선이 그려질 것 같네요.

달라진 코드를 쉽게 확인할 수 있게 배경을 진하게 처리해뒀습니다. 먼저 각 계수에 대한 기울기를 계산합니다. 기울기를 계산한 다음, 학습률과 기울기를 곱해 보폭을 얻습니다. 이때 얻은 보폭만큼 계수들을 수정하면 됩니다.

▼ 학습 전후 비교해보기

```python
learning_rate = 1e-6 # 학습률 정의

# 학습 2,000번 진행
for epoch in range(2000):
    y_pred = a * x**3 + b * x**2 + c * x + d

    loss = (y_pred - y).pow(2).sum().item() # ❶ 손실 정의
    if epoch % 100 == 0:
        print(f"epoch{epoch+1} loss:{loss}")

    grad_y_pred = 2.0 * (y_pred - y) # ❷ 기울기의 미분값
    grad_a = (grad_y_pred * x ** 3).sum()
    grad_b = (grad_y_pred * x ** 2).sum()
    grad_c = (grad_y_pred * x).sum()
    grad_d = grad_y_pred.sum()

    a -= learning_rate * grad_a # ❸ 가중치 업데이트
    b -= learning_rate * grad_b
    c -= learning_rate * grad_c
    d -= learning_rate * grad_d

# 실제 사인 곡선을 그리기
plt.subplot(3, 1, 1)
plt.title("y true")
plt.plot(x, y)

# 예측한 가중치의 사인 곡선을 그리기
plt.subplot(3, 1, 2)
plt.title("y pred")
plt.plot(x, y_pred)

# 랜덤한 가중치의 사인 곡선 그리기
plt.subplot(3, 1, 3)
plt.plot(y_random)
```

```
plt.title("y random")

# 실제로 그래프 출력하기
plt.show()
```

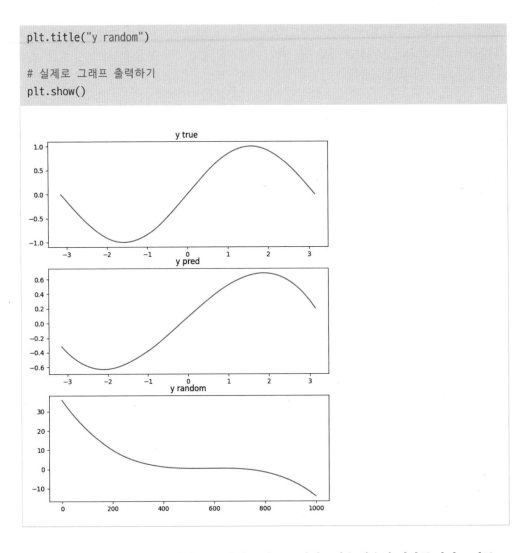

첫 번째 그래프가 진짜 사인곡선이고 두 번째 그래프는 사인곡선을 학습한 결과를 가지고 만든 그래프입니다. 두 그래프가 거의 비슷해졌습니다. 마지막 그래프는 학습이 이루어지기 전의 그래프입니다. 사인곡선과는 완전히 달랐던 그래프가 몇 번의 학습을 거친 것만으로도 사인곡선과 유사하게 변한 것을 알 수 있습니다.

이전 코드와 달라진 부분만 설명하겠습니다. ❶ 손실을 정의합니다. 흔히 사용하는 제곱오차, pow(2)는 제곱을, sum( )은 합, item( )은 실수값으로 반환하라는 뜻입니다. ❷ 가중치를 업데이트하는 데 사용되는 손실값을 미분했습니다. ❸ 가중치는 기울기의 반대 방향으로 움직입니다. 만약 기울기가 양수라면 빼주고, 음수라면 더해줘야 하므로 기울기에 −1을 곱해줍시다.

여기서는 a, b, c, d 총 4개의 가중치(계수)를 사용했습니다. 하지만 자연어 처리에서는 가중치를 1,750억 개 정도 사용한다고 말씀드렸습니다. 따라서 이런 식으로 수백만 개의 가중치를 일일이 계산하는 일은 불가능합니다. 우리는 선배들이 닦아놓은 길을 걸어가면 됩니다. 다음 절부터는 복잡한 가중치 계산을 파이토치에 맡겨보겠습니다.

3.2 보스턴 집값 예측하기 : 회귀 분석

이번에는 파이토치를 사용해 (즉 파이토치가 제공하는 신경망을 사용해) 더 어려운 문제를 해결하겠습니다. 보스턴 집값 데이터는 원래 요소(특징) 81개를 고려한 큰 데이터셋입니다. 우리는 사이킷런scikit-learn에서 정제해준 14개 요소만을 이용합니다.

> **사이킷런(scikit-learn)**
> 데이터 분석 및 머신러닝용 파이썬 라이브러리. 다양한 데이터셋도 제공해줍니다.

결과를 예측하는 데 사용되는 데이터 요소를 '특징feature' 이라고 부릅니다. 특징에 모델의 가중치를 반영해 결과를 도출합니다. 이번에는 집값만을 예측하기 때문에 출력은 하나만 나옵니다.

> **특징(feature)**
> 딥러닝에서 결과를 예측하는 데 사용되는 데이터 요소. 피처, 특성이라고도 부릅니다.

▼ 실습 예제 소개

미션	14개 요인을 분석해 집값을 예측해보자.	노트 바로가기	
난이도	★☆☆☆☆		
이름	보스턴 집값 예측		
알고리즘	MLP		
데이터셋 파일명	Boston Housing • 원본 출처 : https://www.kaggle.com/c/boston-housing		
데이터셋 소개	집값에 영향을 미치는 14개 요인을 모아놓은 데이터셋		
문제 유형	회귀	평가지표	평균 제곱 오차
주요 패키지	torch, torch.nn, sklearn		
예제 코드 노트	• 위치 : colab.research.google.com/drive/14oW7FqSp0A7TuZkAf0n7flhSUXzaupok • 단축 URL : http://t2m.kr/4PbEw • 파일 : ex3_2.ipynb		

3.2.1 데이터 살펴보기

집값에 영향을 미치는 요소는 무엇이 있을까요? 보스턴 집값 데이터셋에서 대표적인 특징으로는 1인당 범죄율, 일산화질소 농도, 주택당 평균 방 개수 등을 제공합니다. 우선 데이터셋을 내려받고 어떻게 생겼는지 살펴보겠습니다.

▼ 보스턴 데이터셋의 특징 출력

```
from sklearn.datasets import load_boston

dataset = load_boston() # ❶ 데이터셋을 불러옴
print(dataset.keys())   # 데이터셋의 키(요소들의 이름)를 출력
```

```
dict_keys(['data', 'target', 'feature_names', 'DESCR', 'filename'])
```

보스터 데이터셋을 읽어와 출력했습니다. ❶ load_boston( ) 함수로 데이터셋을 불러옵니다. 출력 결과에서 각 키의 의미는 다음과 같습니다.

- data : 우리가 사용할 특징값
- target : 예측할 값. 즉 정답이 있습니다.
- feature_names : 각 특징의 이름
- DESCR : description의 약자로 데이터셋에 대한 전반적인 정보를 제공합니다.
- filename: 데이터셋의 csv 파일이 존재하는 위치

이대로는 처리가 까다롭기 때문에 판다스의 데이터프레임으로 변환해줍니다.

▼ 새로 등장한 함수

함수 원형	설명	제공 라이브러리
load_boston()	보스턴 집값 데이터를 딕셔너리 형태로 반환합니다.	sklearn.datasets

3.2.2 데이터 불러오기

먼저 학습에 사용할 데이터를 준비합시다.

▼ 데이터의 구성요소 확인

```python
import pandas as pd

from sklearn.datasets import load_boston

dataset = load_boston()
dataFrame = pd.DataFrame(dataset["data"])       # ❶ 데이터셋의 데이터 불러오기
dataFrame.columns = dataset["feature_names"] # ❷ 특징의 이름 불러오기
dataFrame["target"] = dataset["target"] # ❸ 데이터프레임에 정답 추가

print(dataFrame.head()) # ❹ 데이터프레임을 요약해서 출력
```

```
      CRIM    ZN  INDUS  CHAS    NOX     RM   AGE     DIS  RAD    TAX  ...
0  0.00632  18.0   2.31   0.0  0.538  6.575  65.2  4.0900  1.0  296.0
1  0.02731   0.0   7.07   0.0  0.469  6.421  78.9  4.9671  2.0  242.0
2  0.02729   0.0   7.07   0.0  0.469  7.185  61.1  4.9671  2.0  242.0
3  0.03237   0.0   2.18   0.0  0.458  6.998  45.8  6.0622  3.0  222.0
4  0.06905   0.0   2.18   0.0  0.458  7.147  54.2  6.0622  3.0  222.0
```

❶ dataset["data"]는 dataset에서 data 항목만을 가져옵니다. pd.DataFrame( )은 입력받은 데이터를 판다스의 데이터프레임 형식으로 변환합니다. ❷ dataFrame.columns는 열의 이름입니다. 데이터셋의 특징들의 이름(feature_names)을 가져와 저장합니다. ❸ "target"이라는 이름으로 데이터셋의 정답 열을 추가해줍니다. ❹ dataFrame.head( )는 일부 데이터만을 출력해줍니다. 기본값은 5개입니다.

이제 학습에 사용할 데이터 준비가 끝났습니다. 이어서 데이터를 학습할 모델을 준비하겠습니다.

▼ 새로 등장한 함수

함수 원형	설명	제공 라이브러리
head( )	데이터프레임에서 일부 데이터만 출력합니다. 기본값은 5로, 첫 번째 부터 5번째까지 데이터를 출력합니다.	pandas

3.2.3 모델 정의 및 학습하기

이번에 사용할 알고리즘은 선형회귀입니다. 선형회귀는 직선을 그려서 미지의 값을 예측하는 가장 간단한 방법입니다. 회귀에 의해 얻은 결과를 실제 데이터와 비교해 오차를 줄여나가는 방식으로 학습합니다. 이때 오차의 제곱에 대한 평균을 취하는 평균 제곱 오차^{Mean} $^{Square\ Error,\ MSE}$를 사용합니다. 평균 제곱 오차를 사용하면 작은 오차와 큰 오차를 강하게 대비시킬 수 있어 유용합니다. 학습 루프는 다음과 같습니다.

> **선형 회귀(linear regression)**
> 데이터를 y와 x의 관계를 나타내는 직선으로 나타내는 방법
>
> **평균 제곱 오차(MSE)**
> 오차에 제곱을 취하고 평균을 낸 값

▼ 학습 루프

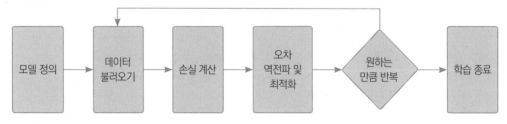

3.1절 '사인 함수 예측하기'에서는 직접 함수를 만들어 변수를 지정해줬지만, 이번에는 파이토치에서 제공하는 함수를 활용하겠습니다. torch.nn.Sequential( ) 객체에 모듈(여기서는 선형 회

귀 모듈)을 집어넣어주면, 파이토치가 알아서 순서대로 계산합니다. 선형 회귀 모델이므로 파이토치의 nn.Linear 모듈을 이용하면 됩니다. 다음 그림은 선형회귀에 이용할 다층 신경망, 즉 MLP 모델을 나타낸 그림입니다. MLP층은 각 층의 뉴런이 다음 층의 모든 뉴런과 연결되어 있기 때문에 완전연결층^{fully connected layer, FC}이라고도 부릅니다.

▼ 선형회귀 MLP 모델

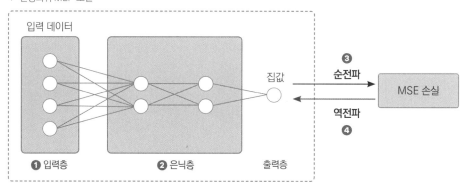

❶ 먼저 입력층에 입력 데이터가 들어옵니다. ❷ 은닉층에 전달된 입력 데이터의 특징으로부터 정보를 추출합니다. ❸ 출력층의 예측값과 실제 정답을 비교해 손실을 계산합니다. 정보가 입력층부터 출력층까지 흘러갔기 때문에 이런 형태를 정보가 순전파됐다고 부릅니다. ❹ 손실을 계산했으면 가중치를 수정하기 위해 오차를 역전파합니다.

신경망을 만들려면 배치와 에포크 개념을 알아야 합니다. 컴퓨터의 메모리는 한정되어 있기 때문에 모든 데이터를 한 번에 처리할 수 없습니다. 따라서 전체 데이터의 나눠서 학습합니다. 이때 떼어서 학습하는 단위가 배치입니다. '배치 크기'만큼 학습해서 전체 데이터 모두를 학습하면 '1에포크'를 학습했다고 부릅니다. 예를 들어 데이터가 총 1,000개일 때 배치 크기가 100

이면, 배치가 10번 반복되어야 데이터 1,000개를 전부 사용합니다. 이를 1에포크의 학습이 이루어졌다고 합니다. 100에포크를 학습한다면 데이터 1,000개 모두를 사용하는 학습을 100번 반복하는 겁니다. 이때 반복 횟수를 이터레이션이라고 부릅니다.

> **배치(batch)**
> 딥러닝 모델의 가중치를 업데이트시킬 때 사용되는 데이터의 묶음 단위
>
> **에포크(epoch)**
> 배치 크기 단위로 전체 데이터 모두를 학습하는 단위
>
> **이터레이션(iteration)**
> 1에포크를 완성시는 데 필요한 배치의 반복 횟수

▼ 배치, 에포크, 이터레이션

배치 크기

데이터셋

1에포크에 배치가
10개이므로 이터레
이션값은 10

1에포크

앞에서 설계한 학습 루프대로 학습 코드를 구현해봅시다.

▼ 선형회귀 MLP 모델 설계

```python
import torch
import torch.nn as nn

from torch.optim.adam import Adam

# ❶ 모델 정의
model = nn.Sequential(
    nn.Linear(13, 100),
    nn.ReLU(),
    nn.Linear(100, 1)
)

X = dataFrame.iloc[:, :13].values # ❷ 정답을 제외한 특징을 X에 입력
Y = dataFrame["target"].values    # 데이터프레임의 target값을 추출


batch_size = 100
learning_rate = 0.001

# ❸ 가중치를 수정하는 최적화 함수 정의
optim = Adam(model.parameters(), lr=learning_rate)

# 에포크 반복
for epoch in range(200):

    # 배치 반복
    for i in range(len(X)//batch_size):
        start = i*batch_size       # ❹ 배치 크기에 맞게 인덱스 지정
        end = start + batch_size
```

```
    # 파이토치 실수형 텐서로 변환
    x = torch.FloatTensor(X[start:end])
    y = torch.FloatTensor(Y[start:end])

    optim.zero_grad() # ❺ 가중치의 기울기를 0으로 초기화
    preds = model(x)  # ❻ 모델의 예측값 계산
    loss = nn.MSELoss()(preds, y) # ❼ MSE 손실 계산
    loss.backward() # ❽ 오차 역전파
    optim.step()    # ❾ 최적화 진행

  if epoch % 20 == 0:
    print(f"epoch{epoch} loss:{loss.item()}")
```

```
epoch0 loss:36.82424545288086
epoch20 loss:44.08319091796875
epoch40 loss:41.00265884399414
epoch60 loss:39.553436279296875
epoch80 loss:38.75075149536133
epoch100 loss:38.317203521728516
epoch120 loss:38.06952667236328
epoch140 loss:37.96735763549805
epoch160 loss:37.927337646484375
epoch180 loss:37.95124435424805
```

❶ 신경망 모델을 정의합니다. nn.Sequential( )에 입력된 층들이 순서대로 계산됩니다. 이번에는 nn.Linear( )와 nn.ReLU( )만을 사용했는데, Linear( )는 MLP 모델을 의미하고 ReLU( )는 활성화 함수의 일종입니다. Linear(13, 100)에서 13은 입력 차원, 100은 출력 차원입니다(13개 특징을 받아 100개 특징을 반환한다는 뜻입니다). 층의 입력과 이전 층의 출력이 일치하지 않으면 에러가 발생하므로 주의해주세요.

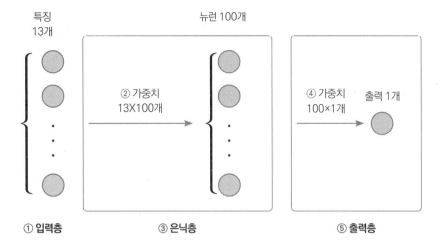

① 입력층에 특징 13개가 있습니다. ③ 은닉층은 뉴런 100개로 구성되어 있으므로 ② 가중치는 13×100개(입력 특징 개수 × 은닉층 뉴런 개수)가 필요합니다. ⑤ 출력층 역시 하나의 출력값만을 사용하므로 ④ 가중치 100×1개(은닉층 뉴런 개수 × 출력값 개수)가 필요합니다.

❷ dataFrame에서 target을 제외한 나머지 값을 X에 입력합니다. dataFrame의 요소들은 특징의 이름으로 호출해야 합니다. 즉 일산화탄소 농도에 관한 데이터를 불러오려면 dataFrame에 "일산화탄소"라는 문자열을 넣어줘야 합니다. 데이터 13개를 X에 입력하고 싶기 때문에 지금 상태로는 문자열 13개를 넣어줘야 합니다. 이렇게 복잡하게 할 필요 없이 특징들의 위치로 값을 불러올 수 있으면 참 편할 겁니다. 그래서 iloc을 이용해 특징들의 이름이 아닌, 위치로 호출할 수 있게끔 해준 뒤, 정답을 제외한 모든 데이터를 불러옵니다.

❸ Adam( )은 가장 많이 쓰이는 최적화 기법입니다. 최적화 기법은 역전파된 오차를 이용해 가중치를 수정하는 기법을 말합니다. 대표적으로 Adam과 경사 하강법이 있습니다. Adam( )은 최적화가 필요한 모델의 가중치들과 학습률을 입력으로 받습니다.

❹ 전체 데이터 크기를 배치 크기(batch_size)로 나누고 나서 시작 지점(i*batch_size)과 끝나는 지점(start+batch_size)을 계산합니다. FloatTensor( )을 사용해서 자료형을 실수형으로 변환해줍니다.

▼ 새로 등장한 함수

함수 원형	설명	제공 라이브러리
FloatTensor(A)	객체 A를 실숫값을 갖는 파이토치 텐서로 변환해줍니다.	torch

❺ 최적화를 실행하기 전, 모든 기울기를 0으로 초기화합니다. 이전 배치에서 계산된 기울기가 남아 있기 때문에 배치마다 초기화해줍시다.

❻ 모델에 입력 데이터를 넣어줍니다.

❼ nn.MSELoss( )는 평균 제곱 오차를 말합니다. 실젯값과 예측값의 차이를 제곱하고, 모든 입력에 대해 평균을 내는 오차를 말합니다. loss.backward( )는 오차를 역전파시킬 기울기를 저장하고 optim.step( )은 최적화 함수에 맞춰 오차 역전파를 수행합니다.

❽에서는 ❼에서 계산한 오차를 역전파합니다. 이 과정에서 모든 가중치에 대한 기울기를 계산합니다.

❾에서는 ❽에서 역전파된 기울기를 이용해 최적화를 진행합니다. 이때 얼마만큼 가중치를 수정하느냐를 결정합니다.

▼ 새로 등장한 함수

함수 원형	설명	제공 라이브러리
MSELoss( )(preds, target)	preds와 target에 대한 제곱 평균 오차를 구하는 함수입니다.	torch.nn
Adam(params, lr)	학습률 lr을 갖고, 모델의 가중치(params)에 대해 Adam 최적화를 해주는 객체입니다.	torch.optim.adam

처음으로 인공 신경망을 만들어봤습니다만 아직 익숙하지 않은 것 투성이라 어색할 겁니다. 그러나 인간은 적응의 동물, 여러 번 만들다 보면 점점 익숙해지고 나중에는 없이는 못 살 것 같을 겁니다.

3.2.4 모델 성능 평가하기

학습시키기는 했지만 모델이 정말 예측을 잘하는지 아직 알기 어렵습니다. 모델이 잘 학습됐는지 알아보려면 모델을 시험해야 합니다. 데이터셋에서 행 하나를 추출해 실젯값과 예측값을 비교해 봅시다.

▼ 모델 성능 평가

```
prediction = model(torch.FloatTensor(X[0, :13]))
real = Y[0]
print(f"prediction:{prediction.item()} real:{real}")
```

```
prediction:25.572772979736328 real:24.0
```

실제 집값은 24.0이지만 우리 모델이 예측한 집값은 대략 25.5입니다. 실제 집값과 크게 차이가 나지 않습니다. 더 정확한 결과를 얻고 싶다면 데이터 전처리를 이용해 모든 특징의 범위를 동일하게 하는 등의 추가 조작이 필요합니다. 데이터 전처리는 이후에 4장에서 더 자세하게 다루겠습니다.

3.3 손글씨 분류하기 : 다중분류

바로 앞에서 다룬 보스턴 집값 예측에서는 집값 하나만 예측했습니다. 집값과 동시에 지역, 집주인 나이를 예측하려면 어떻게 해야 될까요? 각각을 학습하는 여러 모델을 만들어야 할까요? 아닙니다. 같은 데이터를 가지고 여러 모델을 학습하는 건 좀 낭비입니다. 값 하나를 출력해 출력값을 범위로 나눠 다른 정보를 예측하는 방법은 어떤가요? 예측하고자 하는 모든 정보를 숫자 하나에 집어넣는 방법 역시 적절하지 않아 보입니다. 여러 값을 출력하면 어떨까요! 집값, 지역, 나이를 예측하도록 모델을 설계하는 거죠. 그러면 모델 하나로 여러 정보를 예측할 수 있을 겁니다. 이렇듯 인공 신경망의 출력이 늘 하나일 필요는 없습니다.

▼ 단일 출력(좌)과 다중 출력(우)

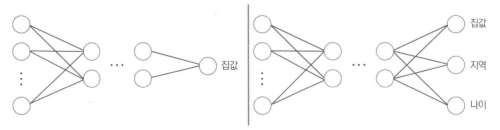

또한 회귀와 분류는 값을 직접 예측하느냐, 어떤 범주에 들어가느냐의 문제이므로 서로 상관없어 보이지만 사실 회귀와 분류는 매우 비슷한 문제입니다. 신경망의 출력을 그대로 사용하면 회귀, 출력을 확률 분포로 바꿔주면 분류 문제가 됩니다.

▼ 회귀와 분류의 차이

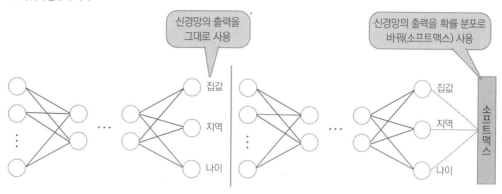

회귀 모델과 분류 모델의 차이를 나타낸 그림입니다. 회귀 모델과 분류 모델은 신경망 구조가 완전히 동일하지만 분류 모델은 최종적으로 출력을 소프트맥스 함수를 통해 확률 분포로 변환합니다. 그대로 출력값을 이용해도 상관없지만 분류 문제에서 출력을 확률 분포로 바꿔주는 까닭은 출력값의 범위를 0과 1 사이로 제한해야 해석이 용이하기 때문입니다.

이번 절에서는 여러 출력을 갖는 신경망을 이용해 다중분류 문제를 알아보겠습니다. 0부터 9까지의 10개의 숫자를 손글씨로 표현한 손글씨 데이터셋을 사용해 실습하겠습니다.

▼ 실습 예제 소개

문제 정의	손글씨 이미지를 입력받아 어떤 숫자인지 예측해보자.		
난이도	★★☆☆☆	노트 바로가기	
이름	손글씨 분류하기		
알고리즘	MLP		
데이터셋 파일명	MNIST • 출처 : http://yann.lecun.com/exdb/mnist/		
데이터셋 소개	0부터 9까지 10개의 숫자에 대한 손글씨 이미지를 모아놓은 데이터셋		
문제 유형	분류	평가지표	CE 오차

주요 패키지	torch, torch.nn, torchvision
예제 코드 노트	• 위치 : colab.research.google.com/drive/14Sfzm1idy8_EbS7DwzqzR7Dkk4TEKTVh
	• 단축 URL : http://t2m.kr/4O34L
	• 파일 : ex3_3.ipynb

3.3.1 데이터 살펴보기

손글씨 데이터셋을 사용해 다중 출력을 연습해봅시다. MNIST는 0부터 9까지 10가지 손글씨 이미지로 구성된 데이터셋입니다. 우선은 데이터를 내려받고 모양을 살펴보겠습니다.

▼ 손글씨 데이터 살펴보기

```python
import matplotlib.pyplot as plt

from torchvision.datasets.mnist import MNIST
from torchvision.transforms import ToTensor

# ❶ 학습용 데이터와 평가용 데이터 분리
training_data = MNIST(root="./", train=True, download=True, transform=ToTensor())
test_data = MNIST(root="./", train=False, download=True, transform=ToTensor())


print(len(training_data)) # 학습에 사용할 데이터 개수
print(len(test_data))     # 평가에 사용할 데이터 개수

for i in range(9): # 샘플 이미지 9개 출력
    plt.subplot(3, 3, i+1)
    plt.imshow(training_data.data[i])
plt.show()
```

```
60000
10000
```

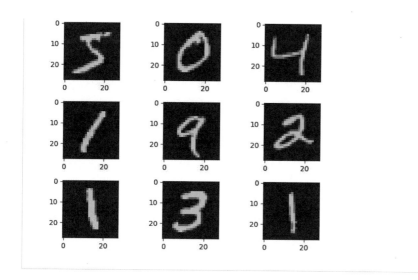

학습에 사용할 데이터 개수, 평가에 사용할 데이터 개수, 그리고 9개의 샘플 이미지를 출력합니다.

❶ MNIST 객체를 초기화할 때 train 옵션에 따라 학습용 데이터를 불러올지, 평가용 데이터를 불러올지 결정합니다. True는 학습용, False는 평가용 데이터를 불러옵니다[1]. download 옵션은 데이터를 내려받을지 결정하는 파라미터입니다. 데이터를 내려받고 싶으면 True를 넣어주세요. transform은 데이터를 변형하고 싶을 때 넣어주는 파라미터입니다. 파이토치 모델의 입력으로는 파이토치 텐서만을 이용할 수 있습니다. 파이토치는 최적화가 굉장히 복잡하게 정의되어 있어서 자료형이 다르면 동작할 수 없습니다. 지금은 모든 데이터가 파이썬 이미지 파일로 저장되어 있으므로 ToTensor( ) 함수를 이용해 파이토치 텐서로 바꿔줄 겁니다. 파이토치는 텐서만을 입력으로 받기 때문입니다.

▼ 새로 등장한 함수

함수 원형	설명	제공 라이브러리
ToTensor(A)	A를 파이토치 텐서로 변환합니다.	torch

---

1 파이토치에서는 대부분 데이터셋을 학습용 데이터와 평가용 데이터로 나누어져 제공합니다.

3.3.2 데이터 불러오기

파이토치에는 학습에 사용할 배치를 자동으로 반환하는 Dataloader( )라는 메서드가 있습니다. 원하는 배치 크기, 데이터를 섞어서 사용할지, CPU 코어를 몇 개나 이용할지 등을 지정할 수 있습니다. 파이토치가 제공하는 라이브러리를 이용해 코드를 작성해봅시다.

DataLoader 객체에 데이터를 넘겨주면 우리가 원하는 배치 크기, 셔플 여부 등을 간단하게 설정할 수 있습니다. 이번 코드에서는 파이토치 DataLoader 객체를 이용해 데이터로더를 만들겠습니다.

▼ 학습용 데이터와 평가용 데이터의 데이터로더 정의

```
from torch.utils.data.dataloader import DataLoader

train_loader = DataLoader(training_data, batch_size=32, shuffle=True)

# ❶ 평가용은 데이터를 섞을 필요가 없음
test_loader = DataLoader(test_data, batch_size=32, shuffle=False)
```

❶ 학습용 데이터를 섞지 않고 학습하면 하나의 범주만을 출력하도록 학습될 가능성이 있습니다. 예를 들면 학습용 데이터의 첫 6,000장의 이미지가 0을 나타내는 이미지라면, 모델은 계속해서 0을 출력하므로 나중에는 어떤 값이 들어와도 0이 나오게 됩니다. 따라서 학습용 데이터는 학습하기 전에 섞어주어서 모든 범주의 데이터가 골고루 나오게 해야 합니다. 그러나 평가용 데이터는 이미 학습이 된 모델을 이용해 순서대로 예측값과 정답을 비교하는 과정이므로 데이터를 섞을 필요가 없습니다.

학습용 데이터는 train_loader에, 평가용 데이터는 test_loader에 저장했습니다.

▼ 새로 등장한 함수

함수 원형	설명	제공 라이브러리
DataLoader(A)	데이터셋 A를 원하는 배치 크기 나누어 반환합니다. batch_size가 배치 크기를 결정하고, shuffle은 데이터를 섞을지에 대한 여부를 결정합니다.	torch.utils.data.dataloader

3.3.3 모델 정의 및 학습하기

데이터를 다루는 작업이 끝이 났으니, 이제는 이미지를 분류할 모델을 만들 시간이 됐습니다. 이미지 학습에 드는 계산량이 크므로 GPU를 이용하겠습니다. 학습이 끝난 모델을 저장하고, 불러온 다음 평가를 합니다. 학습 루프를 다음 같이 구성하겠습니다.

▼ 학습 루프

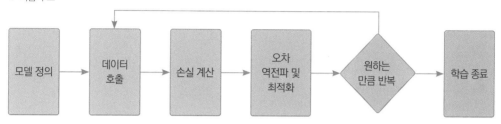

이미지는 가로축과 세로축으로 이루어져 있는 2차원 데이터입니다. 인공 신경망은 모든 값이 일렬로 나란히 있는 배열을 입력으로 갖습니다. 따라서 인공 신경망의 입력으로 2차원 이미지를 넣고 싶다면, 1차원으로 모양을 변경해야 합니다.

▼ 2차원 이미지를 1차원으로 변경

미리 설계한 학습 루프에 맞춰서 학습 코드를 작성해봅시다.

▼ 손글씨 분류 모델 학습하기

```
import torch
import torch.nn as nn

from torch.optim.adam import Adam

# ❶ 학습에 사용할 프로세서 지정
device = "cuda" if torch.cuda.is_available() else "cpu"

model = nn.Sequential(
```

```
    nn.Linear(784, 64),
    nn.ReLU(),
    nn.Linear(64, 64),
    nn.ReLU(),
    nn.Linear(64, 10)
)
model.to(device) # 모델의 파라미터를 GPU로 보냄

lr = 1e-3
optim = Adam(model.parameters(), lr=lr)

for epoch in range(20):
    for data, label in train_loader:
        optim.zero_grad()
        # ❷ 입력 데이터 모양을 모델의 입력에 맞게 변환
        data = torch.reshape(data, (-1, 784)).to(device)
        preds = model(data)

        loss = nn.CrossEntropyLoss()(preds, label.to(device)) # ❸ 손실 계산
        loss.backward() # 오차 역전파
        optim.step()    # 최적화 진행

    print(f"epoch{epoch+1} loss:{loss.item()}")

# ❹ 모델을 MNIST.pth라는 이름으로 저장
torch.save(model.state_dict(), "MNIST.pth")
```

❶ CPU와 GPU 중 하나를 선택합니다. torch.cuda.is_available( )은 GPU를 사용할 수 있으면 True를, 사용할 수 없으면 False를 반환합니다.

▼ 새로 등장한 함수

함수 원형	설명	제공 라이브러리
is_available()	GPU가 사용 가능 여부를 반환합니다.	torch
to(device)	텐서를 device로 보냅니다.	torch

❷ 이미지를 일렬로 펴주는 변환을 실행합니다. (-1, 784)의 -1은 개수를 상관하지 않겠다는 뜻

입니다. MNIST의 이미지는 모두 28×28(784픽셀) 흑백 이미지이므로 채널에 관한 정보가 없습니다. 따라서 **높이×너비** 모양이므로, -1을 입력하면 배치 크기가 입력됩니다. 예를 들어 이미지 64장을 불러왔다면, 입력 텐서는 (64, 28, 28)과 같은 모양을 하고 있을 겁니다. 이제 이미지를 일렬로 펴주기 위해 (-1, 784) 모양으로 변환합니다. -1이므로, 즉 배치 크기인 64가 대입되어 최종적으로 (64, 784)와 같은 모양이 됩니다. MLP 모델은 벡터만을 입력받을 수 있기 때문에, 손글씨 이미지를 벡터로 변환해준다고 생각하면 됩니다. to( ) 메서드는 device에서 텐서를 계산하겠다는 의미입니다. device가 다른 두 텐서는 서로 연산이 불가능하기 때문에 모든 텐서의 device를 맞춰주세요.

▼ 새로 등장한 함수

함수 원형	설명	제공 라이브러리
reshape(A, shape)	텐서 A를 shape 모양으로 변형시킵니다.	torch

❸ 손실 함수를 정의합니다. 회귀에는 MSE를, 분류에는 CE를 자주 사용합니다. MSE는 평균 제곱 오차로 두 값의 차이의 제곱을 나타내고, CE는 크로스 엔트로피 손실 함수로 확률 분포의 차이를 나타냅니다. 회귀는 임의의 값을 예측하는 것이기 때문에 MSE를, 분류는 확률 분포를 예측하는 것이므로 CE를 사용합니다.

> **크로스 엔트로피(cross entropy, CE)**
> 교차 엔트로피라고도 합니다. 두 확률 분포가 서로 얼마나 다른가를 나타내는 함수입니다.

집값 예측에 비해 학습 시간이 더 깁니다. 모델이 더 복잡해지고 더 많은 데이터를 사용했기 때문입니다.

❹ 소스 코드와 같은 경로에 MNIST.pth라는 파일(모델)이 생겼을 겁니다. 파이토치의 모델은 .pth 확장자로 저장됩니다.

> **TIP** 파이토치 모델의 확장자는 .pt와 .pth 모두 가능합니다. pth 확장자는 파이썬의 Path 파일과 확장자가 동일하기 때문에 피하자는 의견이 나오고 있습니다만 아직 표준으로 제정되지 않았기 때문에 현재는 둘 다 사용하고 있습니다.

▼ 새로 등장한 함수

함수 원형	설명	제공 라이브러리
save(A)	객체 A를 저장합니다.	torch
A.state_dict(pth)	A 모델의 가중치를 딕셔너리 형태로 반환한 뒤, pth에 저장합니다.	torch

3.3.4 모델 성능 평가하기

평가용 데이터셋을 이용해 분류의 정확도를 구해볼 겁니다. 모델을 불러와 평가용 데이터 중 몇 개를 정확하게 분류했는지 확인하겠습니다.

▼ 모델의 성능 평가

```python
# ❶ 모델 가중치 불러오기
model.load_state_dict(torch.load("MNIST.pth", map_location=device))


num_corr = 0 # 분류에 성공한 전체 개수


with torch.no_grad(): # ❷ 기울기를 계산하지 않음
    for data, label in test_loader:
        data = torch.reshape(data, (-1, 784)).to(device)

        output = model(data.to(device))
        preds = output.data.max(1)[1] # ❸ 모델의 예측값 계산

        # ❹ 올바르게 분류한 개수
        corr = preds.eq(label.to(device).data).sum().item()
        num_corr += corr

    print(f"Accuracy:{num_corr/len(test_data)}") # 분류 정확도 출력
```

```
Accuracy:0.9767
```

❶ 모델 파일을 불러옵니다. map_location은 불러올 위치를 말하는데 기본적으로 CPU에 불러오지만, 원하는 장치에 불러올 수 있습니다. 여러분의 환경에 따라 GPU를 갖고 있다면 GPU에, 없다면 CPU에 불러옵니다. 코랩에서 실습을 진행하고 계신 분들은 0장을 참고하여 런타임 종류를 설정해주세요. 아무 설정을 하지 않는다면 코랩은 CPU를 사용합니다.

❷ no_grad( )를 호출하면 기울기를 계산하지 않습니다. 학습할 때는 가중치를 업데이트하는 데 기울기가 필요했지만, 평가는 가중치를 바꿀 필요가 없으므로 기울기를 계산하지 않습니다. 메모리와 계산량이 줄어드니까 평가할 때는 반드시 호출합시다.

❸ max(1)[1]은 가장 높은 값을 갖는 위치를 반환합니다. 모든 텐서의 차원은 배치, 클래스 순서입니다. 즉, max(0)은 배치에서 가장 높은 값을, max(1)은 클래스 차원에서 가장 높은 값을 반

환하라는 뜻입니다. 또한 max( )는 최대 예측값, 최대 예측값의 인덱스를 묶어서 리스트로 반환하므로 max(1)[1]을 호출하는 것으로 모든 배치에 대해 가장 높은 클래스값을 갖는 인덱스만을 가져옵니다.

❹ eq( )는 값이 같으면 1을, 다르다면 0을 반환하는 함수입니다. preds 안에 모델의 예측값이 들어 있기 때문에 label과 eq( ) 연산을 해주고 sum( ) 함수로 합을 구합니다. 실젯값과 예측값이 몇 개나 일치하는가를 알 수 있습니다. 코드가 복잡하니 다음 동작 순서를 참고하시기 바랍니다.

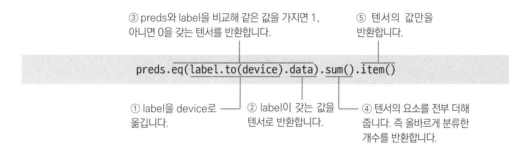

분류 정확도가 대략 97% 정도가 나왔습니다. 대부분의 이미지를 올바르게 분류할 수 있는 수치이므로 학습이 잘된 겁니다. 일반적으로 분류 정확도가 92% 이상이면 학습이 잘 이루어진 것으로 판단합니다. 80% 미만이면 모델을 제품화할 수 없습니다.

학습 마무리

파이토치를 이용해 간단한 인공 신경망을 만들어보았습니다. 직접적인 값을 예측하면 회귀 문제, 어느 레이블에 속하는지에 대한 확률 분포를 예측하면 분류 문제입니다. 딥러닝 학습의 흐름을 명심해주세요.

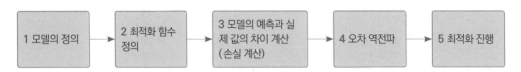

되짚어보기

랜덤 계수와 3차 다항식 계수를 학습해 사인 함수를 예측합니다. 랜덤 계수를 사용하면 사인 함수와 전혀 닮지 않았지만 학습된 3차 다항식 계수를 사용하니 차이가 거의 없습니다. 계수가 3차 다항식의 함수값을 사인 함수와 비슷하도록 하기 때문에 좋은 결과가 난 겁니다.

보스턴 집값 데이터를 간단한 MLP 모델을 이용해 학습합니다. 데이터가 순차적으로 순전파되는 신경망이므로, nn.Sequential 클래스를 이용해 신경망을 구성했습니다. 손실 함수로는 실제 집값과 모델이 예측한 집값의 평균 제곱 오차를 사용했습니다. 실제 집값과 크게 차이가 나지 않았습니다.

손글씨 데이터를 MLP로 학습했습니다. MLP는 1차원 벡터만 입력받을 수 있기 때문에 2차원 이미지를 평탄화해서 신경망의 입력으로 사용했습니다. 파이토치가 제공하는 Dataset 객체와 Dataloader를 사용해 데이터를 호출했습니다. 손글씨를 학습한 후 정답과 예측 간의 크로스 엔트로피 오차를 확인해 정확도를 계산했습니다. 약 97% 정도의 정확도가 나왔습니다.

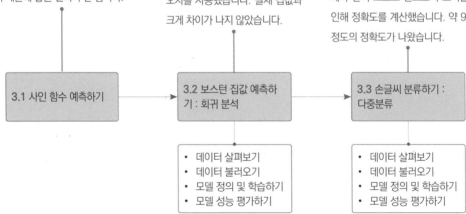

연습문제

1 풍향과 풍량, 습도, 지역을 입력받아 그 날의 기온을 예측하는 문제는 회귀 문제일까요, 분류 문제일까요?

2 감시카메라 영상을 입력받아 수상한 사람인지 아닌지 예측하는 문제는 회귀 문제일까요, 분류 문제일까요?

3 총 5,000장의 이미지를 데이터로 갖고 있고, 한 번 학습할 때 50장씩 불러오고, 갖고 있는 데이터를 총 50번 반복하고 싶다면 배치 크기와 에포크, 이터레이션은 각각 얼마일까요?

4 reshape(data, (-1, 1024))를 이용해 이미지를 일렬로 폈다면 원래 이미지의 가로 세로 픽셀의 개수는 얼마였을까요?

  ❶ 16개   **❷** 20개

  ❸ 24개   **❹** 32개

5 특징 100개를 입력받아 출력 10개를 내보내는 층을 만들고 싶다면 어떻게 해야 할까요?

  ❶ nn.Linear(100, 10)

  ❷ nn.Linear(10, 100)

---

1 정답 기온은 연속적인 값을 갖고 있기 때문에 회귀 문제입니다.

2 정답 수상한가 아닌가, 둘 중 어떤 범주에 들어가는지 분류하는 분류 문제입니다.

3 정답 이미지 5,000장을 50장씩 불러오기 때문에 배치 크기는 50입니다. 5,000장을 모두 한 번씩 불러오려면 총 100번 반복해야 하므로 이터레이션은 100입니다. 마지막으로 모든 이미지를 50번씩 사용하고자 하기 때문에 에포크는 50입니다.

4 정답 ❹ 1,024는 32의 제곱입니다. 따라서 32개의 픽셀을 갖고 있습니다.

5 정답 ❶ nn.Linear( )의 첫 번째 인자는 입력 특징 개수, 두 번째 인자는 출력 개수입니다. 따라서 nn.Linear(100, 10)입니다.

딥러닝에서 가장 흔하게 사용되는 알고리즘 세 가지를 소개합니다. 먼저 이미지를 처리하는 가장 기본적인 신경망인 VGG(CNN 모델)를 다룹니다. 거기서 조금 더 발전된 형태인 ResNet은 최근에도 사용될 정도로 성능이 좋습니다. 시간의 흐름에 따라 순서가 있는 데이터를 시계열 데이터라고 부르는데, 시계열 데이터를 다루는 기본 알고리즘인 RNN을 마지막으로 알아보겠습니다.

Start

입문용 신경망 3총사
CNN, ResNet, RNN

Chapter 4

사진 분류하기
CNN과 VGG

Chapter 5

유행 따라가기
ResNet 만들기

Chapter 6

넷플릭스 주가 예측하기
RNN으로 첫 시계열 학습

Finish

사진 분류하기
CNN과 VGG

☐ **학습 목표**

이미지를 처리하는 딥러닝 모델인 CNN 모델을 만듭시다. 그러고 나서 기초적인 CNN 모델인 VGG도 알아보겠습니다. 10가지 사물과 동물 사진을 담은 CIFAR-10을 사용해서 이미지를 분류해보는 것이 목표입니다.

☐ **학습 순서**

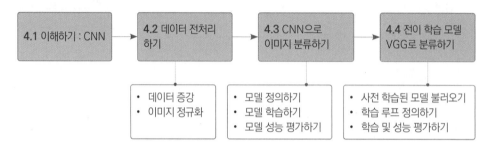

☐ **핵심 용어 미리보기**

1 **합성곱**은 작은 필터를 이용해 이미지로부터 특징을 뽑아내는 알고리즘입니다.

2 **CNN**은 합성곱층을 반복적으로 쌓아서 만든 인공 신경망입니다.

3 **특징 맵**은 합성곱층의 결과를 말합니다. 합성곱층이 특징을 추출한 뒤의 이미지입니다.

4 **데이터 증강**과 **전처리**는 더 원활한 학습을 위해 데이터를 수정하는 기법입니다. 데이터 증강은 이미지를 회전시키거나 잘라내는 등, 즉 데이터 하나로 여러 가지 형태의 다른 데이터를 만들어 개수를 늘리는 기법입니다. 데이터 전처리는 학습에 이용되기 이전에 처리하는 모든 기법을 의미합니다. 데이터 증강도 데이터 전처리의 일종입니다.

5 **이미지 정규화**는 이미지의 픽셀 간 편향을 제거하는 데 사용합니다. 각 채널의 분포가 동일해지므로 학습이 원활하게 이루어집니다.

6 **패딩**은 이미지 외곽을 0으로 채우는 기법으로, 합성곱 전후 이미지 크기를 같게 만듭니다.

7 **크롭핑**은 이미지의 일부분을 잘라내는 것을 의미합니다.

8 **최대 풀링**은 이미지 크기를 줄이는 데 사용하는 기법으로 커널에서 가장 큰 값을 이용합니다.

9 **전이 학습**은 사전 학습된 모델의 파라미터를 수정해 자신의 데이터셋에 최적화시키는 방법입니다. 학습에 걸리는 시간을 단축할 수 있습니다.

왜 CNN이 필요할까?

약 840만 개의 픽셀을 갖는 4K UHD 사진을 인공 신경망으로 처리하는 데 정말 층마다 840만 개 가중치가 필요할까요? 그렇다면 계산에 시간이 어마어마하게 들 겁니다. 이를 해결하고자 학자들이 고민 끝에 합성곱^{convolution, 콘볼루션}을 고안했습니다. 합성곱은 작은 필터를 이용해 이미지로부터 특징을 추출해내는 방법입니다(쉽게 말하면 두 함수의 곱입니다). 예를 들어 영어는 검은 글씨로, 한글 뜻이 빨간 글씨로 적혀 있는 영어 단어 책이 있다고 가정합시다. 빨간 셀로판지를 책에 가져다 대면 검은 글씨는 그대로 보이고 빨간 글씨는 셀로판지에 가려져 보이지 않게 됩니다. 우리가 알고 싶은 단어는 영어 단어이므로 빨간 글씨를 제거하면 자연스레 검은 글씨, 즉 영어 단어만 남습니다. CNN은 이처럼 판단에 도움이 되는 특징만을 남기는 모델로, 빨간 셀로판지 역할을 CNN에서는 커널^{kernel}이라고 부릅니다.

▼ 합성곱 커널과 필터

RGB 이미지   색 하나의 특징을 추출하는 역할을 하는 '커널'   각각의 색을 추출하는 커널이 모이면 '필터'

기존 모델은 모든 픽셀에 대해 가중치를 갖고 있습니다. 이미지 전체를 특징으로 이용하기 때문에 학습에 사용된 데이터에 관해서는 완벽에 가까울 정도로 특징을 잡아낼 수 있는데, 특징 위치가 바뀌게 되면 무용지물이 됩니다. 반대로 합성곱은 커널을 이미지 안에서 이리저리 움직이며 특징을 추출합니다. 따라서 볼 수 있는 시야는 좁아지는 대신 위치와 무관하게 특징을 잡아 낼 수 있습니다. 또한 이미지 전체에 가중치를 두는 모델은 이미지 크기가 커지면 학습해야 하는 가중치 개수도 늘어나는데, CNN 커널 크기는 변화가 없습니다. 즉 커널을 사용하면 이미지 크기와 무관하게 학습해야 하는 가중치 개수가 같습니다. 학습할 가중치도 줄어들고, 특징의 위치에 대해 어느 정도 자유로워졌으니 두 마리 토끼를 다 잡은 것이죠.

> **커널, 필터**
> 커널은 이미지로부터 특징을 추출하기 위한 가중치를 행렬로 나타낸 겁니다. 또한 커널의 집합을 필터라고 부릅니다.

4.1 이해하기 : CNN

CNN^{convolutional neural network}은 합성곱을 사용하는 신경망입니다. 합성곱 신경망, 콘볼루션 신경망이라고도 부릅니다. 이미지에 특징이 하나만이 있는 게 아니기 때문에 CNN의 한 층에 필터를 여러 개 준비합니다. 그래서 셀로판지 필터와 달리 CNN 필터는 여러 색과 모양을 제거할 수 있습니다. 과거에는 CNN 필터를 사람이 직접 설계했지만 최근에는 인공 신경망을 이용해 만듭니다. CNN를 한마디로 요약하자면 인공 신경망을 이용해 합성곱 필터를 학습하는 신경망입니다.

합성곱이 어떻게 특징을 추출하는지 알아보겠습니다. 다음 그림을 봐주세요.

▼ 합성곱의 계산

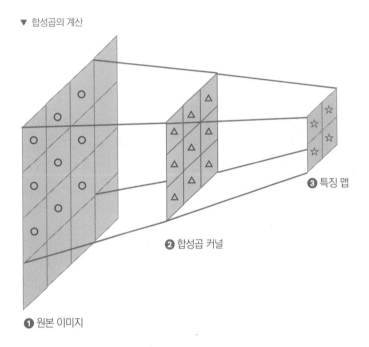

❸ 특징 맵

❷ 합성곱 커널

❶ 원본 이미지

입력은 ❶ 원본 이미지입니다. ❷ 합성곱 커널이 CNN에서 특징 추출의 주역으로 학습에 필요한 가중치를 갖고 있습니다. 책을 읽듯이 원본 이미지의 왼쪽 위부터 오른쪽으로 한 칸씩 커널을 옮기고, 오른쪽 끝에 다다르면 한 칸 내려 다시 커널을 제일 왼쪽으로 옮겨줍니다. 원본 이미지와 커널의 각각 위치를(여기서는 ○와 △) 곱해주고, 곱한 결과인 9개 숫자를 다 더해 값(여기서는 ☆)을 출력합니다. 앞의 그림에서는 원본 이미지가 4×4, 커널이 3×3이므로 다음 그림과 같이 총 4회 픽셀끼리의 곱셈 계산을 합니다.

▼ 커널의 위치 이동

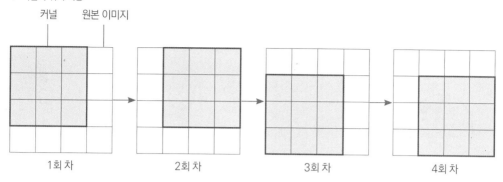

커널   원본 이미지

1회차   2회차   3회차   4회차

이렇게 얻어진 결과의 조합도 이미지로 볼 수 있습니다. 이 이미지를 ❸ 특징 맵이라고 부릅니다. 특징 맵이라 부르는 까닭은 커널을 통해 특징을 추출한 이미지이기 때문입니다.

커널이 항상 한 칸만 이동하는 것은 아닙니다. 사용자가 어떻게 정의하느냐에 따라 커널의 이동 거리가 정해집니다. 이 때 커널이 이동하는 거리를 스트라이드라고 부릅니다.

> **특징 맵(feature map)**
> 합성곱의 결과로부터 얻어지는 이미지. 합성곱으로부터 얻어진 특징이 그려진 이미지라서 특징 맵이라고 불립니다.
>
> **스트라이드(stride)**
> 커널의 이동 거리

이렇게 (모든 픽셀에 대해 커널을 움직이며 계산하는) 합성곱을 한 번 수행하면 특징 하나를 추출합니다. 합성곱층 하나에 가중치를 달리해서 합성곱을 여러 번 수행하며, 이렇게 얻은 특징 맵은 다음 합성곱층의 입력으로 들어갑니다. 여러 합성곱층을 쌓아 만든 모델을 CNN이라 부르는 것이죠.

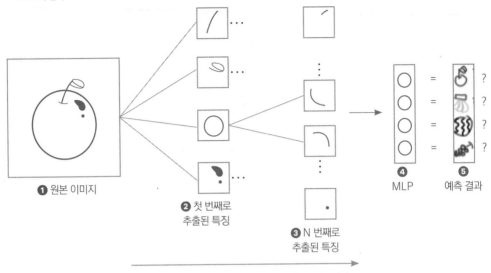

① 원본 이미지

② 첫 번째로
추출된 특징

③ N 번째로
추출된 특징

MLP

예측 결과

층이 깊어질수록 점점 더 세부적인 특징을 바라봅니다.

위 그림은 CNN의 원리를 나타내고 있습니다. ① 사과 이미지에는 여러 특징이 섞여 있습니다.
② 특징으로 빨간 윤곽, 하얗게 반사되는 빛, 갈색 가지, 녹색 잎을 추출했네요. ③ 추출된 특징들
은 계속 합성곱층을 거치며 점점 미세한 특징으로 변합니다. ④ 최종적으로는 이렇게 모아진 특징
들은 MLP의 입력으로 들어갑니다. 오른쪽에 보면 파란 동그라미 ○들이 보일 겁니다. 각각은 클
래스를 나타냅니다. 각각 사과, 바나나, 수박, 포도를 가리킨다고 해봅시다. 네 가지 과일의 특징
을 추출할 수 있는 커널에 사과 이미지를 입력하면 사과 특징에 큰 가중치를 둘 겁니다. 따라서 다
른 클래스의 값은 0에 가깝게 됩니다. ⑤ 그 결과 입력된 이미지가 사과라고 예측할 겁니다. 즉 추
출한 특징들을 조합해 어떤 과일인지를 예측한다 보면 됩니다.

유명한 CNN 모델로는 VGG, ResNet, Inception 등이 있습니다.

▼ 자주 사용되는 CNN 모델

CNN 모델	특징
VGG	가장 기본이 되는 CNN. VGG 이전의 CNN은 커널 크기가 커서 학습해야 하는 가중치 수가 많았지만, VGG는 3×3 크기의 커널을 이용해서 가중치 개수를 줄일 수 있습니다.

```
torchvision.models.vgg16()
```

ResNet	입력 이미지와 특징 맵을 더하는 CNN. 층이 깊어질수록 역전파되는 오차가 작아지는 문제를 어느 정도 해결했습니다. 그로 인해 VGG와는 비교도 안 되는 깊이를 가졌습니다. CNN 모델 중에서 ResNet을 가장 많이 사용하므로 5장에서는 직접 ResNet을 만들겠습니다.

```
torchvision.models.resnet18()
```

Inception	3×3 커널을 여러 번 중첩해 크기가 큰 커널을 근사했습니다. VGG보다 넓은 시야를 갖게 됐으며, 큰 크기의 커널보다 적은 수의 가중치로 비슷한 효과를 얻습니다.

```
torchvision.models.inception_v3()
```

4.2 데이터 전처리하기

이제부터 실제로 CNN을 만들어 사물 이미지를 분류하는 모델을 만들 겁니다. CIFAR-10은 10가지 클래스를 갖는 데이터셋입니다. 동물뿐만 아니라 비행기, 트럭, 자동차 이미지를 담고 있습니다. 데이터셋을 내려받고 어떤 그림이 있는지 살펴보겠습니다.

▼ 데이터 살펴보기

```python
import matplotlib.pyplot as plt

from torchvision.datasets.cifar import CIFAR10
from torchvision.transforms import ToTensor

# CIFAR-10 데이터셋 불러오기
training_data = CIFAR10(
    root="./",              # ❶
    train=True,             # ❷
    download=True,          # ❸
    transform=ToTensor())   # ❹

test_data = CIFAR10(
    root="./",
    train=False,
    download=True,
    transform=ToTensor())
```

```
for i in range(9):
    plt.subplot(3, 3, i+1)
    plt.imshow(training_data.data[i])
plt.show()
```

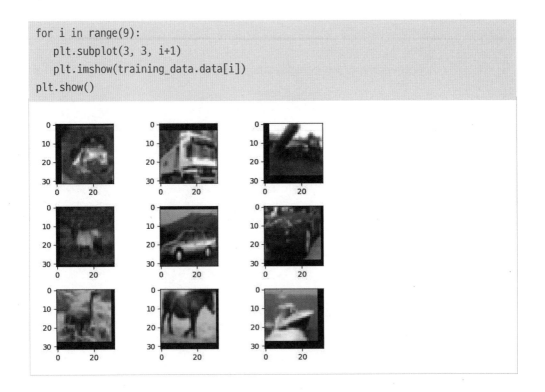

CIFAR-10 데이터셋을 CIFAR10( )으로 불러옵니다. ❶ root는 CIFAR-10 이미지를 내려받을 경로를 말합니다. 이번에는 현재 디렉터리를 나타내는 "./"를 사용합니다. ❷ train은 학습용 데이터와 평가용 데이터를 구분합니다. True이면 학습용 데이터를, False이면 평가용 데이터를 불러옵니다. ❸ download는 데이터를 내려받을지 여부를 결정합니다. True이면 root 경로에 내려받습니다. 마지막으로 ❹ transform은 데이터 전처리를 의미합니다. 전처리는 뒤에서 자세하게 다루겠습니다. 여기서는 ToTensor( )를 이용해 이미지를 파이토치 텐서로 변환해줍시다.

CIFAR-10 데이터셋의 데이터는 모두 RGB 이미지입니다. 가로 세로 길이가 일정하기 때문에 CNN이 처리하기에 좋은 형태입니다. 이대로 데이터를 사용해도 좋지만, 같은 이미지를 조금만 변경해도 컴퓨터 입장에서는 다른 이미지로 받아들이기 때문에 이미지를 크게 해치지 않는 선에서 변경하겠습니다. 이를 데이터 증강이라고 부릅니다. 이렇게 신경망의 입력으로 사용하기 전에 데이터를 변경하는 기법을 데이터 전처리라고 부릅니다.

4.2.1 데이터 증강

데이터 증강은 데이터가 부족하거나 오버피팅을 피하는 기법으로, 데이터를 의도적으로 수정해 더 많은 데이터를 확보합니다. 그림을 뒤집고, 색을 바꾸고 하는 등의 수정으로 이미지 하나를 여럿으로 늘립니다. 이미지 일부분을 제거하기도 합니다. 이렇게 되면 이미지 크기가 달라져 버립니다. 이때 이미지 크기에 변화가 없도록 패딩 기법을 사용해 잘라낸 부분을 0으로 채워줍니다. 이번에는 CIFAR-10 데이터셋에 데이터 증강 기법을 적용하겠습니다.

다음 그림은 크롭핑 후 좌우대칭하여 데이터를 증강하는 예입니다.

> **데이터 증강(data augmentation)**
> 이미지에 여러 변형을 주어 이미지 개수를 늘리는 기법. 회전(Rotation), 크기 변경, 밀림(Shearing), 반사(Reflection), 이동(Translation) 등을 사용합니다.
>
> **패딩(padding)**
> 이미지의 특정 영역을 0(혹은 아무 값)으로 채우는 기법. 0을 채우므로 제로 패딩(zero padding)이라고도 합니다.
>
> **크롭핑(Cropping)**
> 이미지의 일정 부분을 도려내는 기법. 불필요한 부분을 도려낼 때 사용합니다.

▼ 데이터 증강

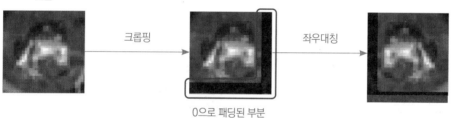

이제부터 크롭핑과 좌우대칭 코드를 작성해보겠습니다.

▼ 데이터 전처리에 크롭핑과 좌우대칭 추가

```
import matplotlib.pyplot as plt
import torchvision.transforms as T

from torchvision.datasets.cifar import CIFAR10
from torchvision.transforms import Compose
from torchvision.transforms import RandomHorizontalFlip, RandomCrop

transforms = Compose([ # ❶ 데이터 전처리 함수
    T.ToPILImage(),
```

```
    RandomCrop((32, 32), padding=4),  # ❷ 랜덤으로 이미지 일부 제거 후 패딩
    RandomHorizontalFlip(p=0.5),       # ❸ y축으로 기준으로 대칭
])

training_data = CIFAR10(
    root="./",
    train=True,
    download=True,
    transform=transforms) # transform에는 데이터를 변환하는 함수가 들어감

test_data = CIFAR10(
    root="./",
    train=False,
    download=True,
    transform=transforms)

for i in range(9):
    plt.subplot(3, 3, i+1)
    plt.imshow(transforms(training_data.data[i]))
plt.show()
```

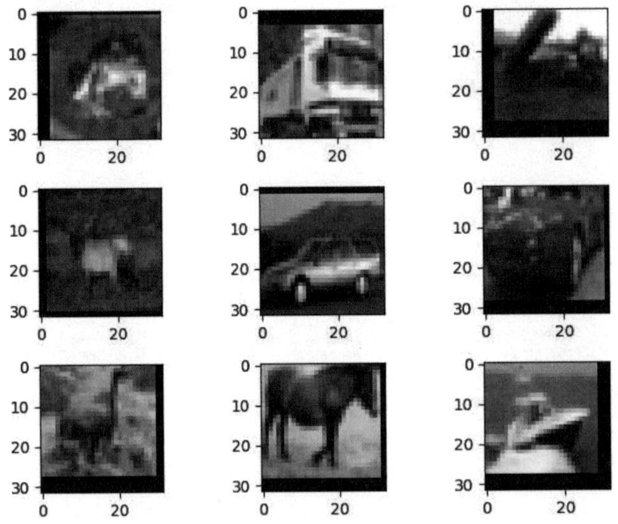

데이터 증강을 적용한 후의 그림은 대칭되거나 잘려 있습니다. 검정색 부분은 0으로 값이 채워진 부분, 즉 패딩된 부분입니다.

❶ 데이터 전처리를 정의합니다. Compose 객체 안에 차례대로 넣어주면 순서대로 이미지에 적용됩니다. ❷ RandomCrop( )은 이미지 안의 임의의 부분을 잘라냅니다. (32, 32)는 최종 출력 크기를 말합니다. CIFAR-10은 이미지 크기를 32×32로 정의하므로 출력 크기를 맞춘 겁니다. padding은 모자란 부분을 0으로 채워준다는 의미입니다.

❸ RandomHorizontalFlip( )은 이미지를 y축 대칭으로 대칭합니다. p는 이미지가 대칭될 확률을 의미합니다.

▼ 새로 등장한 함수

함수 원형	설명	제공 라이브러리
Compose([*tf])	전처리 함수 tf를 입력받아 차례대로 실행합니다.	torchvision.transforms
RandomCrop(size)	이미지의 일부를 제거한 뒤 size 크기로 복원합니다.	torchvision.transforms
RandomHorizontalFlip(p)	p 확률로 이미지를 좌우대칭시킵니다.	torchvision.transforms

4.2.2 이미지 정규화

컬러 이미지를 한 장을 데이터로 표현하려면 적색(R), 녹색(G), 청색(B)을 담당하는 세 장의 이미지 데이터가 필요합니다. 붉은 장미는 적색을 나타내는 값들이, 푸른 하늘은 청색이, 녹차밭은 녹색 값들이 클 겁니다. 이렇듯 이미지는 어떤 물체를 나타내느냐에 따라 값이 편향되어 있습니다. 데이터의 분포가 너무 치우쳐져 있으면 학습에 안 좋은 영향을 끼칠 수 있습니다. 따라서 학습하기 전에 이런 편향을 계산해 최대한 정규분포를 따르도록 하는 게 좋습니다. 이 과정을 정규화라고 부릅니다.

> **정규화(normalization)**
> 데이터의 분포를 정규분포의 형태로 바꿔주는 것. 정규분포(normal distribution)는 평균과 표준편차로 설명하는 분포로, 평균이 0, 표준편차가 1인 정규분포를 표준 정규분포라고 부른다. 정규화는 표준 정규분포를 주로 사용합니다. 정규분포를 가우스 분포(Gaussian distribution)라고도 합니다.

▼ 이미지를 정규화하는 과정

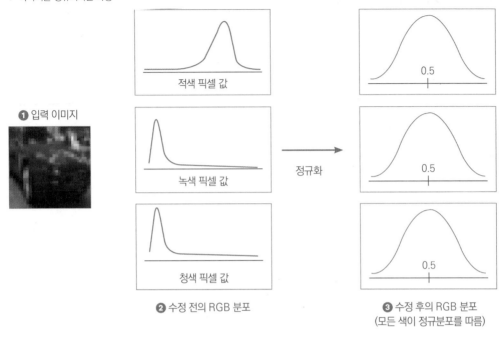

① 입력 이미지

② 수정 전의 RGB 분포

③ 수정 후의 RGB 분포
(모든 색이 정규분포를 따름)

그림과 같이 **①** 빨간색 자동차 이미지가 있을 때 **②** 적색 값들 분포가 높습니다. 반면 녹색과 청색은 낮습니다. 정규화 과정을 거치고 나면 **③** 모든 색의 분포가 정규분포를 따르게 됩니다. 이렇게 색이 정규 분포를 따르도록 값을 바꾸면 색도 변합니다. 하지만 걱정하지 마세요. (사람이 볼 때는 이상하지만) 색이 변하더라도 인공지능 입장에서는 색이 갖는 분포가 일정해야 학습이 제대로 이루어집니다.

다음 코드에서 정규화가 적용된 그림들을 직접 확인해봅시다.

▼ 데이터 전처리에 정규화 추가

```
import matplotlib.pyplot as plt
import torchvision.transforms as T

from torchvision.datasets.cifar import CIFAR10
from torchvision.transforms import Compose
from torchvision.transforms import RandomHorizontalFlip, RandomCrop, Normalize

# 데이터 전처리 정의
transforms = Compose([
```

```
    T.ToPILImage(),
    RandomCrop((32, 32), padding=4),
    RandomHorizontalFlip(p=0.5),
    T.ToTensor(),

                                                       # ❶ 데이터 정규화
    Normalize(mean=(0.4914, 0.4822, 0.4465), std=(0.247, 0.243, 0.261)),
    T.ToPILImage()
])

# 학습용 데이터 정의
training_data = CIFAR10(
    root="./",
    train=True,
    download=True,
    transform=transforms)

# 평가용 데이터 정의
test_data = CIFAR10(
    root="./",
    train=False,
    download=True,
    transform=transforms)

# 이미지 표시
for i in range(9):
    plt.subplot(3, 3, i+1)
    plt.imshow(transforms(training_data.data[i]))
plt.show()
```

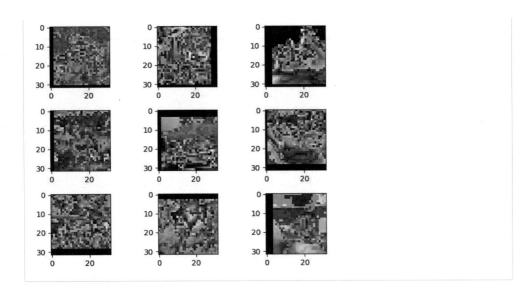

❶ 이미지를 정규화합니다. 정규분포는 평균과 표준편차로 나타내는데 mean은 평균을, std는 표준편차를 나타냅니다. 괄호 안의 값들은 차례대로 R, G, B 채널의 값을 의미합니다. 데이터셋에 따라 값들이 달라지기 때문에 직접 구해야 하지만 유명 데이터셋의 값을 사용하는 경우도 있습니다.

▼ 새로 등장한 함수

함수 원형	설명	제공 라이브러리
Normalize(mean, std)	평균 mean, 표준편차 std를 갖는 정규분포가 되도록 정규화를 실행합니다.	torchvision.transforms

다음 코드는 CIFAR10 데이터셋의 평균과 표준편차를 구하는 코드입니다.

▼ 데이터셋의 평균과 표준편차

```
import torch

training_data = CIFAR10(
    root="./",
    train=True,
    download=True,
    transform=ToTensor())

# item[0]은 이미지, item[1]은 정답 레이블
```

```
imgs = [item[0] for item in training_data]

# ❶ imgs를 하나로 합침
imgs = torch.stack(imgs, dim=0).numpy()

# rgb 각 평균
mean_r = imgs[:,0,:,:].mean()
mean_g = imgs[:,1,:,:].mean()
mean_b = imgs[:,2,:,:].mean()
print(mean_r,mean_g,mean_b)

# rgb 각 표준편차
std_r = imgs[:,0,:,:].std()
std_g = imgs[:,1,:,:].std()
std_b = imgs[:,2,:,:].std()
print(std_r,std_g,std_b)
```

```
0.49139968 0.48215827 0.44653124
0.24703233 0.24348505 0.26158768
```

❶ imgs는 이미지를 여러 개 담고 있는 리스트입니다. 파이토치에서 사용하려면 리스트를 텐서로 바꿔줘야 합니다. 즉, 이미지가 여러 개 담긴 '리스트'에서 이미지 여러 개를 담고 있는 '텐서'로 바꿔줘야 합니다.

▼ 새로 등장한 함수

함수 원형	설명	제공 라이브러리
stack(tensor, dim)	tensor를 dim 방향으로 합쳐줍니다. 예를 들어 (224, 224) 크기의 텐서를 dim=0 방향으로 텐서 세 개를 합치면 (3, 224, 224) 모양의 텐서가 됩니다.	torch

파이썬의 리스트는 요소 개수만을 중요하게 생각합니다. 따라서 리스트 안에 들어 있는 데이터의 모양이 제각각이더라도 괜찮습니다. 하지만 텐서는 요소의 모양을 중요하게 생각합니다. 즉, 텐서 안에 들어 있는 모든 요소의 모양이 동일해야만 합니다. 예를 들어 파이썬 리스트 안에는 가로 세로 10픽셀 이미지와 20픽셀 이미지를 동시에 넣는 것이 가능하지만, 텐서에서는 가로 세로 길이가 다른 두 이미지를 하나의 텐서에 넣을 수 없습니다.

▼ 리스트와 텐서의 차이

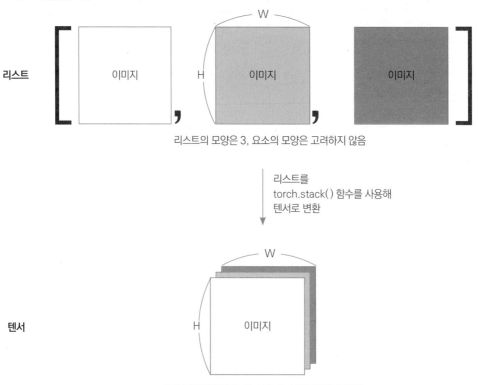

리스트의 모양은 3, 요소의 모양은 고려하지 않음

리스트를
torch.stack( ) 함수를 사용해
텐서로 변환

리스트의 모양은 (3, H, W), 요소의 모양을 고려함

이로써 원본 이미지에 데이터 증강, 데이터 정규화를 적용했습니다. 학습에 필요한 데이터를 마련했으니 이제 모델을 만들어봅시다.

4.3 CNN으로 이미지 분류하기

전처리를 완료했으니 모듈을 활용해서 이미지를 처리하는 가장 유명한 모델인 CNN을 직접 만들어봅시다.

문제 정의	입력된 이미지를 10가지 항목으로 분류하자.		
난이도	★★☆☆☆	노트 바로가기	
이름	CNN으로 이미지 분류하기		
알고리즘	VGG		
데이터셋 파일명	CIFAR-10 • 출처 : https://www.cs.toronto.edu/~kriz/cifar.html		
데이터셋 소개	10가지 사물과 동물로 이루어진 간단한 데이터셋		
문제 유형	분류	평가지표	CE 오차
주요 패키지	torch, torch.nn		
예제 코드 노트	• 위치 : colab.research.google.com/drive/1dtxN93C9HQPUWU6kV-St4bRIUCVtPIYo • 단축 URL : http://t2m.kr/6srY2 • 파일 : ex4_1.ipynb		

파이토치에서는 층을 모듈(nn.Module)이라고 부릅니다. 우리가 만들 모델도 이 모듈 객체를 상속받아 사용하겠습니다. 모듈은 특징을 추출하거나, 퍼셉트론의 활성화를 담당하거나, 가중치를 업데이트하는 데 필요한 손실을 계산하는 층이 될 수도 있습니다. 모든 것을 모듈로 관리하는 까닭은 특징의 추출인 순전파, 가중치의 업데이트 과정인 역전파에 사용되는 계산 결과와 기울기를 동시에 관리하기 용이하기 때문입니다. 모듈에는 딥러닝에 사용되는 모든 파라미터가 저장되어 있습니다.

> **TIP** 간단한 신경망은 nn.Sequential을, 복잡한 신경망은 nn.Module을 이용해 만드는 게 효율적입니다.

nn.Sequential은 층을 쌓기만 하는 간단한 구조에서 사용하기에 편리합니다. 하지만 은닉층에서 순전파 도중의 결과를 저장한다거나 데이터 흐름을 제어하는 등의 커스터마이징이 불가능합니다. nn.Module은 자신이 원하는 대로 신경망 동작을 정의할 수 있기 때문에 복잡한 신경망은 nn.Module를 이용하는 게 좋습니다.

4.3.1 기본 블록 정의하기

우리가 만들 CNN 모델의 기본 블록은 다음과 같습니다. 기본 블록을 여러 번 반복 사용할 겁니다 (이 책에서는 반복 사용하는 블록을 정의하고 사용하며 기본 블록이라고 부릅니다). 이처럼 기본 블록을 사용하면 반복되는 구조를 간편하게 만들 수 있습니다. 이 책에서는 비교적 간단한 구조를 만들기 때문에 차이가 와닿지 않을 수 있지만, 층 개수가 100개가 넘어가는 큰 모델에서 기본 블록을 이용해 모델을 설계하면 가독성도 매우 좋아집니다.

▼ CNN 모델 기본 블록

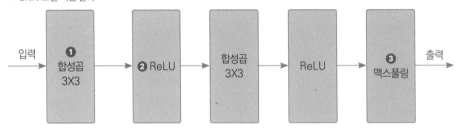

❶ 합성곱 3×3은 커널 크기가 3×3(3행 3열)인 합성곱 연산을 의미합니다. ❷ ReLU는 0보다 큰 값 만을 다음 뉴런으로 넘기는 활성화 함수입니다. 앞으로는 별도의 언급이 없다면 활성화 함수로 ReLU를 사용한다고 생각해주세요. ❸ 최대 풀링은 이미지 크기를 절반으로 줄이는 연산으로 합성곱을 통해 얻은 특징의 위치 정보를 의도적으로 없애 오버피팅을 피하는 기법입니다. 커널을 이동하면서 커널 안의 최댓값만을 남기는 것으로, 중요한 특징의 값을 알 수 있습니다. 반면 위치는 알 수 없습니다.

최대 풀링은 그림을 보면서 자세히 살펴보겠습니다.

❶ 입력 이미지 크기가 4×4이고, ❷ 커널은 2×2일 때 이동 거리를 2로 정해서 최대 풀링을 진행합니다. 각 영역에서 ❸ 출력 결과는 최댓값입니다. 출력 결과만 봐서는 각 최댓값의 기존 위치를 절대 알 수 없습니다. 비록 위치는 알 수 없지만, 커널이 이동하면서 특징을 조사하기 때문에 이미지 안에서 특징을 샅샅이 찾아낼 수 있는 겁니다.

> **최대 풀링(max pooling)**
> 풀링은 최댓값을 적용하는 최대 풀링과 평균값을 적용하는 평균 풀링이 있습니다. 평균 풀링은 5장에서 다룹니다.

▼ 최대 풀링의 이해

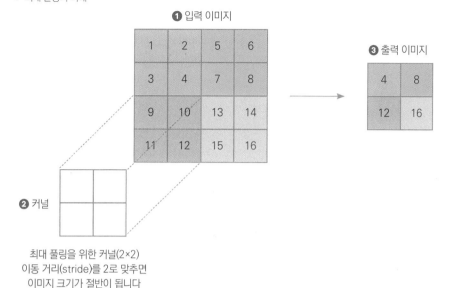

최대 풀링을 위한 커널(2×2)
이동 거리(stride)를 2로 맞추면
이미지 크기가 절반이 됩니다

기본 구조를 활용해 VGG의 기본 블록을 만들어봅시다. 기본 블록을 반복적으로 불러와 CNN을 만들게 됩니다.

이번 장부터는 nn.Sequential 클래스를 이용하지 않고 nn.Module 클래스를 사용합니다. nn.Sequential 클래스는 데이터 흐름이 한 방향, 즉 입력층에서부터 출력층까지 순차적으로 흘러가는 경우에 한해서 사용 가능합니다. 즉, 데이터 흐름을 마음대로 제어할 수 없다는 뜻입니다. 그래서 신경망의 동작을 내가 원하는 대로 커스터마이징할 때는 nn.Module 클래스를 이용합니다. 앞으로는 점점 더 복잡한 신경망이 차례대로 등장하므로 이번 장에서 nn.Module에 대해서 확실히 알고 넘어갑시다.

▼ VGG 기본 블록 정의

```
import torch
import torch.nn as nn


class BasicBlock(nn.Module): # ❶ 기본 블록 정의
    # 기본 블록을 구성하는 층 정의
    def __init__(self, in_channels, out_channels, hidden_dim):
        # ❷ nn.Module 클래스의 요소 상속
        super(BasicBlock, self).__init__()
```

```
    # ❸ 합성곱층 정의
    self.conv1 = nn.Conv2d(in_channels, hidden_dim,
                         kernel_size=3, padding=1)
    self.conv2 = nn.Conv2d(hidden_dim, out_channels,
                         kernel_size=3, padding=1)
    self.relu = nn.ReLU()

    # stride는 커널의 이동 거리
    self.pool = nn.MaxPool2d(kernel_size=2, stride=2)

def forward(self, x): # ❹ 기본 블록의 순전파 정의
    x = self.conv1(x)
    x = self.relu(x)
    x = self.conv2(x)
    x = self.relu(x)
    x = self.pool(x)

    return x
```

❶ 모듈의 __init__( ) 함수는 모듈의 초기화를 담당합니다. __init__( ) 안에 모든 층을 정의해야 합니다. ❷ super( )는 상속받은 부모 클래스의 요소를 사용하는 함수입니다. nn.Module의 구성요소를 불러옵니다. 여기까지는 필수 코드라고 보면 됩니다.

❸ 합성곱층을 정의합니다. in_channels는 입력의 채널 수를, out_channels는 출력의 채널 수를 의미합니다. padding은 이미지 외곽에 추가할 0 개수를 의미합니다. 합성곱이 적용되면 입력 이미지에 비해 특징 맵 크기가 줄어들게 됩니다.

▼ 새로 등장한 함수

함수 원형	설명	제공 라이브러리
MaxPool2d(kernel, stride)	최대 풀링을 실행합니다. kernel은 커널 크기, stride는 커널이 이동하는 거리를 지정합니다.	torch.nn
Conv2d(in, out, kernel, stride)	합성곱을 계산합니다. in은 입력 채널 개수, out은 출력 채널 개수, kernel은 커널 크기, stride는 스트라이드를 정의합니다.	torch.nn

▼ 패딩이 없는 경우

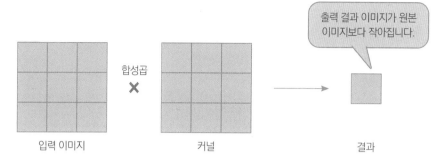

입력 이미지　　　　　　커널　　　　　　결과

합성곱 전후 이미지 크기를 동일하게 맞추기 위해 0을 추가해서 합성곱을 해주면, 정보의 손실이 일어나지 않습니다. 따라서 합성곱을 통해 더 많은 정보를 얻을 수 있을 뿐만 아니라, 이미지 크기가 줄어들지 않아 합성곱을 더 많이 수행할 수 있습니다.

▼ 패딩을 이용한 경우

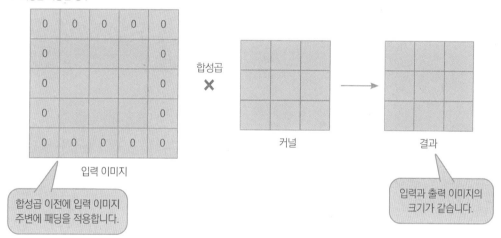

입력 이미지　　　　커널　　　　　결과

❹ forward( )는 nn.Module의 순전파를 계산하는 함수입니다. 앞에서 그림으로 정의한 기본 블록대로 연산을 수행합니다.

4.3.2 CNN 모델 정의하기

기본 블록 정의가 끝났습니다. 이제는 전체 CNN 모델을 정의해봅시다. 먼저 다음 그림을 봐주세요. 앞서 정의한 합성곱 기본 블록을 거칠 때마다 이미지 크기는 절반으로 줄어듭니다. 세 번째 블록을 거친 이미지는 평탄화^{flatten}층을 거치게 됩니다. 평탄화 층은 이미지를 일렬로 펴주는 역할을 합니다.

▼ 평탄화의 역할

2차원 이미지가   1차원 벡터가 됩니다.

MLP층은 벡터만을 입력으로 받을 수 있기 때문에 가로 세로로 나열된 이미지는 MLP의 입력으로 사용할 수 없습니다. 따라서 평탄화층을 이용하면 이미지를 MLP의 입력으로 사용할 수 있게 됩니다. 일렬로 펴진 특징 맵은 분류기의 입력으로 들어가 확률 분포를 출력합니다.

▼ CNN 모델의 블록도

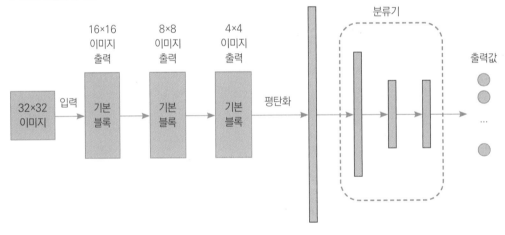

기본 블록을 한 번 거칠 때마다 이미지 크기가 절반으로 줄어듭니다. 입력 이미지가 32×32이므로 기본 블록을 3번 호출하면 이미지 크기가 4×4로 줄어듭니다. 이제 각 합성곱층의 커널 개수를 정의해주고, 분류를 위한 MLP층을 정의하면 CNN이 완성됩니다.

▼ VGG 모델 정의하기

```
class CNN(nn.Module):
    def __init__(self, num_classes): # num_classes는 클래스 개수
```

```python
        super(CNN, self).__init__()

        # ❶ 합성곱 기본 블록 정의
        self.block1 = BasicBlock(in_channels=3, out_channels=32, hidden_dim=16)
        self.block2 = BasicBlock(in_channels=32, out_channels=128, hidden_dim=64)
        self.block3 = BasicBlock(in_channels=128, out_channels=256,
                                 hidden_dim=128)

        # ❷ 분류기 정의
        self.fc1 = nn.Linear(in_features=4096, out_features=2048)
        self.fc2 = nn.Linear(in_features=2048, out_features=256)
        self.fc3 = nn.Linear(in_features=256, out_features=num_classes)

        # ❸ 분류기의 활성화 함수
        self.relu = nn.ReLU()

    def forward(self, x):
        x = self.block1(x)
        x = self.block2(x)
        x = self.block3(x)  # 출력 모양: (-1, 256, 4, 4)
        x = torch.flatten(x, start_dim=1) # ❹ 2차원 특징 맵을 1차원으로

        x = self.fc1(x)
        x = self.relu(x)
        x = self.fc2(x)
        x = self.relu(x)
        x = self.fc3(x)

        return x
```

❶ 합성곱 기본 블록을 정의합니다. ❷ 다음으로 분류기를 정의합니다. 분류기는 기본 블록과 동일하게 MLP층 3개로 구성했습니다. 반드시 합성곱 블록과 개수를 맞출 필요는 없지만 일반적으로 분류기층은 MLP층 3개로 구성합니다. ❸ 분류기 역시 활성화 함수로 ReLU( ) 함수를 이용하겠습니다. 순전파를 진행하며 ❹ 4×4의 256채널 이미지를 일렬로 풀어줍니다. 값을 총 4069개 가진 배열이 됩니다. 그러나 텐서 전체를 일렬로 풀어주면 배치끼리 정보가 뒤섞여 버리고 맙니다. 이를 방지하기 위해 start_dim 파라미터가 있습니다. start_dim은 풀어주기 시작하는 차원을 의미합니다. 주어지지 않을 경우 배치 크기까지 전부 풀어버리므로 4×4의 256채널 이미지만을

풀어줄 수 있도록 1을 넣어줍시다.

▼ 새로 등장한 함수

함수 원형	설명	제공 라이브러리
flatten(A, start_dim)	텐서 A를 1차원으로 풀어줍니다. 이때 start_dim 파라미터를 이용해 몇 번째 차원부터 풀어줄지 결정할 수 있습니다.	torch

모델의 정의가 끝났습니다. 이제 CIFAR-10으로 CNN을 학습해봅시다.

4.3.3 모델 학습하기

3.3절 '손글씨 분류하기 : 다중분류'에서와 비슷하게 학습 루프를 구성하겠습니다.

▼ CNN 모델의 학습 루프

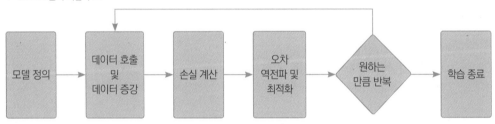

먼저 사용할 데이터 증강 기법을 정의하겠습니다.

> **TIP** 학습률과 전처리도 최종 결과에 영향을 미치기 때문에 딥러닝을 사용할 때는 항상 적은 수의 데이터부터 학습하기 시작해서 점차 사용 데이터를 늘려가야 합니다.

▼ 데이터 증강 정의

```
from torch.utils.data.dataloader import DataLoader

from torch.optim.adam import Adam

transforms = Compose([
    RandomCrop((32, 32), padding=4),  # ❶ 랜덤 크롭핑
    RandomHorizontalFlip(p=0.5),  # ❷ y축으로 좌우대칭
    ToTensor(),  # ❸ 텐서로 변환
```

```
# ❹ 이미지 정규화
    Normalize(mean=(0.4914, 0.4822, 0.4465), std=(0.247, 0.243, 0.261))
])
```

데이터 전처리와 증강을 정의했습니다. ❶ 이미지를 랜덤하게 자르는 랜덤 크롭핑과 ❷ y축을 대칭으로 이미지를 대칭시킨 다음, ❸ 파이토치 텐서로 변환해줍니다. ❹ 마지막으로 이미지를 정규화해줍니다.

다음으로 모델을 정의하고 데이터를 불러옵니다.

▼ 데이터 로드 및 모델 정의

```
# ❶ 학습용 데이터와 평가용 데이터 불러오기
training_data = CIFAR10(root="./", train=True, download=True, transform=transforms)
test_data = CIFAR10(root="./", train=False, download=True, transform=transforms)

# ❷ 데이터로더 정의
train_loader = DataLoader(training_data, batch_size=32, shuffle=True)
test_loader = DataLoader(test_data, batch_size=32, shuffle=False)

# ❸ 학습을 진행할 프로세서 설정
device = "cuda" if torch.cuda.is_available() else "cpu"

# ❹ CNN 모델 정의
model = CNN(num_classes=10)

# ❺ 모델을 device로 보냄
model.to(device)
```

❶ 학습용 데이터와 평가용 데이터를 불러옵니다. ❷ 데이터로더를 정의합니다. 모델을 학습할 때 데이터로더가 데이터를 호출합니다. ❸ 학습을 어떤 환경에서 할지 정합니다. 실습 환경에 따라 cpu가 될 수도 cuda가 될 수도 있습니다. cuda는 GPU를 말합니다. ❹ CNN 모델을 정의해줍니다. ❺ 그리고 device로 모델을 보내줍니다. 파이토치의 to(device) 메서드는 device로 데이터, 텐서, 모델을 보내주는 역할을 합니다. 모델의 device와 데이터의 device가 일치하지 않으면 오류가 발생하니, 반드시 두 device를 맞춰주세요.

다음으로 학습 루프와 최적화, 학습률을 정의합니다.

▼ 모델 학습하기

```python
# ❶ 학습률 정의
lr = 1e-3

# ❷ 최적화 기법 정의
optim = Adam(model.parameters(), lr=lr)

# 학습 루프 정의
for epoch in range(100):
    for data, label in train_loader:  # ❸ 데이터 호출
        optim.zero_grad()  # ❹ 기울기 초기화

        preds = model(data.to(device)) # ❺ 모델의 예측

        # ❻ 오차역전파와 최적화
        loss = nn.CrossEntropyLoss()(preds, label.to(device))
        loss.backward()
        optim.step()

    if epoch==0 or epoch%10==9:  # 10번마다 손실 출력
        print(f"epoch{epoch+1} loss:{loss.item()}")

# 모델 저장
torch.save(model.state_dict(), "CIFAR.pth")
```

❶ 학습률을 정의합니다. 이번에는 1e-3을 이용합니다. 특별히 정해진 값은 없습니다만 보통 0.001보다 작은 값을 이용합니다. ❷ 최적화 기법을 이용합니다. 가장 흔하게 사용하는 최적화 기법은 Adam입니다. 모델을 가리지 않고 좋은 성능을 내기 때문에 특별한 일이 없다면 Adam을 사용합니다. ❸ 데이터로더가 데이터를 호출합니다. ❹ 기울기를 0으로 초기화해줍니다. 초기화해주지 않으면 계속해서 기울기가 쌓여 기울기가 무한대로 발산하기 때문에 반드시 초기화해야 합니다. ❺ 데이터로더가 불러온 데이터를 모델의 입력으로 넣어 예측값을 출력합니다. ❻ 예측값을 이용해 손실을 계산하고 오차를 역전파한 뒤 최적화를 진행합니다.

함수 원형	설명	제공 라이브러리
CrossEntropyLoss(A, B)	A와 B의 크로스 엔트로피를 계산합니다.	torch.nn

4.3.4 모델 성능 평가하기

학습이 제대로 이루어졌는지 확인해봅시다.

▼ 모델 성능 확인

```
model.load_state_dict(torch.load("CIFAR.pth", map_location=device))

num_corr = 0

with torch.no_grad():
    for data, label in test_loader:

        output = model(data.to(device))
        preds = output.data.max(1)[1]
        corr = preds.eq(label.to(device).data).sum().item()
        num_corr += corr

    print(f"Accuracy:{num_corr/len(test_data)}")
```
```
Accuracy:0.8354
```

약 83% 정도 정확도가 나왔습니다. 이번에는 신경망의 깊이가 깊지 않았기 때문에 성능을 높이려면 더 많은 합성곱이 필요합니다. 다음 절에서는 VGG 모델을 같은 데이터셋에서 학습하겠습니다.

4.4 전이 학습 모델 VGG로 분류하기

CIFAR-10 데이터셋은 학습에 오랜 시간이 걸립니다(약 10분 정도). 이미지 개수가 많을수록 더 오랜 시간이 걸립니다. 학습에 드는 시간이 적지 않은데 데이터가 달라질 때마다 매번 새로 학습할까요? 미리 학습된 모델을 살짝만 변경하는 방법은 없을까요? 이 문제를 해결하는 기법이 있습니다. 바로 전이 학습입니다.

전이 학습은 대규모 데이터로 사전 학습을 하고 소규모 데이터로 파라미터 조정만 하는 기법입니다.

ImageNet은 무려 1천 개의 사물에 대한 특징을 추출하도록 학습되기 때문에 이미지 처리 문제의 사전 학습에 자주 사용됩니다. 이번에는 ImageNet 데이터셋으로 사전 학습된 VGG16 모델을 이용해봅시다. 사전 학습된 모델의 마지막 분류기만 수정하면 VGG 모델을 직접 만들 필요 없이 곧바로 사용할 수 있습니다. VGG 모델은 현대 CNN의 기틀을 다진 매우 기초적인 CNN 모델입니다. 우리가 앞서 만든 CNN 모델처럼 3×3 합성곱과 최대 풀링을 사용합니다. 이번 절에서는 ImageNet 데이터셋으로 사전 학습된 VGG 모델을 전이 학습해 CIFAR-10 데이터셋을 학습해봅시다.

▼ VGG-16의 구조

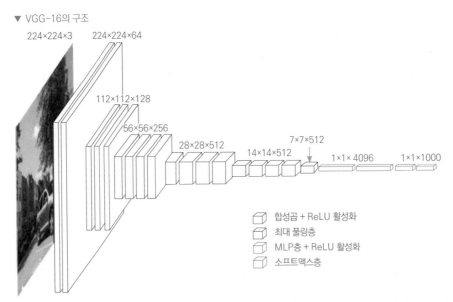

출처 : www.cs.toronto.edu/~frossard/post/vgg16/

CIFAR-10에는 클래스가 10개였습니다. CNN의 마지막 층은 분류기입니다. ImageNet은 클래스가 1천 개이기 때문에 마지막 층인 분류기는 출력값으로 1천 개 뉴런이 각자 다른 값(즉 1,000가지)을 내보냅니다. CIFAR-10은 10가지 출력만을 가져야 합니다. 따라서 분류기를 수정해야 합니다. 특징을 추출하는 앞 부분은 그대로 가져가고 싶기 때문에 뽑아놓은 특징을 이용해 클래스 분류를 담당하는 마지막 층을 수정하는 겁니다.

이제부터 ImageNet 데이터로 사전 학습된 VGG 모델로 CIFAR-10을 학습해보겠습니다.

▼ 실습 예제 소개

문제 정의	ImageNet 데이터로 사전 학습된 VGG 모델로 CIFAR-10을 학습해보자.		
난이도	★★☆☆☆	노트 바로가기	
이름	전이 학습		
알고리즘	VGG		
데이터셋 파일명	CIFAR-10 • 출처 : http://www.cs.toronto.edu/~kriz/cifar.html		
데이터셋 소개	10가지 사물과 동물로 이루어진 간단한 데이터셋		
문제 유형	분류	평가지표	CE 오차
주요 패키지	torch, torch.nn, torchvision		
예제 코드 노트	• 위치 : colab.research.google.com/drive/1jmv1QhTPcQVYyw-Qo5UMRSBwSqESCM0C • 단축 URL : http://t2m.kr/9HLJ4 • 파일 : 05_Logistic 0Regression.ipynb		

▼ VGG 장단점

장점	단점
• VGG는 단순한 구조를 가진 만큼 데이터가 무난한 성능을 발휘합니다. • 구조가 간단하기 때문에 활용하기 간편합니다. • 데이터가 깨끗하지 않을 때도 나쁘지 않은 성능을 보입니다.	• 층이 깊어지면 기울기 소실 문제가 발생합니다. • 학습이 불안정할 때가 있습니다.

▼ 유용한 곳

• 이미지 분류, 생성, 세그멘테이션 등 이미지의 특징을 추출하는 거의 모든 곳에 사용합니다.
• 이미지의 특징을 추출할 때 사용합니다.

4.4.1 사전 학습된 모델 불러오기

파이토치가 제공하는 VGG-16 모델을 불러오고 마지막 층을 조금 수정하겠습니다. 파이토치가 제공하는 모델들은 ImageNet으로 학습된 모델의 가중치 또한 제공해줍니다. 우리가 직접 ImageNet을 이용해 학습할 필요 없이 가중치 파일을 내려받기만 하면 됩니다.

▼ 사전 학습된 모델 준비

```python
import torch
import torch.nn as nn

from torchvision.models.vgg import vgg16

device = "cuda" if torch.cuda.is_available() else "cpu"

model = vgg16(pretrained=True) # ❶ vgg16 모델 객체 생성
fc = nn.Sequential( # ❷ 분류층 정의
        nn.Linear(512 * 7 * 7, 4096),
        nn.ReLU(),
        nn.Dropout(), # ❸ 드롭아웃층 정의
        nn.Linear(4096, 4096),
        nn.ReLU(),
        nn.Dropout(),
        nn.Linear(4096, 10),
    )

model.classifier = fc # ❹ VGG의 classifier를 덮어씀
model.to(device)
```

❶ vgg16 모델 객체를 생성합니다. ❷ fc는 fully connected의 약어로 흔히 분류층을 말합니다. vgg의 분류층의 코드를 그대로 가져와 마지막 출력값 개수를 10으로 바꿔주면 됩니다. 이렇게 마지막 층을 바꿔주는 이유는, 현재 학습되어 있는 분류층의 가중치는 전부 ImageNet에 사용되는 가중치이기 때문입니다. 학습에 사용할 데이터인 CIFAR-10을 위한 맞춤형 분류층을 만든다고 생각해주세요. ❸ 드롭아웃은 오버피팅을 피하는 기법입니다. Dropout( ) 함수는 랜덤한 몇 개의 뉴런을 의도적으로 0으로 바꿔서 학습합니다.

▼ 새로 등장한 함수

함수 원형	설명	제공 라이브러리
Dropout(p)	p 확률로 드롭아웃을 결정합니다. 기본값은 0.5로 50% 확률로 가중치가 사라집니다.	torch.nn

▼ 드롭아웃 기법

| 원래의 모델 | 랜덤하게 가중치 삭제(드롭아웃) | 드롭아웃 후의 모델 |

❹ VGG 모델의 분류기를 우리가 만든 분류기로 덮어씁니다.

4.4.2 모델 학습하기

모델을 불러왔으니 이제 CIFAR-10을 직접 학습해봅시다. 먼저 데이터 증강을 정의하겠습니다. 앞서 다룬 CNN에서와 완전히 같은 코드이므로 자세한 설명을 생략합니다.

▼ 데이터 전처리와 증강

```python
import tqdm

from torchvision.datasets.cifar import CIFAR10
from torchvision.transforms import Compose, ToTensor, Resize
from torchvision.transforms import RandomHorizontalFlip, RandomCrop, Normalize
from torch.utils.data.dataloader import DataLoader

from torch.optim.adam import Adam

transforms = Compose([
    Resize(224),
    RandomCrop((224, 224), padding=4),
    RandomHorizontalFlip(p=0.5),
    ToTensor(),
    Normalize(mean=(0.4914, 0.4822, 0.4465), std=(0.247, 0.243, 0.261))
])
```

다음으로 데이터를 불러오겠습니다. 역시나 CNN에서와 완전히 같은 코드이므로 자세한 설명을 생략합니다.

▼ 데이터로더 정의

```
training_data = CIFAR10(root="./", train=True, download=True, transform=transforms)
test_data = CIFAR10(root="./", train=False, download=True, transform=transforms)

train_loader = DataLoader(training_data, batch_size=32, shuffle=True)
test_loader = DataLoader(test_data, batch_size=32, shuffle=False)
```

다음으로 학습 루프와 학습률, 최적화를 정의하겠습니다.

▼ 학습 루프 정의

```
lr = 1e-4
optim = Adam(model.parameters(), lr=lr)

for epoch in range(30):
    iterator = tqdm.tqdm(train_loader) # ❶ 학습 로그 출력
    for data, label in iterator:
        optim.zero_grad()

        preds = model(data.to(device)) # 모델의 예측값 출력

        loss = nn.CrossEntropyLoss()(preds, label.to(device))
        loss.backward()
        optim.step()

        # ❷ tqdm이 출력할 문자열
        iterator.set_description(f"epoch:{epoch+1} loss:{loss.item()}")

torch.save(model.state_dict(), "CIFAR_pretrained.pth") # 모델 저장
```

❶ tqdm( )은 학습 로그를 출력하는 함수입니다. 학습에 시간이 많이 걸리기 때문에 학습 도중에 손실을 확인하는 목적으로 사용합니다. tqdm( )에 파이토치의 train_loader를 인수로 넣어주세요(DataLoader( ) 객체). 반복문 안에 들어갈 객체를 넣어주면 반복문이 돌아가면서 진행 상황을 알려줍니다.

함수 원형	설명	제공 라이브러리
tqdm(iterable)	학습 로그를 출력하는 함수. iterable 객체에 대한 진행 상황을 프로그레스 바를 이용해 보여줍니다.	tqdm

❷ tqdm이 출력할 문자열을 지정합니다. 현재 에포크와 손실을 출력해줍시다.

4.4.3 모델 성능 평가하기

이제 학습 결과를 확인하겠습니다. 저장한 모델의 가중치를 불러오고 정확도를 출력하겠습니다.

▼ 모델 성능 확인하기

```
model.load_state_dict(torch.load("CIFAR_pretrained.pth", map_location=device))

num_corr = 0

with torch.no_grad():
    for data, label in test_loader:

        output = model(data.to(device))
        preds = output.data.max(1)[1]
        corr = preds.eq(label.to(device).data).sum().item()
        num_corr += corr

    print(f"Accuracy:{num_corr/len(test_data)}")
```

```
Accuracy:0.9274
```

가중치가 늘어나니 성능도 약 92.7%로 올랐습니다. 또한 ImageNet은 상당히 많은 수의 이미지를 포함하고 있기 때문에 ImageNet으로 사전 학습한 모델은 대부분의 이미지에서 특징을 뽑아낼 수 있다고 알려져 있습니다. ImageNet으로 사전 학습한 모델은 많이 공개되어 있으니 필요하다면 가져다 쓰는 것이 현명합니다.

학습 마무리

모든 픽셀에 대한 가중치를 구하는 것보다 합성곱을 이용하면 훨씬 적은 가중치로 더 좋은 성능을 낼 수 있습니다. 가중치, 즉 은닉층의 수가 너무 적으면 아무리 학습해도 정확도가 오르지 않으며, 너무 많다면 학습용 데이터를 완벽하게 분류해서 오버피팅이 일어납니다.

되짚어보기

이미지 데이터의 전처리 방법으로 데이터를 수정하여 새로운 데이터처럼 사용하는 데이터 증강과, 픽셀값의 분포를 일정하게 해주는 이미지 정규화를 알아봤습니다.

간단한 자작 CNN 모델을 만들었습니다. 합성곱과 활성화 함수를 이용해 기본 블록을 구성하고, 이어서 커널의 최댓값을 이용해 이미지 크기를 줄이는 최대 풀링층을 배치해 신경망을 구성했습니다. 분류 문제를 해결하기 위해 정답과 예측값의 확률 분포의 차이가 필요합니다. 그래서 크로스 엔트로피를 계산해 모델을 학습했습니다. 약 83%의 분류 정확도를 얻었습니다.

VGG 모델을 이용해 이미지를 분류하고, 전이 학습을 이용해 ImageNet으로 사전 학습된 VGG 모델로 CIFAR-10 데이터셋을 학습했습니다. 4.3절과 동일하게 정답과 예측값의 크로스 엔트로피를 이용해 모델을 학습했습니다. 약 92%의 분류 정확도를 얻었습니다. 4.3절보다 더 높은 정확도입니다. 이처럼 ImageNet으로 사전 학습한 모델을 사용하면 효율적으로 학습하고 높은 정확도를 얻을 수 있습니다.

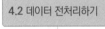

| 4.2 데이터 전처리하기 | → 4.3 CNN으로 이미지 분류하기 | → 4.4 전이 학습 모델 VGG로 분류하기 |

- 데이터 증강
- 이미지 정규화

- 모델 정의하기
- 모델 학습하기
- 모델 성능 평가하기

- 사전 학습된 모델 불러오기
- 학습 루프 정의하기
- 학습 및 성능 평가하기

과제

torchvision에는 수많은 데이터 전처리 기법을 제공합니다. 다음 링크를 참고해서 자신만의 데이터 전처리 및 증강을 만들어봅시다.

- https://pytorch.org/vision/stable/transforms.html

연습문제

1 합성곱이 이미지로부터 특징을 추출하는 용도로 사용하는 것은 무엇인가요?

2 합성곱 전후로 이미지 크기를 동일하게 만드는 데 사용하는 기법은 무엇인가요?

3 CNN에서 평탄화를 사용하는 이유는?

4 사전 학습된 모델의 파라미터를 수정해서 자신의 데이터셋에 최적화시키는 학습 방법을 무엇이라고 하나요?

5 다음 중 CNN의 이미지 전처리에 해당하지 않는 것은 무엇일까요?

   ❶ 랜덤 크롭핑
   ❷ 랜덤 y축 대칭
   ❸ 이미지 정규화
   ❹ 평탄화
   ❺ 이미지 리사이징

연습문제

6 가로 세로 (224, 224) 크기의 이미지에 Conv2d(kernel_size=3, padding=0)을 이용해 합성곱을 하면 이미지 크기가 어떻게 변할까요?

❶ (224, 224)

❷ (225, 225)

❸ (223, 223)

❹ (226, 226)

❺ (222, 222)

7 x=(224, 224, 3) 크기의 텐서 x를 flatten(x, start_dim=1)을 이용해 평탄화하면 크기가 어떻게 변할까요?

❶ (224, 224, 3)

❷ (50176, 3)

❸ (224, 672)

---

1 정답 합성곱은 커널(필터)를 이용해 이미지로부터 특징을 추출합니다.

2 정답 패딩을 사용하면 합성곱 전후의 이미지 크기를 동일하게 할 수 있습니다.

3 정답 합성곱층을 거친 이미지는 특징 맵이라는 이미지가 되는데, 이미지는 MLP의 입력으로 사용될 수 없기 때문에 2차원 이미지를 1차원 벡터로 변환해줘야 합니다.

4 정답 사전 학습된 모델의 파라미터를 조금 수정해 자신의 데이터셋에 최적화시키는 학습 방법을 전이 학습이라고 부릅니다.

5 정답 ❹ 평탄화는 CNN의 이미지 전처리 기법이 아닙니다. MLP의 입력에 적합한 형태로 변환하는 기법입니다.

6 정답 ❺ 커널 크기가 3, 패딩이 없고 커널의 이동 거리가 1로 주어져 있습니다(Conv2d의 stride 기본값은 1입니다). 양쪽으로 한 픽셀씩 잘려서 출력되므로 (222, 222) 크기가 됩니다.

7 정답 ❸ start_dim=1이므로 첫 번째 요소 이후를 평탄화합니다. 따라서 (224, 224*3)=(224, 672)가 됩니다.

유행 따라가기
ResNet 만들기

학습 목표

이번 장에서는 스킵 커넥션을 사용하는 CNN 모델인 ResNet 모델을 알아보고 직접 만들어 CIFAR-10 데이터를 학습해보겠습니다. ResNet은 스킵 커넥션을 사용해서 VGG에 비해 훨씬 더 많은 층을 쌓습니다. 또한 nn.Module을 이용하여 신경망 내부의 데이터 흐름을 제어합니다.

학습 순서

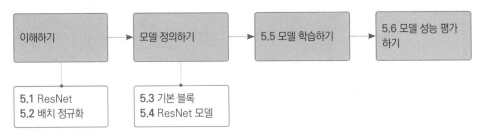

핵심 용어 미리보기

1 **ResNet**은 스킵 구조를 이용한 CNN 신경망입니다.

2 **기울기 소실**은 은닉층이 깊어짐에 따라 입력층에 가까운 가중치들의 기울기가 0에 가까워지는 현상을 의미합니다. 기울기가 0이 되면 가중치가 더 이상 업데이트되지 않기 때문에 학습이 이루어지지 않습니다.

3 **배치 정규화**는 배치 간의 차이를 정규화해주므로 더 안정되게 학습할 수 있습니다.

4 **nn.Sequential**은 커스터마이징이 불가능하지만 forward( ) 메서드를 직접 작성할 필요가 없습니다. 하지만 신경망 커스터마이징이 되지 않기 때문에 복잡한 신경망에는 **nn.Module**을 이용합니다.

5 **스킵 커넥션**은 은닉층을 거치지 않은 입력값과 은닉층의 결과를 더하는 구조를 의미합니다.

6 **평균 풀링**은 커널의 평균값을 이용하는 풀링입니다.

문제 정의	ResNet을 이용해 CIFAR-10 데이터를 분류해보자.		
난이도	★★★☆☆	노트 바로가기	
이름	ResNet 만들기		
알고리즘	ResNet		
데이터셋 파일명	CIFAR-10 • 출처 : https://www.cs.toronto.edu/~kriz/cifar.html		
데이터셋 소개	10가지 사물과 동물로 이루어진 간단한 데이터셋		
문제 유형	분류	평가지표	CE 오차
주요 패키지	torch, torch.nn		
예제 코드 노트	• 위치 : colab.research.google.com/drive/1uNnxADTeRuhQr11L1QprTLZgXwB7XBHi#scrollTo=-oNmLO-S0k2- • 단축 URL : http://t2m.kr/KjSXv • 파일 : ex5.ipynb		

5.1 이해하기 : ResNet

ResNet은 CNN 중에서 가장 많이 쓰이는 모델입니다. 4장에서 배웠던 VGG 모델은 층을 많이 쌓으면 기울기가 0이 되는 기울기 소실 문제를 여전히 갖고 있습니다. 그래서 VGG는 합성곱층을 19층 이상으로 쌓을 수 없었습니다. 하지만 ResNet은 스킵 커넥션skip connection을 이용해 기울기 소실 문제를 어느 정도 해소했습니다. 가장 깊은 ResNet 모델은 합성곱층을 100층까지 쌓을 수 있을 정도로 깊은 신경망을 구성할 수 있습니다.

CNN에서 하나의 층이 곧 한 번의 특징 추출이라고 말씀드렸습니다. CNN은 층을 여러 개 쌓아 많은 특징을 확보한 후, 특징들을 조합해 이미지를 분류합니다. 그렇다면 층이 많으면 많을수록 좋은 걸까요? 옛말에 과유불급, 과한 것은 적은 것만 못하다는 말이 있습니다. 딥러닝에서도 마찬가지로 층을 너무 많이 쌓으면 오히려 성능이 낮아지는 현상이 발생합니다. CNN에는 층 하나를 거칠 때마다 픽셀 하나가 원본 이미지에서 차지하는 영역이 넓어집니다. 합성곱을 거칠 때마다 이미지 크기가 줄어들게 되니, 특징 맵에서의 픽셀 하나는 이전 층에서의 여러 픽셀 정보를 압축한 것이라고 볼 수 있습니다. 따라서 층을 무한정 쌓으면 이미지 전체가 픽셀 하나로 압축되므로 나중에 특징을 조합해 분류할 때 불리하게 작용합니다.

또 다른 부작용으로 기울기 소실이 있습니다. 딥러닝은 모든 파라미터의 협력 과제입니다. 모두가 최선의 결과를 위해 일해준다면 더할 나위 없지만 항상 문제는 생기기 마련입니다. 오차 역전파를 통해 가중치를 업데이트할 때, 신경망의 앞쪽(입력층에 가까운 쪽)에 올수록 신경망의 뒷쪽(출력층에 가까운 쪽)의 기울기가 누적되어 곱해집니다. 만약 뒤쪽 기울기들이 0에 가까울 정도로 작은 값이라면 역전파되는 값이 점점 0에 가까워지며, 반대로 너무 값이 크면 역전파되는 값이 점점 불어날 겁니다. 이 문제를 학자들은 어떻게 해결했을까요? 다음 그림은 ResNet의 기본 구조입니다.

> **기울기 소실(gradient vanishing)**
> 층이 깊어짐에 따라 입력층에 가까운 층들의 가중치에 대한 기울기 값이 0에 가까워지는 현상입니다.

▼ ResNet의 기본 구조

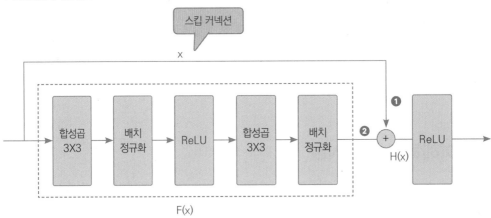

기울기 소실 문제를 해결하는 데 스킵 커넥션을 사용합니다. 스킵 커넥션은 자기 자신을 미분하면 1이 나오기 때문에 신경망의 출력 부분에 입력을 더하는 방식으로 기울기를 최소 1로 확보하는 기법입니다. 그림을 보면 ❶ 합성곱되기 전의 입력이 최종적인 신경망의 출력과 더해집니다. 다시 말하면 출력 $H(x) = F(x) + x$ 가 됩니다. 이렇게 입력값 x 가 합성곱층을 건너뛰고 출력에 더해지기 때문에 이런 구조를 스킵 커넥션이라고 부릅니다. ❷ $F(x)$는 은닉층을 거친 이후의 출력을 ❶과 더합니다.

> **스킵 커넥션(skip connections)**
> 은닉층을 거치지 않은 입력값을 은닉층의 출력값과 더하는 구조

스킵 커넥션을 이용하는 또 다른 이유로는 학습이 쉬워진다는 겁니다. 그림에서 최적화해야 하는 함수는 $H(x) = F(x) + x$ 입니다. 다른 관점에서 보면 $F(x) = H(x) - x$ 가 되며 $H(x) - x$ 는 신경망의 출력과 입력의 차를 의미합니다. 스킵 커넥션이 없는 학습은 $H(x)$ 의 최적화였습니다. ResNet의 학습은 $F(x)$ 의 최소화입니다. x 는 입력값이기 때문에 고정된 값이므로, $H(x)$ 와 x 의 차이를 최소화합니다. $H(x)$ 와 x 의 차이를 최소화한다는 것은 $H(x)$ 와 x 를 비슷하게, 즉 $F(x)$ 를 0으로 만드는 겁니다. 쉽게 말하자면 기존의 학습은 알 수 없는 지점인 최적화 점을 향해 갔다고 하면 ResNet은 0이라는 뚜렷한 목표가 생긴 겁니다. 애매모호한 지시보다는 명확한 지시가 알기 쉽듯, 학습도 목표가 생기면 쉬워지는 겁니다.

▼ ResNet 장단점

장점	단점
• 층을 깊게 쌓을 수 있습니다.	• 가중치가 늘어나기 때문에 계산량이 많아집니다.
• VGG에 비해 학습이 안정적입니다.	• VGG에 비해 오버피팅이 일어나기 쉽습니다.
• 기울기 소실 문제를 어느 정도 해결합니다.	

▼ 유용한 곳

• 이미지 분류, 세그멘테이션, 이미지 생성 등 합성곱을 이용하는 모든 곳에서 이용 가능합니다.
• 이미지의 특징을 추출할 때 사용합니다.
• 스킵 커넥션은 이전 은닉층의 정보를 필요로 하는 텍스트 처리에서도 사용할 수 있습니다.

5.2 이해하기 : 배치 정규화

딥러닝 모델의 층이 깊어지다 보면 각 층마다 값의 범위가 달라지는 경우가 있습니다. 모델을 학습할 때 모든 데이터를 한 번에 이용하지 않고, 배치 단위로 나눠서 학습하게 되는데 배치 간의 데이터 분포가 달라서 생기는 현상입니다. 배치 정규화는 이런 분포의 불균형을 해결하는 기법입니다. 배치 정규화 층이 각 층에서의 값의 분포가 일정하도록 해줍니다. 그림을 보면서 배치 정규화를 알아보겠습니다.

> **배치 정규화(batch normalization)**
> 배치 단위를 정규화하는 기법. 즉 출력의 분포를 일정하게 해줍니다. 모델의 입력으로 들어오는 배치의 값의 분포가 서로 다르면 배치마다 출력 값의 분포 또한 달라지기 때문에 학습에 악영향을 미칩니다. 이를 해결하는 데 사용합니다.

▼ 배치 정규화의 예시

각 배치의 값 분포

배치 1, 2, 3 모두 같은 분포

배치 1 → 배치 정규화 →

배치 2 →

배치 3 →

출력의 분포

각 배치의 분포가 다를 경우 출력도 분포가 달라집니다.
배치 정규화는 출력의 분포를 일정하게 해줍니다.

5.3 기본 블록 정의하기

스킵 커넥션을 만드는 데 nn.Module을 이용합니다. 간단한 구조에는 nn.Sequential, 복잡한 구조에는 nn.Module을 이용합니다. nn.Sequential은 데이터 흐름을 제어할 수가 없기 때문에 간단한 구조에만 적합합니다. ResNet에서는 블록의 입력이 출력에 그대로 더해져야 하기 때문에 데이터 흐름이 단방향이 아닙니다. 데이터가 단순히 앞으로만 전달되는 간단한 구조에서만 nn.Sequential을 이용해주세요.

먼저 ResNet의 기본 합성곱층을 정의하겠습니다.

▼ ResNet 기본 블록

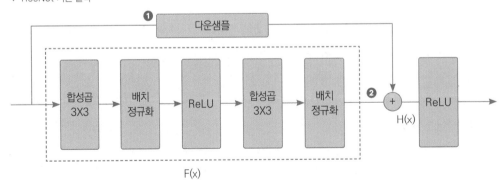

❶ 스킵 커넥션은 은닉층의 결과와 입력값을 더하는 구조입니다. 하지만 이미지의 채널은 3개인데에 반해 특징 맵의 채널은 64개, 많게는 256개까지 늘어납니다. 3채널 이미지와 64채널 이미지는 서로 더해줄 수 없기 때문에 채널 숫자를 맞춰줘야 합니다. 원본 이미지의 특징을 손상시키지 않도록 1×1 합성곱을 이용해 채널의 숫자를 맞춰주겠습니다. 그림에서 다운샘플이라고 되어 있는 층이 1×1 합성곱층입니다(즉 스킵 커넥션을 위해 입력과 출력의 채널 개수를 맞춰주는 겁니다). ❷ 은닉층을 거친 출력과 다운샘플층을 거친 입력을 더해주고 ReLU 함수로 활성화해줍니다.

> **다운샘플(Downsample)**
> 스킵 커넥션에서 입력값과 합성곱의 결과를 더해주기 위해 입력값에 1×1 합성곱으로 채널 수를 맞춰주는 기법을 말합니다.

▼ ResNet 기본 블록

```python
import torch
import torch.nn as nn

class BasicBlock(nn.Module):
    def __init__(self, in_channels, out_channels, kernel_size=3):
        super(BasicBlock, self).__init__()

        # ❶ 합성곱층 정의
        self.c1 = nn.Conv2d(in_channels, out_channels,
                            kernel_size=kernel_size, padding=1)
        self.c2 = nn.Conv2d(out_channels, out_channels,
                            kernel_size=kernel_size, padding=1)

        self.downsample = nn.Conv2d(in_channels, out_channels,
                                    kernel_size=1)

        # ❷ 배치 정규화층 정의
        self.bn1 = nn.BatchNorm2d(num_features=out_channels)
        self.bn2 = nn.BatchNorm2d(num_features=out_channels)

        self.relu = nn.ReLU()
```

❶ 합성곱층을 정의합니다. ❷ 배치 정규화층도 정의합니다. 배치 정규화층은 앞에 오는 합성곱층의 출력 채널만큼의 특징을 갖습니다. 즉, num_features 안에 합성곱층의 출력 채널 수, out_channels가 들어가는 겁니다.

함수 원형	설명	제공 라이브러리
BatchNorm2d(features)	배치 정규화를 실행합니다. features개의 특징에 대해서 실행합니다. 이미지의 채널 수에 맞추면 됩니다.	nn

다음으로 모델의 순전파를 정의하겠습니다.

▼ 기본 블록의 순전파 정의

```
def forward(self, x):
    # ❸ 스킵 커넥션을 위해 초기 입력 저장
    x_ = x

    # ResNet 기본 블록에서 F(x) 부분
    x = self.c1(x)
    x = self.bn1(x)
    x = self.relu(x)
    x = self.c2(x)
    x = self.bn2(x)

    # ❹ 합성곱의 결과와 입력의 채널 수를 맞춤
    x_ = self.downsample(x_)

    # ❺ 합성곱층의 결과와 저장해놨던 입력값을 더해줌(스킵 커넥션)
    x += x_
    x = self.relu(x)

    return x
```

❸ 스킵 커넥션은 입력값과 합성곱층의 출력을 더해줘야 합니다. x_ 변수를 지정해 값을 미리 저장해줍시다. 신경망을 거치기 전의 입력값을 저장해야 하기 때문입니다. ❹ 하지만 입력 이미지의 채널은 3채널인데 특징 맵은 훨씬 많은 채널을 갖고 있습니다. 이대로는 더해줄 수 없으니, self. downsample을 이용해 채널 개수를 맞춰줘야 합니다. ❺ 마지막으로 합성곱층의 출력, 즉 특징 맵과 다운샘플층의 특징 맵을 더해주면 ResNet 기본 블록이 완성됩니다. 이렇게 입력값과 출력 값을 더해주는 방법을 스킵 커넥션이라고 부릅니다.

5.4 ResNet 모델 정의하기

BasicBlock 클래스 정의를 마쳤으니 ResNet 모델을 작성해봅시다. 먼저 모델의 초기화를 살펴보겠습니다.

▼ CNN 모델 기본 블록

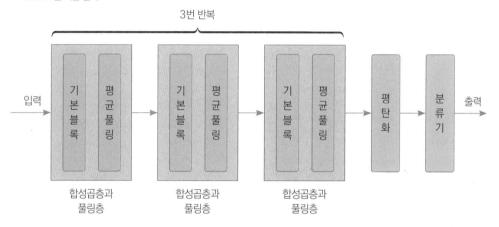

입력값은 합성곱 기본 블록과 평균 풀링층을 거칩니다. 총 세 번, 합성곱층과 풀링층을 거친 다음, 분류기층으로 들어가 최종 결과를 예측합니다. 여기서 블록을 몇 번 쌓을지는 이미지 크기에 따라서 결정됩니다. 풀링층을 한 번 거칠 때마다 이미지의 가로 세로 길이가 절반이 되므로, 32×32 크기 입력 이미지가 4×4 이미지가 되려면 블록을 3개만 사용해야 합니다.

▼ ResNet 모델 정의하기

```python
class ResNet(nn.Module):
    def __init__(self, num_classes=10):
        super(ResNet, self).__init__()

        # ❶ 기본 블록
        self.b1 = BasicBlock(in_channels=3, out_channels=64)
        self.b2 = BasicBlock(in_channels=64, out_channels=128)
        self.b3 = BasicBlock(in_channels=128, out_channels=256)

        # ❷ 풀링을 최댓값이 아닌 평균값으로
        self.pool = nn.AvgPool2d(kernel_size=2, stride=2)
```

```
    # ❸ 분류기
    self.fc1 = nn.Linear(in_features=4096, out_features=2048)
    self.fc2 = nn.Linear(in_features=2048, out_features=512)
    self.fc3 = nn.Linear(in_features=512, out_features=num_classes)

    self.relu = nn.ReLU()
```

❶ 먼저 기본 블록을 정의합니다. 일반적으로 ResNet은 약 34번의 합성곱을 거치게 됩니다. 여기서는 메모리 사용을 최대한 줄이기 위해 블록 3개를 사용하겠습니다. ❷ 이번에는 AvgPool2d( ) 함수를 사용해 평균 풀링을 적용했습니다. 최댓값이든, 평균값이든 정보 손실은 발생합니다만 평균값은 풀링의 커널 안에 포함되는 모든 픽셀의 정보를 담을 수 있기 때문에 최댓값보다 조금은 유리합니다.

> **평균 풀링(average pooling)**
> 커널의 평균값을 이용해 이미지를 풀링하는 것을 말합니다. 최대 풀링(max pooling)과 다르게 커널의 모든 값을 고려한다는 장점이 있습니다.

▼ 새로 등장한 함수

함수 원형	설명	제공 라이브러리
AvgPool2d(kernel_size, stride)	풀링을 커널의 평균값으로 실행합니다. stride만큼의 보폭을 갖습니다.	nn

❸ 마지막으로 분류기를 정의합니다. 일반적으로 분류기는 MLP층을 3개 사용합니다.

다음으로 모델의 순전파를 정의하겠습니다.

▼ ResNet의 순전파 정의

```
def forward(self, x):
    # ❶ 기본 블록과 풀링층 통과
    x = self.b1(x)
    x = self.pool(x)
    x = self.b2(x)
    x = self.pool(x)
    x = self.b3(x)
    x = self.pool(x)
    # ❷ 분류기의 입력으로 사용하기 위한 평탄화
    x = torch.flatten(x, start_dim=1)
```

```
# ❸ 분류기로 예측값 출력
x = self.fc1(x)
x = self.relu(x)
x = self.fc2(x)
x = self.relu(x)
x = self.fc3(x)

return x
```

순전파는 4장에서 사용한 코드와 다른 점이 크게 없습니다. ❶ 기본 블록과 풀링층을 번갈아가며 통과시킵니다. 풀링층을 한 번 통과할 때마다 이미지의 가로 세로 길이가 절반으로 줄어듭니다. ❷ 분류기의 MLP층은 1차원 벡터만을 입력으로 하므로 2차원 이미지를 1차원 벡터로 변환해줍시다. ❸ 마지막으로 분류기의 출력을 내보내면 완성입니다.

5.5 모델 학습하기

이번에도 학습에 CIFAR-10 데이터셋을 사용합니다. 학습에 이용하는 코드는 대부분 4장과 비슷합니다. 이전과 다른 코드만 설명하겠습니다.

▼ 학습 루프

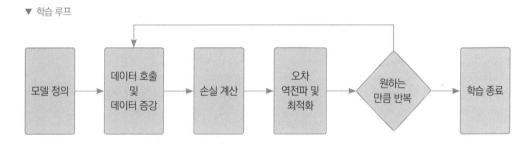

먼저 데이터 전처리를 정의하겠습니다. 이번에 사용할 전처리 기법은 랜덤 크롭핑과 랜덤 y축 대칭입니다.

▼ 데이터 전처리 정의

```
import tqdm

from torchvision.datasets.cifar import CIFAR10
from torchvision.transforms import Compose, ToTensor
from torchvision.transforms import RandomHorizontalFlip, RandomCrop
from torchvision.transforms import Normalize
from torch.utils.data.dataloader import DataLoader

from torch.optim.adam import Adam

transforms = Compose([
    RandomCrop((32, 32), padding=4), # ❶ 랜덤 크롭핑
    RandomHorizontalFlip(p=0.5),       # ❷ 랜덤 y축 대칭
    ToTensor(),
    Normalize(mean=(0.4914, 0.4822, 0.4465), std=(0.247, 0.243, 0.261))
])
```

❶ 랜덤 크롭핑과 랜덤하게 ❷ y축 대칭한 뒤, 이미지를 정규화해줍니다.

다음으로 데이터를 불러오겠습니다.

▼ 데이터 불러오기

```
# 데이터셋 정의
training_data = CIFAR10(root="./", train=True, download=True, transform=transforms)
test_data = CIFAR10(root="./", train=False, download=True, transform=transforms)

# 데이터로더 정의
train_loader = DataLoader(training_data, batch_size=32, shuffle=True)
test_loader = DataLoader(test_data, batch_size=32, shuffle=False)
```

배치 단위를 32로 정하고 학습용 데이터와 평가용 데이터를 불러오는 데이터로더를 만들어줍니다.

다음으로 모델을 정의하고 모델을 학습할 프로세서를 정의합니다.

▼ 모델 정의하기

```
device = "cuda" if torch.cuda.is_available() else "cpu"

model = ResNet(num_classes=10)
model.to(device)
```

이어서 학습 루프와 학습률, 최적화를 정의하겠습니다.

▼ 학습 루프 정의

```
lr = 1e-4
optim = Adam(model.parameters(), lr=lr)

for epoch in range(30):
    iterator = tqdm.tqdm(train_loader)
    for data, label in iterator:
        # ❶ 최적화를 위해 기울기를 초기화
        optim.zero_grad()

        # ❷ 모델의 예측값
        preds = model(data.to(device))

        # ❸ 손실 계산 및 역전파
        loss = nn.CrossEntropyLoss()(preds, label.to(device))
        loss.backward()
        optim.step()

        iterator.set_description(f"epoch:{epoch+1} loss:{loss.item()}")

torch.save(model.state_dict(), "ResNet.pth")
```

❶ 최적화를 위해 기울기를 초기화해주고, ❷ 모델의 예측값을 불러온 다음, ❸ 손실을 계산하고 역전파합니다.

5.6 모델 성능 평가하기

CIFAR-10에 대한 분류 성능을 테스트하겠습니다.

▼ ResNet 성능 확인해보기

```python
model.load_state_dict(torch.load("ResNet.pth", map_location=device))

num_corr = 0

with torch.no_grad():
    for data, label in test_loader:

        output = model(data.to(device))
        preds = output.data.max(1)[1]
        corr = preds.eq(label.to(device).data).sum().item()
        num_corr += corr

    print(f"Accuracy:{num_corr/len(test_data)}")
```

```
Accuracy:0.8822
```

4.1절에서 만든 기본 CNN 모델은 정확도가 약 83% 정도였습니다. 심지어 4.1절에서는 100번 정도 반복해서 학습했지만 30번 정도 학습한 ResNet의 성능이 더 좋습니다. 이처럼 딥러닝에서는 학습률, 반복 횟수 같이 미세한 조정보다는 성능이 좋은 모델을 선택하는 게 더 나은 방법입니다.

반면 4.4절의 사전 학습된 VGG 모델은 정확도가 92.7%입니다. ResNet의 구조가 아무리 뛰어나더라도 사전 학습된 모델을 전이 학습하는 게 성능이 더 좋습니다. 물론 충분한 양을 학습한다면 ResNet이 더 좋은 결과를 보이겠지만, 전이 학습을 최대한 이용하는 게 효율적으로 딥러닝 모델을 학습할 수 있는 방법입니다.

학습 마무리

이번 장에서는 ResNet을 알아봤습니다. ResNet은 기존의 CNN과는 다르게 스킵 커넥션을 이용해 신경망의 깊이를 크게 늘릴 수 있습니다. 배치 정규화는 배치 간의 차이를 줄이는 기법으로 학습을 조금 더 안정되게 하는 역할을 합니다.

ResNet의 기본 블록을 정의했습니다. ResNet은 스킵 커넥션을 이용한 CNN 모델이었습니다. 스킵 커넥션을 구현할 목적으로 입력값을 다운샘플링했습니다. 특징 맵과 입력 이미지의 채널 수가 달라지기 때문이었습니다.

ResNet 모델을 이용해 CIFAR-10 데이터를 학습했습니다. 정답과 예측 값의 크로스 엔트로피를 계산해 모델을 학습했습니다.

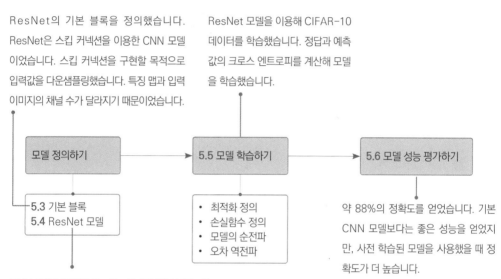

약 88%의 정확도를 얻었습니다. 기본 CNN 모델보다는 좋은 성능을 얻었지만, 사전 학습된 모델을 사용했을 때 정확도가 더 높습니다.

기본 블록을 이용해 ResNet을 구성했습니다. 기본 블록은 합성곱과 배치의 출력값의 범위를 일정하게 하는 배치 정규화, 0보다 큰 값만을 사용하는 ReLU 활성화로 이루어졌습니다.

torchvision에는 사전 학습된 ResNet 모델도 존재합니다. 4.4절의 코드를 참고하여 ResNet의 전이 학습도 공부해봅시다. 사용 가능한 ResNet 모델은 다음 링크를 참조하세요.

- https://pytorch.org/vision/stable/models.html

연습문제

1 배치 정규화를 사용하는 이유는 무엇일까요?

2 스킵 커넥션이 갖는 장점을 설명해주세요.

3 ResNet의 다운샘플의 역할은 무엇일까요?

4 입력 채널이 64채널이고 출력 채널이 128채널인 합성곱층 전후로 스킵 커넥션을 구성하고 싶을 때 다운샘플층을 어떻게 설정해야 할까요?

❶ nn.Conv2d(128, 64)

❷ nn.Conv2d(64, 128)

❸ 다운샘플이 필요없다.

5 입력 채널이 32, 출력 채널이 64채널인 합성곱층이 있습니다. 이 합성곱층의 출력에 배치 정규화를 적용하고 싶을 때 어떻게 배치 정규화층을 설정해야 할까요?

❶ BatchNorm2d(32)

❷ BatchNorm2d(64)

1 정답 배치 정규화를 사용하면 은닉층의 입력으로 사용되는 배치의 분포가 동일해지므로 입력값의 불균형을 없앨 수 있습니다.

2 정답 스킵 커넥션은 목적 함수가 간단해지기 때문에 학습이 쉬워집니다.

3 정답 입력 이미지의 채널 개수는 3개인 반면, 특징 맵의 채널 수는 3보다 크기 때문에 둘을 더해주려면 입력 이미지의 채널 수를 특징 맵과 맞춰줘야 합니다.

4 정답 ❷ nn.Conv2d 클래스의 첫 번째 인자는 입력 채널의 수입니다. 두 번째 인자는 출력 채널의 수입니다. 따라서 nn.Conv2d(64, 128)입니다.

5 정답 ❷ 합성곱의 출력 채널이 64채널입니다. 따라서 64개의 채널을 정규화해야 합니다. 즉 BatchNorm2d(64)로 설정해야 합니다.

넷플릭스 주가 예측하기
RNN으로 첫 시계열 학습

☐ **학습 목표**

세상에는 다양한 형태의 데이터가 존재합니다. 이미지의 형태로 존재할 수도 있고, 구매이력같이 표 형태로 존재할 수도 있습니다. 또한 이미지처럼 인접한 값끼리 연관성이 높을 수도 있고, 시간의 흐름에 따라 관계를 갖는 데이터도 있습니다. 이번 장에서는 시간에 따른 특징을 갖는 시계열 데이터를 다뤄보겠습니다. 시계열 데이터를 다루는 RNN을 이용해 주식 데이터를 학습하고 나서 다음날의 종가를 예측해보겠습니다.

☐ **학습 순서**

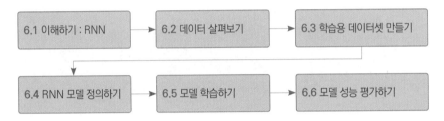

☐ **핵심 용어 미리보기**

1 **RNN**은 가중치를 반복해 사용하는 시계열 데이터를 다루는 모델입니다. 시계열은 시간의 순서가 포함된 데이터를 의미합니다.
2 **최대-최소 정규화**는 최댓값이 1이 되도록 값의 범위를 바꿔주는 기법입니다. 이상치가 없는 데이터에 사용할 수 있습니다.

☐ **실습 예제 소개**

문제 정의	일정 기간 주가 데이터를 이용해 다음날의 종가를 예측해보자.		
난이도	★★☆☆☆	노트 바로가기	
이름	넷플릭스 주가 예측		
알고리즘	RNN		

데이터셋 파일명	train.csv • 출처 : https://www.kaggle.com/c/netflix-stock-prediction/data
데이터셋 소개	날짜(Date), 개장 여부(Open), 최고가(High), 최저가(Low), 거래량(Volume)으로 구성된 넷플릭스 주가 데이터셋

문제 유형	회귀	평가지표	평균 제곱 오차

주요 패키지	torch, torch.nn
예제 코드 노트	• 위치 : colab.research.google.com/drive/1vZvDyrkOK6qM7nKn3jjv0McuTyOnTrr_ • 단축 URL : http://t2m.kr/4bdYW • 파일 : ex6.ipynb

6.1 이해하기 : RNN

지금껏 순서가 없는 데이터를 다뤘습니다. 그래서 모델의 입력으로 행렬 하나를 넣어주었습니다. 그러나 데이터에 순서가 존재할 때 순서를 무시하고 데이터 전체를 넣어주면 원활하게 학습이 이루어질까요? 정답은 '아니오'입니다. 이미지를 MLP로 학습했을 때 특징 위치가 변하면 모델 성능이 급락했듯, 시계열도 마찬가지로 순서가 조금만 바뀌어도 모델 성능에 악영향을 미칩니다. 그렇다면 데이터 순서로부터 특징을 추출하는 데 어떤 방법을 써야 할까요?

시계열 데이터를 다루는 방법은 의외로 간단합니다. 데이터를 순서대로 입력해주면 됩니다. 문제는 모델을 어떻게 만드냐 입니다. 모델이 과거 정보와 현재 정보를 둘 다 갖고 있어야 하는데, 이를 해결하려면 모델이 내보낸 과거의 출력을 다시 입력으로 넣어주어야 합니다. 이렇게 출력을 다시 입력으로 넣어주는 것을 순환한다(되풀이된다)recurrent라고 부르며, 순환하는 인공 신경망을 RNNrecurrent neural network이라고 부릅니다. RNN 구조를 그림으로 살펴보겠습니다.

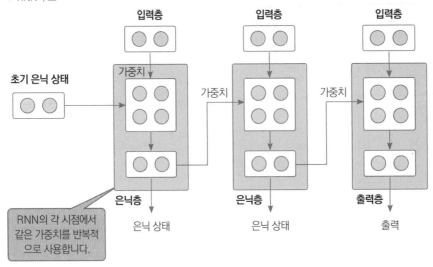

RNN의 각 시점에서 같은 가중치를 반복적으로 사용합니다.

RNN에서 신경망 각 층은 한 시점^{cell}을 가리키고 있습니다. 모든 시점에서의 가중치는 전부 공유되고 있습니다. 모든 시점에서의 출력은 다음 시점의 입력값과 합쳐져 가중치가 적용되고, 최종 출력값을 출력으로 하며, 출력층 이전의 출력을 은닉 상태^{hidden state}라고 부릅니다. 단, 입력층은 모델 시작이므로 이전의 은닉 상태가 존재하지 않습니다. 이때는 우리가 임의로 랜덤하게 값을 생성해주면 됩니다. 이렇게 설계된 모델은 과거의 계산 정보와 현재의 입력을 모두 고려한 모델이 되므로 순서가 있는 시계열 데이터를 처리하는 데 적합합니다.

▼ RNN 장단점

장점	단점
• 이전 정보를 현재 시점에서 이용하기 때문에 시간에 대한 정보를 추출할 수 있습니다. • 같은 가중치를 반복 사용하기 때문에 가중치 수가 비교적 적습니다.	• 같은 가중치를 여러 번 반복 사용하기 때문에 계산에 시간이 오래 걸립니다. • 시계열이 길어질수록 앞의 정보가 점점 흐려집니다.

▼ 유용한 곳

• 주가, 날씨, 텍스트 등 순서가 있는 데이터를 다룰 때 용이합니다.
• 동영상의 각 프레임의 특징을 추출할 때 합성곱으로 반복 호출할 수 있습니다.

6.2 데이터 살펴보기

아주 간단한 데이터로 시계열 데이터를 처리하겠습니다. 넷플릭스 주가의 하루 시가, 고가, 저가 정보를 입력받아 그날의 종가를 예측하겠습니다. 데이터를 불러와 5개 행을 출력하겠습니다.

이번에는 데이터셋을 구글 드라이브에 올려두고 해당 경로를 사용하겠습니다. 구글 드라이브에 있는 데이터 파일의 경로를 찾는 방법을 모르시는 분은 다음 글상자를 참고하세요.

구글 드라이브에 있는 데이터 경로 알아내기

01 코랩 파일 탐색기를 이용해 구글 드라이브에 저장된 데이터가 있는 폴더까지 이동한 후 → 해당 폴더 위에서 마우스 오른쪽 클릭 → 팝업 메뉴에서 [경로 복사]를 클릭하면 경로가 복사됩니다.

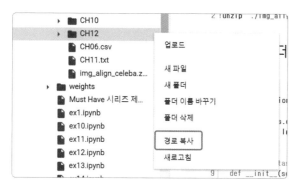

02 이렇게 복사된 경로를 예제 코드의 데이터 경로에 붙여넣으면 됩니다.

그럼 데이터를 읽어오겠습니다.

▼ 데이터 확인

```
import pandas as pd

data = pd.read_csv("/content/drive/MyDrive/Colab Notebooks/data/CH06.csv")
# 데이터 파일을 읽어옴
data.head()  # 데이터 5개 출력
```

```
      Date  Open  High  Low     Volume  Close
0  2015-12-16   120   123  118   13181000    123
1  2015-12-17   124   126  122   17284900    123
2  2015-12-18   121   122  118   17948100    118
3  2015-12-21   120   120  116   11670000    117
4  2015-12-22   117   117  115    9689000    116
```

▼ 새로 등장한 함수

함수 원형	설명	제공 라이브러리
read_csv(filename)	csv 파일을 읽어온 다음 데이터프레임 객체를 반환합니다.	pandas

날짜(Date), 개장가(Open), 최고가(High), 최저가(Low), 거래량(Volume), 종가(Close)로 구성되어 있습니다. 이번에는 데이터셋의 전체 정보를 출력해봅시다.

▼ 데이터셋 전체 확인

```
data.info()
```

```
<class 'pandas.core.frame.DataFrame'>
RangeIndex: 967 entries, 0 to 966
Data columns (total 6 columns):
 #   Column  Non-Null Count  Dtype
---  ------  --------------  -----
 0   Date    967 non-null    object
 1   Open    967 non-null    int64
 2   High    967 non-null    int64
 3   Low     967 non-null    int64
 4   Volume  967 non-null    int64
 5   Close   967 non-null    int64
dtypes: int64(5), object(1)
memory usage: 45.5+ KB
```

총 967개 행에 6개 열로 구성되어 있습니다. 시간 순서대로 주가를 읽어올 것이기 때문에 날짜 정보는 사용하지 않아도 됩니다. 주가에 영향을 미치는 원인은 다양합니다. 이번에는 인공지능이 주가의 변동 추이를 분석해 다음날의 종가를 예측하기를 원하므로 입력 데이터로는 개장가, 최고가, 최저가를 사용하고, 정답 데이터로는 종가만 사용하겠습니다.

각 값의 분포를 그래프로 확인하겠습니다.

▼ 데이터의 분포 확인

```python
import matplotlib.pyplot as plt

data_used = data.iloc[:, 1:4]  # 개장가, 최고가, 최저가 추가
data_used["Close"] = data["Close"]  # 종가 추가
hist = data_used.hist()
plt.show()
```

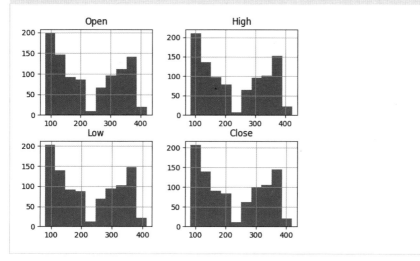

값의 범위가 100부터 400까지 넓게 형성되어 있습니다. 딥러닝은 오차 역전파를 이용해 가중치를 학습하는데, 출력값의 범위가 커지면 오차의 범위도 커지게 되고, 오차가 커지면 역전파되는 기울기 또한 커지게 되기 때문에 가중치 수렴에 안 좋은 영향을 미칠 수 있습니다. 따라서 원활한 학습을 위해서 값의 범위를 0부터 1 사이로 정규화하는 것이 좋아 보입니다. 0과 1 사이로 정규화하는 걸 최소-최대 정규화Min-Max Normalization라고 하는데, 데이터에 이상치outlier가 있을 때는 적합하지 않습니다. 다행히 우리 데이터는 이상치가 없으므로 적용하는 데 무리가 없어 보입니다.

> **최소-최대 정규화(Min-Max Normalization)**
> 최댓값으로 1, 최소값으로 0을 갖도록 데이터의 값을 변환하는 기법

6.3 학습용 데이터 만들기

RNN은 여러 시점의 입력을 받습니다. 입력 데이터에서는 하루치 개장가, 최고가, 최저가를 묶어 입력 데이터의 한 시점으로 보고, 종가 데이터에서는 하루치 종가를 한 시점으로 보겠습니다. 여기서는 30일치 데이터를 배치 단위로 삼겠습니다. 이렇게 하나로 묶인 시점들을 순차적으로 구성하는 것을 '시계열'이라고 부릅니다. 참고로 꼭 30일치 데이터를 쓸 필요는 없습니다. 이런 값을 정하는 데 정답은 없고 경험과 실험을 통해 적당한 값을 결정하면 됩니다.

학습용 데이터를 제공하는 Netflix( ) 클래스의 초기화 함수를 구현해봅시다. 파이토치의 Dataset( ) 객체는 함수 3개를 제공합니다. 지금까지는 파이토치가 만들어준 데이터셋 객체를 이용했지만 이제부터는 파이토치가 제공하는 데이터를 사용하지 않기 때문에 직접 만들어야 합니다. __init__( ) 함수는 데이터셋 초기화를, __len__( )은 데이터 개수를, __getitem__( )은 특정 요소를 불러옵니다.

▼ 넷플릭스 데이터셋 정의

```python
import numpy as np

from torch.utils.data.dataset import Dataset


class Netflix(Dataset):  # ❶ 클래스 선언
    def __init__(self):
        # ❷ 데이터 읽기
        self.csv = pd.read_csv(
                "/content/drive/MyDrive/Colab Notebooks/data/CH06.csv")

        # 입력 데이터 정규화
        self.data = self.csv.iloc[:, 1:4].values   # ❸ 종가를 제외한 데이터
        self.data = self.data / np.max(self.data)  # ❹ 0과 1 사이로 정규화

        # ❺ 종가 데이터 정규화
        self.label = data["Close"].values
        self.label = self.label / np.max(self.label)
```

❶ Netflix( ) 클래스를 정의합니다. ❷ csv 파일을 읽어들인 다음 ❸ 종가와 날짜를 제외한 데이터를 self.data에 저장합니다. ❹ 데이터의 범위가 100부터 400까지 상당히 크기 때문에 모든

데이터를 0과 1 사이에 오도록 정규화해야 합니다. np.max(self.data)는 해당 데이터셋에서 가장 큰 값을 반환합니다. 이 값으로 모든 값을 나누고 데이터를 업데이트해줍니다. ❺ self.label은 정답 데이터가 들어가는 변수로 csv 파일의 종가 데이터를 넣어줍니다. 종가 역시 마찬가지로 범위가 넓기 때문에 0부터 1 사이에 올 수 있도록 정규화해주겠습니다.

사용 가능한 배치 개수를 반환하는 __ len__ ( ) 함수를 구현합니다.

```
def __len__(self):
    return len(self.data) - 30 # ❶ 사용 가능한 배치 개수
```

❶ 전체 데이터셋 길이에서 30일을 빼서 사용 가능한 배치 개수를 계산했습니다. 이 계산을 이해하려면 배치에 사용하는 데이터셋을 어떻게 마련하는지를 알아야 합니다.

전체 데이터 개수를 N개, 배치 길이를 L이라고 하겠습니다. 967일치 데이터가 존재하기 때문에 N은 967이 됩니다. 또한 30일치 데이터를 묶어 배치 단위로 사용하기 때문에 L은 30이 됩니다. 배치는 다음 그림과 같이 첫 번째 데이터부터 마지막 데이터 방향으로 한 칸(1일치 데이터)씩 이동합니다. 이론적으로는 시계열 배치를 총 N-L+1개 만들 수 있지만 마지막 날 종가를 알 수 없으므로 제외하면 따라서 N-L개를 만들 수 있습니다.

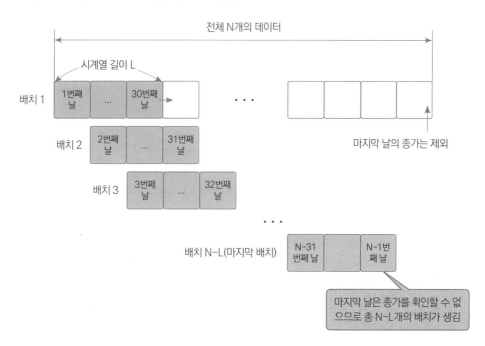

하나의 배치는 30개의 시점을 포함해야 합니다. 입력 데이터와 종가 데이터를 30일치씩 읽어오 겠습니다.

```
def __getitem__(self, i):
    data = self.data[i:i+30] # ❶ 입력 데이터 30일치 읽기
    label = self.label[i+30] # ❷ 종가 데이터 30일치 읽기

    return data, label
```

❶ self.data 안에는 전체 데이터가 들어 있기 때문에 호출할 때마다 30개씩 불러와야 합니다. 반면 ❷ 정답 데이터 안에는 입력으로 읽어들인 30개 시점 바로 뒤에 오는 값을 읽어오면 됩니다.

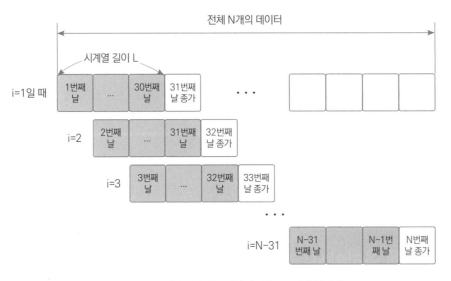

입력 데이터는 i번째 날부터 i+29번째 날까지
종가 데이터는 i+30번째 날의 종가 데이터만 불러옵니다

앞의 그림을 보면 입력 데이터(개장가, 최고가, 최저가)는 i번째 날부터 i+29번째 날까지, 종가 데 이터는 i+30번째 날의 종가 데이터를 불러옵니다. 따라서 self.data[i:i+30]을 이용해 i번째 날 부터 i+29번째 날까지의 입력 데이터를, self.label[i+30]을 이용해 i+30번째 날의 종가 데이터 를 불러옵니다.

6.4 RNN 모델 정의하기

이제 시계열 데이터를 처리하는 RNN 모델을 구현해봅시다. RNN층을 여러 층 쌓아 시계열 정보에서 특징을 추출하고, MLP층을 쌓아서 종가를 예측하겠습니다.

▼ 여러 RNN층을 쌓았을 때

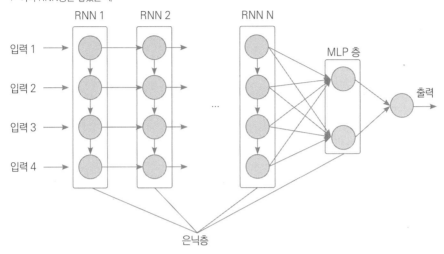

앞의 그림에서 RNN층 안에 있는 동그라미가 시점입니다(배치마다 30일치 시점을 사용하므로 RNN층마다 동그라미 30개를 그려야 하지만 이해를 돕는 차원의 그림이므로 간략히 4개만 그렸습니다). 각 시점에서의 출력, 즉 은닉 상태가 다음 RNN층의 같은 시점과, 같은 RNN층의 다음 시점으로 들어갑니다. 마지막 RNN층의 출력을 MLP층의 입력으로 사용합니다.

▼ RNN 모델 기본 블록

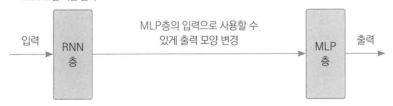

먼저 RNN 클래스와 초기화 함수 __init__( )을 구현하겠습니다.

▼ RNN 클래스 정의하기

```python
import torch
import torch.nn as nn
```

```
class RNN(nn.Module):
    def __init__(self):
        super(RNN, self).__init__()

        # ❶ RNN층의 정의
        self.rnn = nn.RNN(input_size=3, hidden_size=8, num_layers=5,
                          batch_first=True)

        # ❷ 주가를 예측하는 MLP층 정의
        self.fc1 = nn.Linear(in_features=240, out_features=64)
        self.fc2 = nn.Linear(in_features=64, out_features=1)

        self.relu = nn.ReLU() # 활성화 함수 정의
```

❶ RNN층을 정의합니다. input_size는 입력 텐서의 특징 개수를 의미합니다. 우리는 개장가, 최고가, 최저가를 특징으로 가지므로 3이 됩니다. hidden_size는 RNN층에서 각 시점에서의 차원을 의미합니다. 즉, 입력 텐서에 가중치를 적용해 특징을 추출하는 겁니다. 지금은 개장가, 최고가, 최저가를 하나로 묶어서 RNN층의 입력으로 사용합니다. 즉 3개의 숫자를 이용한 3차원 벡터가 되는 겁니다. 이 3차원 벡터를 RNN의 가중치를 이용해 hidden_dim 차원으로 확장합니다. num_layers는 쌓을 RNN층 개수를 의미합니다. 쌓을 RNN층 개수를 정해야 하는데 너무 많이 쌓게 되면 기울기가 0이 되는 기울기 소실 문제가 생기거나, 무한대로 발산해버리는 기울기 폭발 문제가 생기게 되므로 5를 적용했습니다. 일반적으로 5나 3을 사용합니다. batch_first는 배치 차원이 가장 앞으로 오게 하는 것을 의미합니다(여기서는 32가 배치 차원입니다). True로 하면 배치 차원이 가장 앞에 오게 되며, False로 하면 가장 뒤에 오게 됩니다. 현재는 개장가, 최고가, 최저가를 30일치 묶었으므로 (30, 3) 모양을 갖는 텐서를 배치 크기만큼 쌓아올린 형태가 입력 텐서가 됩니다. 32개 배치의 차원이므로 True로 작성하면(32, 30, 3)이 입력 텐서의 모양이 되는 거죠. False로 하면 (30, 3, 32)가 입력 텐서 모양이 됩니다.

❷ RNN층을 이용해 특징을 추출했다면 다음은 MLP층을 이용해 주가를 예측할 차례입니다. MLP층 두 개를 이용해 추출된 특징으로부터 주가를 예측하는 MLP층을 정의합니다.

이어서 순전파 함수 forward( )를 작성하겠습니다.

▼ RNN 모델의 순전파 정의

```python
def forward(self, x, h0):
    x, hn = self.rnn(x, h0)  # ① RNN층의 출력

    # ② MLP층의 입력으로 사용되게 모양 변경
    x = torch.reshape(x, (x.shape[0], -1))

    # MLP층을 이용해 종가 예측
    x = self.fc1(x)
    x = self.relu(x)
    x = self.fc2(x)

    # 예측한 종가를 1차원 벡터로 표현
    x = torch.flatten(x)

    return x
```

① 파이토치의 RNN층은 출력값이 2개입니다. 첫 번째 출력인 x는 마지막 RNN층의 은닉 상태를, 두 번째 출력인 hn은 모든 RNN층의 은닉 상태를 반환합니다. 파이토치의 RNN층은 이렇게 두 가지 출력을 제공합니다. 여기서는 마지막 RNN층의 은닉 상태만을 이용하겠습니다. ② RNN 층으로부터 얻은 결과는 시계열 정보, 배치 크기 및 추출된 특징이 전부 다른 차원으로 분포돼 있습니다. 시계열 차원을 제거해서 MLP의 입력으로 사용하도록 텐서의 모양을 변경해줘야 합니다. 즉 2개의 차원을 1차원으로 통합해야 합니다.

▼ 새로 등장한 함수

함수 원형	설명	제공 라이브러리
reshape(tensor, shape)	tensor를 shape 모양이 되도록 변환합니다.	torch

▼ 분류기의 입력으로 사용하기 위해 RNN층의 출력 변환

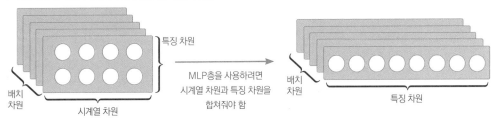

마지막으로 MLP층을 이용해 종가를 예측합니다. 종가는 하나의 숫자로 표현됩니다. 그렇기 때문에 분류기 출력의 모양은 (배치 개수, 1)이 됩니다. 나중에 파이썬 리스트로 변환하기 쉽도록 1차원 벡터로 변환해줍니다.

6.5 모델 학습하기

이번 모델은 다음날의 종가를 예측하므로 회귀 문제가 됩니다. 따라서 손실 함수로 평균 제곱 오차를 이용하겠습니다.

▼ 학습 루프

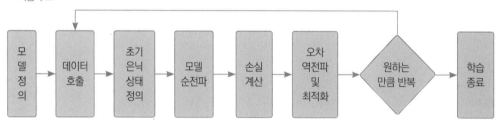

먼저 앞에서 만든 RNN 클래스를 정의하고 학습에 필요한 데이터와 최적화를 정의하겠습니다. RNN 모델을 생성하고 학습용 데이터셋을 만드는 Netflix( ) 클래스를 호출합니다.

▼ 모델과 데이터셋 정의

```
import tqdm

from torch.optim.adam import Adam
from torch.utils.data.dataloader import DataLoader

device = "cuda" if torch.cuda.is_available() else "cpu"

model = RNN().to(device)   # 모델 정의
dataset = Netflix()        # 데이터셋 정의
```

학습에 사용할 배치 크기를 지정해줍니다. 32로 지정하겠습니다.

▼ 데이터로더 정의

```
loader = DataLoader(dataset, batch_size=32)  # 배치 크기를 32로 설정
```

학습에 사용할 최적화를 지정합니다. 학습률은 0.0001로 설정하겠습니다.

▼ 최적화 정의

```
optim = Adam(params=model.parameters(), lr=0.0001) # 사용할 최적화 설정
```

학습 준비를 마쳤으므로 학습 루프를 작성하겠습니다. 에포크는 모델이 수렴할 수 있을 정도로 반복해야 합니다. 보통은 100 단위의 숫자를 넣습니다. 저희는 200 정도로 설정하겠습니다.

▼ 학습 루프 정의

```
for epoch in range(200):
    iterator = tqdm.tqdm(loader)
    for data, label in iterator:
        optim.zero_grad()

        # ❶ 초기 은닉 상태
        h0 = torch.zeros(5, data.shape[0], 8).to(device)

        # ❷ 모델의 예측값
        pred = model(data.type(torch.FloatTensor).to(device), h0)

        # ❸ 손실의 계산
        loss = nn.MSELoss()(pred,
                            label.type(torch.FloatTensor).to(device))
        loss.backward()   # 오차 역전파
        optim.step()      # 최적화 진행

        iterator.set_description(f"epoch{epoch} loss:{loss.item()}")

torch.save(model.state_dict(), "./rnn.pth")  # 모델 저장
```

❶ 초기 은닉 상태는 모든 요소가 0으로 구성된 텐서로 설정했습니다. 은닉층의 모양은 (RNN 은닉층 개수, 배치 크기, 출력의 차원)입니다. 이번 예제에서는 (5, 32, 8)이 되겠네요. ❷ 입력 텐서와 초기 은닉 상태를 정의했으므로 모델에 입력해 결과를 받아옵니다. ❸ 실제 데이터와 모델 예측을 비교하고 오차를 계산합니다. 오차를 계산한 뒤 최적화까지 진행하고 나면 학습이 완료됩니다.

학습이 완료되면 모델의 가중치를 저장하고 결과를 확인해봅시다.

▼ 새로 등장한 함수

함수 원형	설명	제공 라이브러리
. zeros(A)	A모양을 갖는 텐서를 반환합니다. 이때 모든 요소는 0으로 채워집니다.	torch

6.6 모델 성능 평가하기

학습이 완료되었습니다. 실제의 주가와 우리 모델이 예측한 주가가 얼마나 차이가 나는지 확인하겠습니다.

▼ 모델 성능 평가하기

```python
import matplotlib.pyplot as plt

loader = DataLoader(dataset, batch_size=1)  # 예측값을 위한 데이터로더

preds = []  # 예측값들을 저장하는 리스트
total_loss = 0

with torch.no_grad():
    # 모델의 가중치 불러오기
    model.load_state_dict(torch.load("rnn.pth", map_location=device))

    for data, label in loader:
        h0 = torch.zeros(5, data.shape[0], 8).to(device)  # ❶ 초기 은닉 상태 정의

        # 모델의 예측값 출력
        pred = model(data.type(torch.FloatTensor).to(device), h0)
        preds.append(pred.item())  # ❷ 예측값을 리스트에 추가

        # 손실 계산
        loss = nn.MSELoss()(pred,
                            label.type(torch.FloatTensor).to(device))
        # ❸ 손실의 평균치 계산
        total_loss += loss/len(loader)
```

```
total_loss.item()
```

```
0.0012523143086582422
```

예측 코드는 학습 코드와 크게 다르지 않습니다. ❶ 학습 때와 동일하게 초기 은닉 상태를 정의하고 모델의 예측값을 출력합니다. 결과를 그림으로 나타내면서 손실의 평균치도 구해봅시다. ❷ 모델의 예측값을 리스트에 담아주면서 ❸ 손실의 평균값을 계산해주세요.

평균 오차가 거의 없는 걸 보니 예측의 정확도가 높아 보입니다. 실제로는 100달러에서 400달러 사이 데이터를 0과 1 사이로 제한했기 때문에 평균 손실을 100배 키워도 1달러 정도의 오차가 생기는군요. 그래프로 확인해봅시다.

▼ 그래프 출력

```
plt.plot(preds, label="prediction")
plt.plot(dataset.label[30:], label="actual")
plt.legend()
plt.show()
```

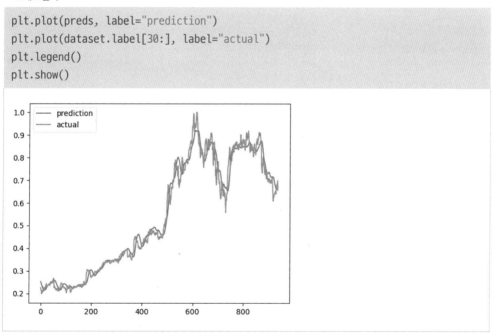

그림으로 봐도 주가가 크게 벗어나지 않는 것을 확인할 수 있습니다.

학습 마무리

이번 장에서는 순서가 있는 데이터를 다루어보았습니다. 주가를 예측하는 데 RNN 모델을 이용했습니다. RNN 모델은 가중치를 반복해서 적용하는 것으로 순서를 파악할 수 있게 됩니다.

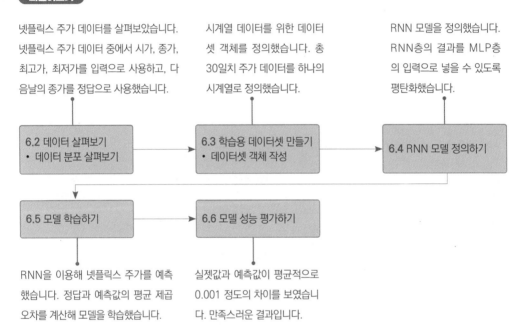

넷플릭스 주가 데이터를 살펴보았습니다. 넷플릭스 주가 데이터 중에서 시가, 종가, 최고가, 최저가를 입력으로 사용하고, 다음날의 종가를 정답으로 사용했습니다.

시계열 데이터를 위한 데이터셋 객체를 정의했습니다. 총 30일치 주가 데이터를 하나의 시계열로 정의했습니다.

RNN 모델을 정의했습니다. RNN층의 결과를 MLP층의 입력으로 넣을 수 있도록 평탄화했습니다.

```
6.2 데이터 살펴보기
• 데이터 분포 살펴보기
```

```
6.3 학습용 데이터셋 만들기
• 데이터셋 객체 작성
```

```
6.4 RNN 모델 정의하기
```

```
6.5 모델 학습하기
```

```
6.6 모델 성능 평가하기
```

RNN을 이용해 넷플릭스 주가를 예측했습니다. 정답과 예측값의 평균 제곱 오차를 계산해 모델을 학습했습니다.

실젯값과 예측값이 평균적으로 0.001 정도의 차이를 보였습니다. 만족스러운 결과입니다.

과제

이번 예제에서는 30일 치 주가를 사용했습니다. 주기를 더 짧게, 그리고 길게 설정해 학습하여 차이를 확인해봅시다.

연습문제

1 데이터가 총 1,000개일 때, 50개씩 잘라 시계열을 구성한다면 시계열을 몇 개나 구성할 수 있을까요?

2 30일치의 주가 데이터를 읽어온 다음 5일 뒤의 종가를 예측하고 싶다면 self.label[ ]에 넣어야 하는 인덱스로 알맞은 것은 무엇일까요?

❶ i:35   **❷** i+35   **❸** :i+35

❹ i+35:   **❺** 35:i

3 1번에서 만든 시계열을 학습하는 RNN층을 구성할 때, 입력 텐서의 모양은 어떤 모양일까요? 단, batch_first=True, 배치 크기는 64, hidden_size=32로 가정합니다.

4 2번에서 만든 RNN층의 초기 은닉 상태는 어떤 모양일까요? 단, RNN 은닉층 개수는 5, 출력 차원과 입력 차원은 같다고 가정합니다.

5 RNN 층의 출력인 마지막 시점의 은닉 상태를 그대로 MLP층으로 입력할 수 있을까요?

---

1 **정답** 시계열을 총 1000-50=950개 만들 수 있습니다.

2 **정답** **❷** 30일치 주가를 읽은 다음 5일 뒤의 종가를 예측하려면 35일 뒤의 종가를 반환해야 합니다. i:35는 i번째 날부터 35일까지, i+35는 i번째 날 이후 35일의 종가, :i+35는 첫 날부터 i+35일째 날까지, i+35: 는 i+35째 날부터 마지막날까지, 35:i는 35번째 날부터 i번째 날까지를 반환합니다.

3 **정답** RNN의 입력 텐서의 모양은 (배치 크기, 시계열 길이, hidden_size)입니다. 따라서 (64, 50, 32)가 됩니다.

4 **정답** 초기 은닉 상태의 모양은 (RNN 은닉층 개수, 배치 크기, 출력의 차원)입니다. 따라서 (5, 64, 32)가 됩니다.

5 **정답** RNN층의 출력은 (배치 크기, 시계열 길이, hidden_size)입니다. 따라서 MLP층의 입력으로 사용할 수 없습니다. MLP층의 입력으로 사용하려면 모양을 (배치 크기, 시계열 길이 * hidden_size)로 바꿔줘야 합니다.

분류보다 더 복잡한 이미지 처리 기술인 이미지 세그멘테이션, 이미지 디노이징, 자동 채색을 알아보겠습니다. U-Net, 오토인코더, Let there be color를 이용합니다. 딥러닝을 이용한 이미지 처리는 이미지로부터 얻은 특징을 어떻게 사용하느냐가 매우 중요합니다. 이미지의 특징을 처리하는 방법도 배워봅시다.

Start

단계 **3**

딥러닝으로 이미지 처리하기

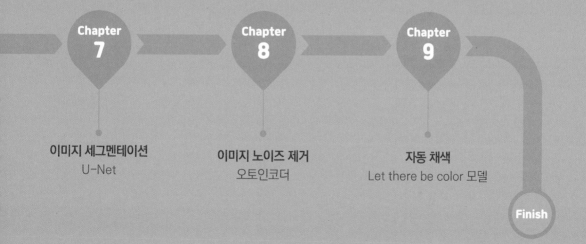

Chapter 7

이미지 세그멘테이션
U-Net

Chapter 8

이미지 노이즈 제거
오토인코더

Chapter 9

자동 채색
Let there be color 모델

Finish

이미지 세그멘테이션
U-Net

☐ 학습 목표

U-Net을 이용해 이미지 세그멘테이션을 수행해봅니다. 이미지 세그멘테이션은 이미지를 픽셀 단위로 끊어 분류하는 문제입니다. 이미지의 각 픽셀이 어떤 범주에 해당하는지 예측하도록 신경망을 학습해야 합니다. 이번에는 동물 사진과 배경을 분리하도록 신경망을 학습합니다.

☐ 학습 순서

☐ 핵심 용어 미리보기

1 합성곱으로 압축된 정보는 업샘플링을 이용해 복원합니다.

2 정보의 압축(인코더)과 복원(디코더)을 이용한 구조를 **인코더-디코더** 구조라고 합니다.

3 **U-Net**은 인코더 디코더 구조를 이용한 모델로, 인코더의 출력과 디코더의 출력을 합쳐서 다음 층의 입력으로 사용합니다.

☐ 실습 예제 소개

문제 정의	배경과 동물의 픽셀을 분리해보자.		
난이도	★★★☆☆	노트 바로가기	
이름	이미지 세그멘테이션		
알고리즘	U-Net		
데이터셋 파일명	Oxford-IIIT Pet • 출처 : https://www.robots.ox.ac.uk/~vgg/data/pets		

데이터셋 소개	RGB 동물 이미지와 픽셀이 구분되어 있는 마스크로 구성되어 있는 이미지 세그멘테이션용 데이터셋		
문제 유형	분류	평가지표	BCE 오차
주요 패키지	torch, torch.nn		
예제 코드 노트	• 위치 : colab.research.google.com/drive/17UOffrovlnl_iYDYa8NLybwl4ubxPR40 • 단축 URL : http://t2m.kr/Sultt • 파일 : ex7.ipynb		

7.1 이해하기 : U-Net

딥러닝을 이용한 이미지 처리에 분류만 있는 것이 아닙니다. 어떤 이미지가 어디에 있는지 예측하는 객체 탐지, 이미지의 모든 픽셀을 분류하는 이미지 세그멘테이션, 이미지에 섞인 노이즈를 걸러 흐린 이미지를 선명하게 하는 디노이징 등 훨씬 다양한 이미지 처리 기술이 있습니다. 이미지 세그멘테이션, 이미지 디노이징 모델은 정보를 압축하는 인코더와 정보로부터 이미지를 복원하는 디코더로 구성되어 있으며, 이런 구조를 인코더 디코더 구조라고 부릅니다. 인코더 디코더 구조를 갖는 대표적인 딥러닝 모델로 U-Net이 있습니다. U-Net은 인코더의 출력을 디코더의 입력으로 사용함으로써 정보를 복원할 때 추출된 특징을 참고할 수 있습니다.

입력 이미지로부터 특징을 추출한 다음, 특징 맵을 복원하면서 입력 이미지와 같은 크기를 갖는 이미지를 출력합니다. 이때 출력 이미지가 갖는 픽셀값은 RGB값이 아니라 클래스에 대한 예측 정보입니다.

> **인코더-디코더(Encoder-Decoder)**
> 특징을 추출하는 인코더와 특징으로부터 정보를 복원하는 디코더를 갖는 형식을 말합니다.

▼ U-Net의 구조

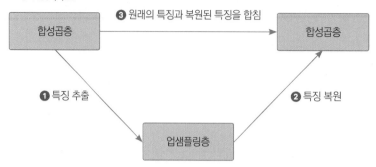

❶ U-Net의 인코더는 입력받은 이미지를 합성곱을 이용해 특징을 추출합니다. 그 과정에서 이미지 크기가 점점 작아지고 정보는 계속 압축됩니다. **❷** 압축된 정보는 디코더에서 복원되어 최종적으로 입력과 같은 크기의 출력을 갖습니다. 이때 복원하는 과정에서 합성곱과 반대 동작을 하는 업샘플링이라는 과정이 있습니다. 합성곱은 커널을 이용해 특징을 추출하는 연산인 반면, 업샘플링은 커널을 이용해 특징으로부터 이미지를 복원하는 연산입니다. **❸** 복원된 특징은 합성곱을 통해 추출된 특징과 합쳐집니다.

그렇다면 합성곱과 업샘플링은 어떻게 다른지 의문이 생깁니다. 합성곱은 커널의 가중치가 이미지의 픽셀에 곱해져서 하나의 출력을 계산합니다. 업샘플링은 하나의 픽셀이 커널의 가중치와 곱해져 출력을 계산합니다.

▼ 업샘플링의 계산 방법

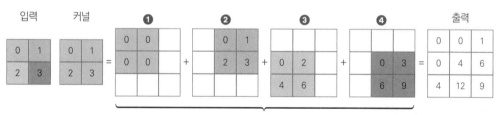

겹치는 영역의 값을 모두 더해줍니다.

앞의 그림이 업샘플링을 계산하는 방법을 나타낸 그림입니다. **❶** 입력 이미지의 픽셀값이 0입니다. 0과 커널의 가중치를 곱해줍니다. **❷**, **❸**, **❹**도 마찬가지로 입력 이미지의 픽셀값과 커널의 가중치를 곱해서 결과를 계산합니다. 이때 서로 겹치는 영역이 발생합니다. 겹치는 영역은 더해주면서 최종 출력을 계산합니다. 업샘플링은 트랜스포즈

> **업샘플링(Upsampling)**
> 이미지에서 추출한 특징을 이용해 이미지를 복원하는 과정, 혹은 이미지 크기를 키우는 기법

드 transposed 합성곱을 이용해 계산합니다. 트랜스포즈드는 우리말로 전치라고 부르며, 쉽게 생각하면 합성곱을 반대로 한다고 보시면 됩니다. 이후에 등장하는 업샘플링은 이미지 크기를 키우는 기법을 말합니다.

▼ 합성곱과 업샘플링의 차이

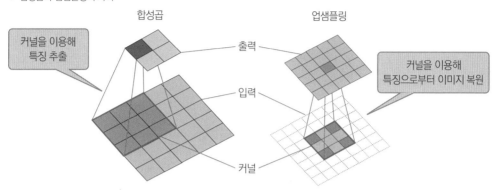

합성곱은 계산 전후로 이미지의 크기가 줄어들게 됩니다. 반대로 업샘플링은 입력 이미지보다 결과 이미지가 더 커집니다. 따라서 합성곱은 이미지의 특징을 추출할 때 사용하고, 업샘플링은 이미지를 복원할 때 사용합니다.

▼ U-Net 장단점

장점	단점
• 디코더에서 인코더의 정보를 참조할 수 있습니다. • 정보를 복원할 때, 복원할 대상의 정보를 얻을 수 있습니다.	• 인코더의 출력과 디코더의 입력을 동일하게 맞춰야 하므로 설계가 자유롭지 못합니다. • 인코더 계산의 결과를 저장해야 하므로 메모리가 많이 필요합니다.

▼ 유용한 곳

• 이미지 깊이 추정, 세그멘테이션, 디노이징 등에 사용 가능합니다.
• 기계 번역에도 인코더 정보를 디코더에서 사용하는 구조를 활용할 수 있습니다.

7.2 데이터 살펴보기

Oxford-IIIT Pet 데이터셋을 사용합니다. 고양이와 강아지 이미지가 약 7,000장 들어 있습니다. 원본 RGB 이미지와 배경, 경계, 동물 픽셀을 구분하는 정답 이미지가 한 쌍으로 제공됩니다.

데이터셋을 내려받고 압축을 풀면 [annotations]와 [images] 폴더가 보일 겁니다. [annotations] 안의 [trimaps] 폴더 안에 정답 이미지가, [images] 폴더 안에는 학습에 사용할 입력 이미지가 있습니다. 정답 이미지(왼쪽)와 학습에 사용할 이미지(오른쪽)가 어떻게 생겼는지 확인해봅시다.

▼ 입력과 정답 이미지 확인하기

```python
import matplotlib.pyplot as plt

from PIL import Image

path_to_annotation = \
    "/content/drive/MyDrive/Colab Notebooks/data/CH07/annotations/trimaps/"
path_to_image = \
    "/content/drive/MyDrive/Colab Notebooks/data/CH07/images/"

# 이미지 불러오기
annotation = Image.open(path_to_annotation + "Abyssinian_1.png")
plt.subplot(1, 2, 1)
plt.title("annotation")
plt.imshow(annotation)

image = Image.open(path_to_image + "Abyssinian_1.jpg")
plt.subplot(1, 2, 2)
plt.title("image")
plt.imshow(image)

plt.show()
```

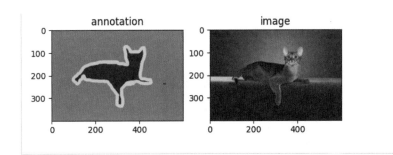

▼ 새로 등장한 함수

함수 원형	설명	제공 라이브러리
open(A)	경로 A에 있는 이미지를 읽어와 PIL 객체로 저장합니다.	PIL

7.3 학습용 데이터 만들기

Oxford-IIIT Pet 데이터셋을 학습에 이용할 수 있게 Dataset 객체를 이용해 표현해줘야 합니다.

먼저 데이터셋의 초기화 함수를 구현하겠습니다. 초기화 함수에서 고려할 사항은 다음과 같이 두 가지입니다.

첫 번째는 정렬입니다. 정답과 입력 이미지가 서로 다른 경로(폴더)에 저장되어 있습니다. 객체를 만들 때 이미지 이름으로 입력과 정답 이미지를 각자 불러온 다음, 이름순으로 정렬하면 학습할 때 편할 겁니다.

두 번째는 학습 난이도를 낮추기 위해 정답을 살짝 수정하겠습니다. 정답 이미지는 동물에 해당되는 부분을 0, 동물과 배경의 경계를 1, 배경을 2로 표현합니다. 학습을 편하게 하도록 배경을 0, 동물과 경계는 1로 이미지를 변경해주겠습니다. 이진분류가 다중분류보다 간단하기 때문에 동물과 경계는 모두 동물인 것으로 간주해 다중분류 문제를 이진분류로 바꾸어 학습하겠습니다.

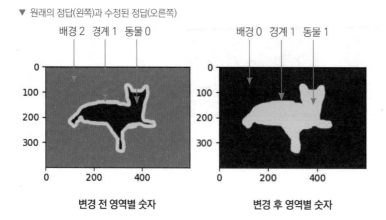

변경 전 영역별 숫자   변경 후 영역별 숫자

초기화 함수를 만들겠습니다.

▼ 데이터셋 만들기

```python
import glob # 이미지를 불러올 때 사용하는 라이브러리
import torch
import numpy as np

from torch.utils.data.dataset import Dataset
from PIL import Image


class Pets(Dataset):
    def __init__(self, path_to_img,
                 path_to_anno,
                 train=True,
                 transforms=None,
                 input_size=(128, 128)):

        # ❶ 정답과 입력 이미지를 이름순으로 정렬
        self.images = sorted(glob.glob(path_to_img+"/*.jpg"))
        self.annotations = sorted(glob.glob(path_to_anno + "/*.png"))

        # ❷ 데이터셋을 학습과 평가용으로 나눔
        self.X_train = self.images[:int(0.8 * len(self.images))]
        self.X_test = self.images[int(0.8 * len(self.images)):]
        self.Y_train = self.annotations[
                :int(0.8 * len(self.annotations))]
        self.Y_test = self.annotations[
```

```
            int(0.8 * len(self.annotations)):]

    self.train = train  # 학습용 데이터 평가용 데이터 결정 여부
    self.transforms = transforms  # 사용할 데이터 증강
    self.input_size = input_size  # 입력 이미지 크기
```

❶ 데이터셋의 데이터를 불러옵니다. glob( )에 입력 이미지와 정답이 있는 경로를 입력하고 이미지를 불러온 다음 이름순으로 정렬합니다.

▼ 새로 등장한 함수

함수 원형	설명	제공 라이브러리
sorted(A)	A를 정렬해 반환합니다.	python
glob(A)	A 경로에 있는 파일 목록을 리스트로 반환합니다.	glob

❷ 불러온 전체 데이터의 80%는 학습용으로, 나머지 20%는 평가용 데이터로 사용합니다.

다음으로 데이터 개수를 반환하는 __len__( ) 함수를 살펴보겠습니다.

▼ 데이터의 개수를 반환하는 함수

```
def __len__(self):  # 데이터 개수를 나타냄
    if self.train:
        return len(self.X_train)  # 학습용 데이터셋 길이
    else:
        return len(self.X_test)   # 평가용 데이터셋 길이
```

self.X_train 안에 학습에 필요한 모든 데이터가 들어 있기 때문에 단순히 self.X_train의 길이를 반환하면 됩니다.

이제 다중분류를 이진분류로 바꾸도록, 이미지에서 배경을 0, 동물과 경계를 1로 변경하는 함수를 만들겠습니다.

▼ 정답 마스크를 변환해주는 함수

```
def preprocess_mask(self, mask):  # ❶ 정답을 변환하는 함수
    mask = mask.resize(self.input_size)
    mask = np.array(mask).astype(np.float32)
```

```
        mask[mask != 2.0] = 1.0
        mask[mask == 2.0] = 0.0
        mask = torch.tensor(mask)
        return mask
```

❶ 이미지 내의 2.0이 아닌 값(배경과 동물의 경계와 동물)을 1.0으로 바꿔주고, 나머지를 0.0으로 변경합니다. PIL을 이용해 이미지를 불러오기 때문에 넘파이를 이용해 행렬로 바꿔주고 값을 변경한 다음, 파이토치 텐서로 변경해 반환한 겁니다.

▼ 새로 등장한 함수

함수 원형	설명	제공 라이브러리
resize(A)	PIL 객체 크기를 A 크기로 변경합니다.	PIL
array(A)	A를 넘파이 객체로 변경해줍니다.	numpy
astype(A)	넘파이 객체의 자료형을 A로 바꿔줍니다.	numpy
tensor(A)	A를 파이토치 텐서로 바꿔줍니다.	torch

마지막으로 이미지를 읽어들인 다음 데이터 증강을 거치고 반환하는 __getitem__( ) 함수를 만들겠습니다.

▼ 데이터를 불러오는 함수

```
def __getitem__(self, i):  # i번째 데이터와 정답을 반환
    if self.train:  # 학습용 데이터
        X_train = Image.open(self.X_train[i])
        X_train = self.transforms(X_train)
        Y_train = Image.open(self.Y_train[i])
        Y_train = self.preprocess_mask(Y_train)

        return X_train, Y_train
    else:  # 평가용 데이터
        X_test = Image.open(self.X_test[i])
        X_test = self.transforms(X_test)
        Y_test = Image.open(self.Y_test[i])
        Y_test = self.preprocess_mask(Y_test)

        return X_test, Y_test
```

7.4 U-Net 모델 정의하기

이제 U-Net 모델을 만들겠습니다. 인코더에서는 Conv2D( ) 함수를 이용해 특징을 추출하고, 디코더에서는 ConvTranspose2D( ) 함수를 이용해 업샘플링해줍니다. 최종 출력은 0과 1 사이의 값을 갖는 1채널 이미지이므로, squeeze( ) 함수를 이용해 채널 차원을 제거해줄 겁니다. 이렇게 하나의 값을 갖는 차원은 필요에 따라 만들어주거나 제거해야 합니다. 예를 들어 합성곱을 이용할 때는 채널 차원이 반드시 필요하므로, 채널 정보가 없는 데이터셋(MNIST 등)이라면 채널 차원을 만들어줘야 합니다. 반대로 결과의 그림을 그리는 데 맷플롯립^{matplotlib}을 사용할 때는 3채널 이미지가 아니라면 채널 차원을 갖고 있으면 안 됩니다. 이때는 채널 차원을 제거해줘야 합니다. 차원을 줄이는 작업을 차원 축소, 차원을 늘리는 작업을 차원 확장이라고 합니다.

▼ U-Net의 인코더 구성

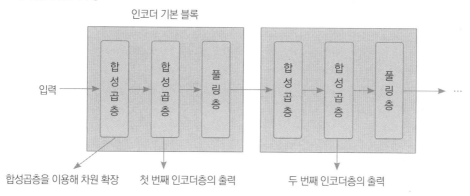

앞의 그림이 U-Net의 인코더 구조를 나타내는 그림입니다. 합성곱층을 두 번, 풀링층을 한 번 반복하는 것을 기본 블록으로 하겠습니다. 인코더는 합성곱을 이용해 이미지로부터 특징을 추출하는 단계입니다. 이때 3채널 이미지의 차원을 확장해서 특징을 추출하게 됩니다. 나중에 디코더에서 인코더의 출력을 사용하기 때문에 각 인코더의 기본 블록 출력을 저장해야 합니다(코드에서는 enc1_1, enc2_2 등으로 표현했습니다. enc1_1은 인코더 첫 번째 층의 첫 번째 합성곱, enc2_2는 두 번째 인코더층의 두 번째 합성곱이라는 뜻입니다). 먼저 U-Net의 초기화 함수에서 인코더에 들어가는 은닉층을 정의하겠습니다.

▼ U-Net 모델 정의하기

```
import torch.nn as nn

class UNet(nn.Module):
```

```
def __init__(self):
    super(UNet, self).__init__()
    # ❶ U-Net의 인코더에 사용되는 은닉층

    # 기본 블록
    self.enc1_1 = nn.Conv2d(3, 64, kernel_size=3, padding=1)
    self.enc1_2 = nn.Conv2d(64, 64, kernel_size=3, padding=1)
    self.pool1 = nn.MaxPool2d(kernel_size=2, stride=2)

    # 기본 블록
    self.enc2_1 = nn.Conv2d(64, 128, kernel_size=3, padding=1)
    self.enc2_2 = nn.Conv2d(128, 128, kernel_size=3, padding=1)
    self.pool2 = nn.MaxPool2d(kernel_size=2, stride=2)

    # 기본 블록
    self.enc3_1 = nn.Conv2d(128, 256, kernel_size=3, padding=1)
    self.enc3_2 = nn.Conv2d(256, 256, kernel_size=3, padding=1)
    self.pool3 = nn.MaxPool2d(kernel_size=2, stride=2)

    # 기본 블록
    self.enc4_1 = nn.Conv2d(256, 512, kernel_size=3, padding=1)
    self.enc4_2 = nn.Conv2d(512, 512, kernel_size=3, padding=1)
    self.pool4 = nn.MaxPool2d(kernel_size=2, stride=2)

    # ❷ 인코더 마지막 기본 블록
    self.enc5_1 = nn.Conv2d(512, 1024, kernel_size=3, padding=1)
    self.enc5_2 = nn.Conv2d(1024, 512, kernel_size=3, padding=1)
```

❶ U-Net은 구조가 복잡한 신경망이기 때문에 들어가는 은닉층 개수도 상당합니다. 그렇게 기본 블록을 4번 반복한 뒤, 마지막 블록은 풀링을 하지 않습니다. 합성곱층을 풀링하면 디코더에서 이미지를 복원할 때 정보의 손실이 생기기 때문입니다. 몇 번을 반복할 것인가는 사용하는 이미지 크기에 따라 다릅니다. 이번에는 가로 세로 128개의 픽셀을 갖는 이미지를 입력으로 사용하기 때문에 가로 세로 8개 픽셀을 갖는 특징 맵을 만들기 위해서는 4번 반복해야 합니다.

이번에는 U-Net의 디코더를 구성해보겠습니다. 출력층에 가까울수록 입력층에 가까운 인코더의 값을 받아서 처리합니다. 예를 들어 출력 텐서를 내보내는 디코더 블록은 enc1, 즉 첫 번째 인코더의 값을 받아서 복원합니다. 이렇게 U-Net은 대칭적인 구조를 갖는 게 특징입니다. ❷ 인코더의 마지막 기본 블록은 풀링층을 사용하지 않습니다. 디코더의 첫 번째 층에서 기본 블록의 출력을 사용해야 합니다. 따라서 크기가 달라지면 안 되기 때문입니다.

▼ U-Net의 디코더 구성

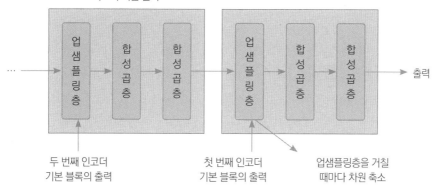

이제 코드를 통해 디코더에 사용되는 은닉층을 정의하겠습니다.

▼ 디코더에 사용되는 은닉층의 정의

```
# 디코더에 사용되는 은닉층
self.upsample4 = nn.ConvTranspose2d(512, 512, 2, stride=2)
self.dec4_1 = nn.Conv2d(1024, 512, kernel_size=3, padding=1)
self.dec4_2 = nn.Conv2d(512, 256, kernel_size=3, padding=1)

self.upsample3 = nn.ConvTranspose2d(256, 256, 2, stride=2)
self.dec3_1 = nn.Conv2d(512, 256, kernel_size=3, padding=1)
self.dec3_2 = nn.Conv2d(256, 128, kernel_size=3, padding=1)

self.upsample2 = nn.ConvTranspose2d(128, 128, 2, stride=2)
self.dec2_1 = nn.Conv2d(256, 128, kernel_size=3, padding=1)
self.dec2_2 = nn.Conv2d(128, 64, kernel_size=3, padding=1)

self.upsample1 = nn.ConvTranspose2d(64, 64, 2, stride=2)
self.dec1_1 = nn.Conv2d(128, 64, kernel_size=3, padding=1)
self.dec1_2 = nn.Conv2d(64, 64, kernel_size=3, padding=1)
self.dec1_3 = nn.Conv2d(64, 1, kernel_size=1)

# 합성곱과 업샘플링층의 활성화 함수
self.relu = nn.ReLU()
```

디코더는 인코더와 반대입니다. 디코더는 이미지 크기를 두 배로 늘려주는 업샘플링을 1회 거친 뒤, 합성곱을 2번 사용합니다. 마지막 블록은 합성곱을 3번 사용합니다. 마지막 합성곱은 신경망의 출력을 결정합니다. 각 픽셀은 0에 가깝다면 배경, 1에 가깝다면 동물을 나타내는 픽셀이 됩니다. 그 결과 모든 픽셀이 0과 1로 이진분류됩니다. 따라서 마지막 합성곱층, 즉 출력층의 활성화 함수는 시그모이드 함수가 됩니다(시그모이드 함수는 0과 1만 값으로 가지므로).

▼ 출력 이미지의 시각화

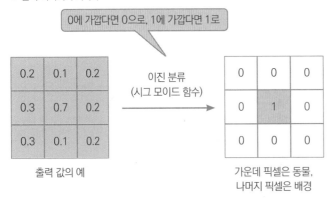

출력 값의 예

가운데 픽셀은 동물,
나머지 픽셀은 배경

다음으로 인코더의 순전파를 정의하겠습니다.

▼ 인코더의 순전파 정의

```python
def forward(self, x):
    x = self.enc1_1(x)
    x = self.relu(x)
    e1 = self.enc1_2(x)     # ❶ 디코더에서 사용하기 위해 따로 변수 지정
    e1 = self.relu(e1)      # ❷ 합성곱층 출력의 활성화
    x = self.pool1(e1)


    x = self.enc2_1(x)
    x = self.relu(x)
    e2 = self.enc2_2(x)
    e2 = self.relu(e2)
    x = self.pool2(e2)


    x = self.enc3_1(x)
    x = self.relu(x)
    e3 = self.enc3_2(x)
    e3 = self.relu(e3)
```

```
    x = self.pool3(e3)

    x = self.enc4_1(x)
    x = self.relu(x)
    e4 = self.enc4_2(x)
    e4 = self.relu(e4)
    x = self.pool4(e4)

    x = self.enc5_1(x)
    x = self.relu(x)
    x = self.enc5_2(x)
    x = self.relu(x)
```

입력된 이미지는 합성곱층과 풀링층을 거치게 됩니다. ❶ 풀링층으로 들어가는 값은 나중에 디코더에서 사용해야 하기 때문에 따로 변수를 만들어 저장해야 합니다. ❷ 합성곱층의 출력은 활성화층을 거쳐야 된다는 점에 주의해주세요.

사용하는 은닉층 개수가 많아서 헷갈리네요. 사용되는 은닉층을 정의할 때 이름에 몇 번째 인코더 기본 블록의 몇 번째 합성곱을 표시했으니 정의된 순서대로 나열하면 됩니다.

다음은 디코더의 순전파를 정의하겠습니다.

▼ 디코더의 순전파 정의

```
    x = self.upsample4(x)

    # ❶ 인코더의 출력과 업샘플링된 이미지를 합침
    x = torch.cat([x, e4], dim=1)
    x = self.dec4_1(x)
    x = self.relu(x)
    x = self.dec4_2(x)
    x = self.relu(x)

    x = self.upsample3(x)
    x = torch.cat([x, e3], dim=1)
    x = self.dec3_1(x)
    x = self.relu(x)
    x = self.dec3_2(x)
    x = self.relu(x)
```

```
        x = self.upsample2(x)
        x = torch.cat([x, e2], dim=1)
        x = self.dec2_1(x)
        x = self.relu(x)
        x = self.dec2_2(x)
        x = self.relu(x)

        x = self.upsample1(x)
        x = torch.cat([x, e1], dim=1)
        x = self.dec1_1(x)
        x = self.relu(x)
        x = self.dec1_2(x)
        x = self.relu(x)
        x = self.dec1_3(x)

        x = torch.squeeze(x)  # ❷ 흑백 이미지를 그리기 위해 채널을 없앰

        return x
```

인코더를 거친 이미지는 업샘플링층을 거친 다음, 인코더의 출력과 합쳐집니다. ❶ cat( )을 이용해 인코더의 출력과 업샘플링된 이미지의 채널을 합쳐주세요. 합쳐진 텐서는 디코더의 합성곱층의 입력으로 들어갑니다. ❷ 디코더의 최종 출력은 1채널 이미지입니다. matplotlib으로 1채널이미지를 나타내려면 디코더의 출력에 squeeze( ) 함수를 이용해야 합니다.

모델을 만들며 처음 사용한 함수를 다음 표에 정리해두었습니다.

▼ 새로 등장한 함수

함수 원형	설명	제공 라이브러리
squeeze(A)	텐서 A의 모양에서 값이 1인 차원을 제거해줍니다.	torch
cat([A, B], dim)	텐서 A와 B를 dim 차원에서 합쳐줍니다. U-Net에서는 채널 방향, 즉 dim=1을 넣어주세요.	torch

7.5 모델 학습하기

학습 루프는 이전과 비슷하게 작성합니다. 이번에는 손실 함수로 BCEWithLogitsLoss( ) 함수를 사용합니다. BCE^{binary cross entropy}는 이진분류에 사용하는 CE^{cross entropy, 크로스 엔트로피}입니다. 크로스 엔트로피는 두 확률 분포의 차이를 나타내는 데 사용하는 함수입니다. 즉 BCE는 두 가지 클래스로 분류하는 데, CE는 여러 개의 클래스로 분류하는 데 사용합니다. 이진분류에 BCEWithLogitsLoss( ) 함수를 사용하는 까닭은 모델이 출력하는 이미지의 출력값이 모두 0(배경)이거나 1(동물)이기 때문입니다.

이진분류는 비교적 간단한 문제이므로 데이터 증강은 생략하고 이미지 크기만을 변환해서 사용하겠습니다.

▼ 학습 루프

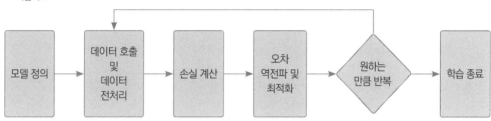

먼저 데이터 전처리를 진행합니다.

▼ 데이터 전처리 정의

```python
import tqdm

from torchvision.transforms import Compose
from torchvision.transforms import ToTensor, Resize
from torch.optim.adam import Adam
from torch.utils.data.dataloader import DataLoader

device = "cuda" if torch.cuda.is_available() else "cpu"

# 데이터 전처리 정의
transform = Compose([
    Resize((128, 128)),
    ToTensor()
])
```

Resize( )를 통해 이미지를 128×128 크기의 이미지로 변환한 다음, 파이토치 텐서로 변환합니다. 크기는 마음대로 정해도 되지만, 128보다 작으면 이미지가 너무 압축되고, 128보다 커지면 메모리 사용량이 커지므로 128이 적당합니다.

다음으로 데이터를 불러오겠습니다.

▼ 데이터 불러오기

```
# 학습용 데이터
train_set = Pets(path_to_img=path_to_image,
                 path_to_anno=path_to_annotation,
                 transforms=transform)

# 평가용 데이터
test_set = Pets(path_to_img=path_to_image,
                path_to_anno=path_to_annotation,
                transforms=transform,
                train=False)

train_loader = DataLoader(train_set, batch_size=32, shuffle=True)
test_loader = DataLoader(test_set)
```

다음으로 모델과 학습률, 최적화를 정의하겠습니다.

▼ 학습에 필요한 요소 정의

```
# 모델 정의
model = UNet().to(device)

# 학습률 정의
learning_rate = 0.0001

# 최적화 정의
optim = Adam(params=model.parameters(), lr=learning_rate)
```

학습률은 0.0001로 지정했습니다. 일반적으로 0.001과 0.00001 사이로 사용하므로 이번에는 중간 정도인 0.0001을 사용합니다. 최적화는 항상 사용하는 Adam 최적화를 사용합니다.

다음으로 학습 루프를 살펴봅시다.

▼ 새로 등장한 함수

함수 원형	설명	제공 라이브러리
BCEWithLogitsLoss( ) (preds, target)	preds와 target에 대한 이진 크로스 엔트로피 손실 함수를 계산 합니다. 시그모이드 연산이 들어 있기 때문에 신경망에서 활성화 를 하지 않아도 됩니다.	nn

▼ 학습 루프 정의

```
for epoch in range(200):
    iterator = tqdm.tqdm(train_loader)

    for data, label in iterator:
        optim.zero_grad()  # 이전 루프의 기울기 초기화

        preds = model(data.to(device))  # 모델의 예측값 출력
        # 손실 계산
        loss = nn.BCEWithLogitsLoss()(
            preds,
            label.type(torch.FloatTensor).to(device))
        loss.backward()  # 오차 역전파

        optim.step()       # 최적화

        iterator.set_description(f"epoch{epoch+1} loss:{loss.item()}")

torch.save(model.state_dict(), "./UNet.pth")  # 모델 가중치 저장
```

총 200 에포크만큼의 학습을 진행합니다. 이전 루프의 기울기를 초기화한 뒤, 모델의 예측값을 이용해 손실을 계산한 뒤, 오차를 역전파합니다.

> **TIP** 파이토치의 BCEWithLogitsLoss( ) 함수는 시그모이드 함수를 자동으로 계산해줍니다. 따라서 신경망을 구성 할 때 시그모이드 함수를 넣지 않아도 됩니다.

7.6 모델 성능 평가하기

테스트 이미지를 불러와 결과를 비교해 U-Net 성능을 평가해봅시다. 평가에 unsqueeze( ) 함수를 사용합니다.

▼ 새로 등장한 함수

함수 원형	설명	제공 라이브러리
unsqueeze(A, dim)	텐서 A의 dim 차원을 추가합니다.	torch

unsqueeze( )를 사용해 U-Net 성능을 평가하는 코드를 만들겠습니다.

▼ 모델 성능 평가

```python
import matplotlib.pyplot as plt

model.load_state_dict(torch.load("./UNet.pth", map_location="cpu"))
data, label = test_set[1]
pred = model(torch.unsqueeze(data.to(device), dim=0))>0.5   # ❶ 픽셀을 이진분류함

with torch.no_grad():
    plt.subplot(1, 2, 1)
    plt.title("Predicted")
    plt.imshow(pred)
    plt.subplot(1, 2, 2)
    plt.title("Real")
    plt.imshow(label)
    plt.show()
```

❶ 모든 픽셀을 이진분류합니다. 0.5보다 큰 값은 1로, 작은 값은 0으로 만들어줍니다.

② 채널 정보를 추가해줍니다.   ① 입력값을 device로
(H X W 이미지를 1XHXW 이미지로)   보내줍니다.

```
model( torch.unsqueeze( data.to(device), dim=0) ) > 0.5
```

③ 모델의 출력값(이미지의 픽셀) 중 0.5 이상은 1, 그 아래는 0으로 만들어줍니다.

실행 결과는 다음과 같습니다. 왼쪽은 모델의 예측 결과, 오른쪽은 실젯값입니다. 차이가 거의 없습니다.

▼ 실행 결과 : 모델의 예측(왼쪽)과 실젯값(오른쪽)

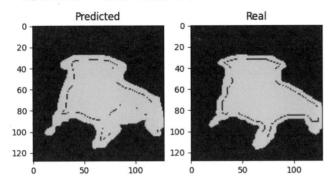

학습 마무리

이번에는 분류와는 다른 이미지 처리를 배워보았습니다. 이미지의 모든 픽셀마다 어떤 사물에 해당하는지 예측하는 문제를 이미지 세그멘테이션이라고 합니다. U-Net은 대표적인 이미지 세그멘테이션 모델입니다. 정보를 압축하는 인코더와 정보를 원래 크기로 복원하는 디코더를 갖는 인코더-디코더 구조를 갖고 있습니다.

되짚어보기

고양이와 강아지 이미지 약 7,000장을 담은 Oxford-IIIT Pet 데이터셋을 살펴보았습니다. 정답 이미지는 3가지 값으로 각 픽셀의 범주를 나타냅니다.

이미지 세그멘테이션에 사용할 데이터셋을 만듭니다. 이진분류 문제가 되도록 동물과 배경의 경계를 동물에 해당하는 픽셀값으로 변환했습니다.

각 픽셀을 이진분류하는 U-Net 모델을 정의합니다. 인코더와 디코더의 기본 블록을 만들고 적절히 배치하여 U-Net을 구성했습니다. 인코더는 이미지로부터 특징을 추출하고, 디코더는 추출된 특징으로부터 이미지를 복원합니다.

7.2 데이터 살펴보기 → **7.3 학습용 데이터셋 만들기** → **7.4 U-Net 모델 정의하기**

7.5 모델 학습하기 → **7.6 모델 성능 평가하기**

U-Net을 이용해 Oxford-IIIT Pet 데이터셋을 학습합니다. 정답 이미지와 예측 간의 이진 크로스 엔트로피를 이용해 모델을 학습했습니다.

정답과 예측 이미지를 출력해 비교한 결과 예측이 거의 비슷했습니다.

과제

동물의 경계를 허물지 않고 원래 데이터 그대로 3가지 클래스로 분류할 수 있도록 모델을 개조합시다.

연습문제

1 합성곱층으로 이미지의 특징을 추출하고, 업샘플링층으로 특징으로부터 이미지를 복원하는 구조를 어떤 구조라고 부를까요?

2 U-Net을 구성할 때 5개의 인코더층을 만들었다면, 디코더층은 몇 개가 필요할까요?

3 만약 동물과 경계를 둘 다 1로 통일하지 않고, 총 3개의 클래스를 갖도록 하는 세그멘테이션을 하고 싶다면 모델 코드와 학습 코드의 어느 부분을 바꿔야 할까요?

4 입력과 커널이 다음과 같이 주어졌다면 업샘플링의 결과가 어떻게 될까요?

입력		커널			출력		
1	2	1	2	=	?	?	?
3	4	3	4		?	?	?
					?	?	?

5 x는 (224, 224, 3) 크기의 텐서입니다. unsqueeze(x, dim=2)를 이용해 차원 추가를 수행하면 크기가 어떻게 바뀔까요?

❶ (1, 224, 224, 3)

❷ (224, 1, 224, 3)

❸ (224, 224, 1, 3)

❹ (224, 224, 3, 1)

연습문제

1 **정답** 합성곱층으로 이미지의 특징을 추출하는 인코더와, 업샘플링층으로 특징을 이미지로 복원하는 디코더를 가진 구조를 인코더-디코더 구조라고 부릅니다.

2 **정답** U-Net은 인코더와 디코더가 대칭적입니다. 따라서 인코더층이 5개 있다면 디코더층도 5개 있어야 합니다.

3 **정답** 이진분류가 다중분류가 되었습니다. 우선 모델의 마지막 합성곱층의 출력 채널 개수를 3개로 늘려야 합니다. 다음으로 시그모이드 함수를 다중분류에 알맞은 활성화 함수인 소프트맥스 함수로 바꿔줘야 합니다. 마지막으로 모델을 학습할 때 손실 함수를 BCE 오차가 아닌, CE 오차를 이용해야 합니다.

4 **정답**

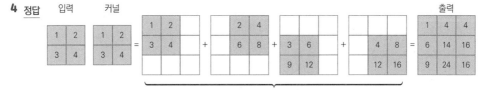

겹치는 영역의 값을 각각 더해줍니다.

5 **정답** ❸ dim=2이므로 두 번째 차원(인덱스)에 차원이 추가됩니다.

이미지 노이즈 제거
오토인코더

학습 목표

세상의 모든 것에는 노이즈가 존재합니다. 아무리 화질이 좋은 카메라도 렌즈에의해 왜곡이 생기기도 하며, 통신 과정에서 노이즈가 생기기도 합니다. 딥러닝을 이용하면 노이즈를 어느 정도 제거할 수 있습니다. 입력을 그대로 출력하는 인코더-디코더 구조인 오토인코더를 이용해 이미지에 섞인 노이즈를 걸러내봅시다.

학습 순서

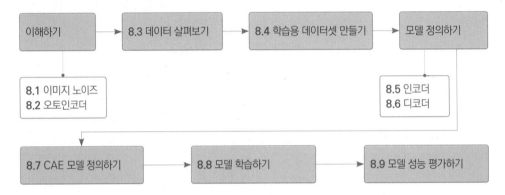

핵심 용어 미리보기

1 **오토인코더**는 입력을 그대로 출력하도록 하는 인코더 디코더 구조입니다.

2 **CAE**Convolutional Autoencoder **모델**은 합성곱을 이용한 오토인코더로 디노이징에 사용합니다.

3 **노이즈**란 데이터에 섞여 정보를 왜곡하는 의도치 않은 정보입니다.

4 **가우시안 노이즈**란 노이즈의 형태가 정규분포의 형태를 따르는 것을 말합니다.

문제 정의	이미지에 섞인 노이즈를 걸러내자.		
난이도	★★☆☆☆	노트 바로가기	
이름	이미지 디노이징		
알고리즘	CAE		
데이터셋 파일명	MNIST • 출처 : http://yann.lecun.com/exdb/mnist/		
데이터셋 소개	0부터 9까지의 숫자를 흑백 이미지로 나타낸 손글씨 데이터		
문제 유형	회귀	평가지표	평균 제곱 오차
주요 패키지	torch, torch.nn		
예제 코드 노트	• 위치 : colab.research.google.com/drive/1jBQohA3pIm8KpB5tJpFvpeATMsX0Q_6R • 단축 URL : http://t2m.kr/bNBy8 • 파일 : ex8.ipynb		

8.1 이해하기 : 이미지 노이즈

이미지에서 노이즈는 본래의 값이 아닌 다른 값을 말합니다. 이미지에 생길 수 있는 노이즈로는 초점이 맞지 않아 생기는 블러링 현상부터 이미지 일부분이 결손되거나, 디지털 통신 과정에서 섞이는 가우스 노이즈까지 다양합니다. 이번 장에서는 가우스 노이즈를 제거하는 모델을 만들겠습니다.

가우스 노이즈는 모든 값이 정규분포를 따르는 노이즈입니다. 즉 가우스 노이즈는 픽셀값에 정규분포를 따르는 노이즈가 더해졌다는 뜻입니다. 가우스 노이즈는 센서의 오차, 혹은 디지털 회로의 오차에 의해 생깁니다. 이런 오차의 특징은 예상 범위에서 값이 변합니다. 흔히 알고 있는 백색 잡음(백색 소음)은 가우스 노이즈의 특수한 경우로, 무작위하게 섞인 노이즈를 말합니다. 다음 그림과 같은 과정으로 이미지에 가우스 노이즈를 섞게 됩니다.

▼ 가우스 노이즈 섞기

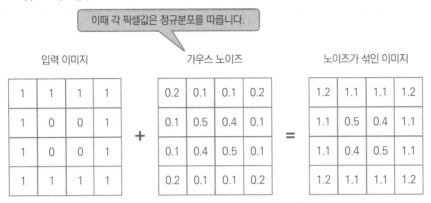

입력 이미지에 가우스 노이즈를 더해 노이즈가 섞인 이미지를 만들었습니다. 노이즈가 섞인 이미지를 어떻게 원본 이미지로 복원할 수 있을까요? 오토인코더를 사용하면 됩니다. 이제부터 오토인코더를 알아봅시다.

8.2 이해하기 : 오토인코더

오토인코더는 U-Net과 비슷하게 정보를 압축하는 인코더 부분과 압축된 정보를 복원하는 디코더가 있는 인코더/디코더 구조를 이용합니다. U-Net과 달리 오토인코더는 입력을 그대로 출력으로 내보내도록 학습됩니다. 이렇게 입력을 그대로 출력으로 내보내면 입력에 (어느 정도) 노이즈가 섞여 있더라도 원본을 복원할 수 있는 장점이 있습니다.

이미지 노이즈를 제거하는 모델을 만드므로 정보를 압축하고 복원할 때 합성곱(4장 참조)을 이용하겠습니다. 합성곱을 이용하는 오토인코더를 CAE라고 부릅니다.

> **오토인코더(Auto encoder)**
> 입력을 그대로 출력하도록 학습되는 구조입니다.
>
> **CAE(convolutional autoencoder)**
> 합성곱을 이용하는 오토인코더 구조를 말합니다.

▼ 오토인코더의 구조

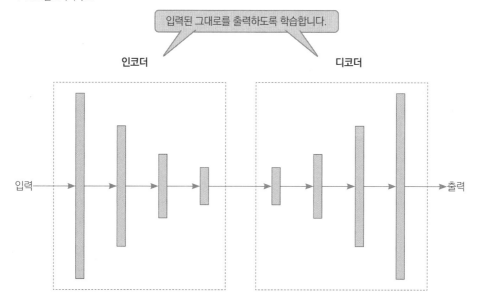

입력된 그대로를 출력하도록 학습합니다.

인코더   디코더

입력 → → → →   → → → → 출력

▼ 오토인코더 장단점

장점	단점
• 이미지로부터 추출한 특징을 복원할 수 있습니다. • 인코더만 따로 사용하여 이미지의 특징 추출기로 사용할 수 있습니다. • 디코더만 따로 사용하여 이미지를 만들어내도록 활용할 수 있습니다.	• 인코더의 특징을 디코더가 사용하지 않습니다. • 학습이 잘 이루어지지 않은 경우 인코더와 디코더 둘 중 어떤게 문제인지 알아채기 어렵습니다.

▼ 유용한 곳

• 이미지 디노이징, 가려진 부분을 채우는 인페인팅 등에 사용합니다.
• 이미지를 생성하는 GAN에서 사용합니다.
• 기계 번역에서도 인코더와 디코더 구조를 사용합니다.

8.3 데이터 살펴보기

MNIST 손글씨 데이터셋을 사용하겠습니다. MNIST 데이터에 직접 노이즈를 추가해 학습에 이용할 겁니다.

먼저 이미지에 가우스 노이즈를 더하는 함수를 만들어봅시다.

▼ 가우스 노이즈를 더하는 함수

```python
import matplotlib.pyplot as plt
import numpy as np
import torch

from torchvision.datasets.mnist import MNIST
from torchvision.transforms import ToTensor


def gaussian_noise(x, scale=0.8):  # ❶ 이미지에 가우스 노이즈를 추가하는 함수
    # 가우스 노이즈를 더해줌
    gaussian_data_x = x + np.random.normal(
        loc=0,
        scale=scale,
        size=x.shape)

    # 이미지의 픽셀값을 0과 1 사이로 정규화
    gaussian_data_x = np.clip(
        gaussian_data_x, 0, 1)

    gaussian_data_x = torch.tensor(gaussian_data_x) # 파이토치 텐서로 변환
    gaussian_data_x = gaussian_data_x.type(torch.FloatTensor)
    return gaussian_data_x
```

❶ 이미지에 가우스 노이즈를 입히는 함수입니다. 입력에 가우스 노이즈를 더해준 뒤, 값을 0과 1 사이로 정규화하고 파이토치 텐서로 변환한 뒤 반환합니다.

함수 원형	설명	제공 라이브러리
normal(loc, scale, size)	정규분포를 따르는 행렬을 반환합니다. loc는 정규분포의 평균, scale은 표준편차를 나타냅니다. 반환할 행렬 크기는 size와 같습니다.	numpy.random
clip(A, A_min, A_max)	행렬 A를 A_min과 A_max 사이로 재조정합니다. 이번에는 0과 1 사이로 값을 제한할 겁니다.	numpy

다음으로 원본과 노이즈가 섞인 이미지를 비교하겠습니다.

▼ 원본과 노이즈가 섞인 이미지 비교

```
# 학습용 데이터 정의
training_data = MNIST(
    root="./",
    train=True,
    download=True,
    transform=ToTensor())


# 평가용 데이터 정의
test_data = MNIST(
    root="./",
    train=False,
    download=True,
    transform=ToTensor())


# 첫 번째 원본 이미지
img = training_data.data[0]
# 노이즈가 섞인 이미지로 변환
gaussian = gaussian_noise(img)


# 두 이미지 출력
plt.subplot(1, 2, 1)
plt.title("original")
plt.imshow(img)
plt.subplot(1, 2, 2)
plt.title("noisy")
plt.imshow(gaussian)
```

```
plt.show()
```

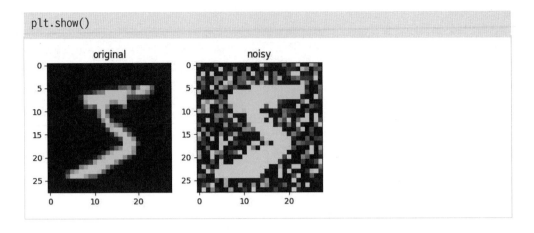

왼쪽 이미지가 원본, 오른쪽 이미지가 노이즈가 섞인 이미지입니다. 오른쪽 이미지를 보면 군데군데 의도치 않은 값이 있습니다.

8.4 학습용 데이터 만들기

학습에 사용할 파이토치 Dataset( ) 객체를 만들겠습니다. 먼저 __init__( ) 함수를 보겠습니다.

▼ 학습용 데이터셋

```
from torch.utils.data.dataset import Dataset


class Denoising(Dataset):
    def __init__(self):
        # 원본 이미지를 담고 있는 MNIST 데이터
        self.mnist = MNIST(
            root="./",
            train=True,
            download=True,
            transform=ToTensor())
        self.data = []  # 노이즈가 낀 데이터를 담는 리스트

        # ❶ 노이즈 입히기
        for i in range(len(self.mnist)):
```

```
        noisy_input = gaussian_noise(self.mnist.data[i])
        input_tensor = torch.tensor(noisy_input)
        self.data.append(torch.unsqueeze(input_tensor, dim=0))
```

❶ MNIST로부터 하나의 이미지를 불러와 노이즈를 입히고 self.data에 추가해줍니다. 이때 모든 픽셀의 값이 0과 1 사이의 값이라는 것에 주의해주세요.

이어서 __len__( ) 함수를 구현합니다.

▼ 데이터 개수를 반환하는 함수

```
    def __len__(self):
        return len(self.data)
```

self.data 안에 필요한 모든 이미지가 들어 있기 때문에 self.data의 길이(이미지 개수)를 반환하면 됩니다.

다음은 __getitem__( ) 함수를 만들겠습니다.

▼ 데이터를 불러오는 함수

```
    def __getitem__(self, i):
        data = self.data[i]

        # 원본 이미지도 0과 1 사이로 값을 맞춰줌
        label = self.mnist.data[i]/255

        return data, label
```

정답으로 사용할 손글씨 이미지 원본을 0과 1 사이로 정규화해 반환합니다. 이미지에 노이즈를 더하는 gaussian_noise( ) 함수를 사용해서 모든 픽셀값을 0에서 1 사이로 정규화했기 때문입니다. 손글씨 데이터의 최댓값은 255이므로, 원본 이미지의 모든 픽셀을 255로 나눠서 최대-최소 정규화를 적용하겠습니다.

8.5 인코더 모델 정의하기

이제 CAE의 인코더를 만들겠습니다. 이번에 사용할 CAE의 합성곱층에 4장에서 만들어놓은 CNN 모델에서 구현한 코드를 다시 사용하겠습니다. 먼저 기본 블록을 정의하겠습니다.

▼ 인코더 모델의 구조

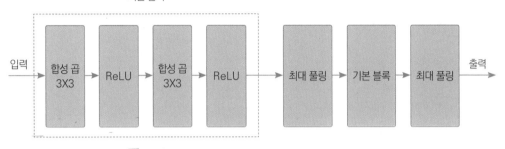

▼ 기본 블록 정의

```python
import torch.nn as nn


class BasicBlock(nn.Module):  # 4장에서 사용한 기본 블록 이용
    def __init__(self, in_channels, out_channels, hidden_dim):
        super(BasicBlock, self).__init__()

        self.conv1 = nn.Conv2d(
            in_channels,
            hidden_dim,
            kernel_size=3,
            padding=1)
        self.conv2 = nn.Conv2d(
            hidden_dim,
            out_channels,
            kernel_size=3,
            padding=1)
        self.relu = nn.ReLU()

    def forward(self, x):
        x = self.conv1(x)
        x = self.relu(x)
```

```
        x = self.conv2(x)
        x = self.relu(x)

        return x
```

4장에서 사용한 기본 블록 코드입니다. 합성곱층을 두 번 거치는 구조입니다.

다음은 인코더 모델입니다.

▼ 인코더 모델 정의

```
class Encoder(nn.Module):
    def __init__(self):
        super(Encoder, self).__init__()

        # ❶ 입력 채널이 1인 것에 주의
        self.conv1 = BasicBlock(in_channels=1, out_channels=16, hidden_dim=16)
        self.conv2 = BasicBlock(in_channels=16, out_channels=8, hidden_dim=8)

        self.pool = nn.AvgPool2d(kernel_size=2, stride=2)

    def forward(self, x):  # CNN과 동일하게 합성곱층을 거치고 풀링을 해줌
        x = self.conv1(x)
        x = self.pool(x)
        x = self.conv2(x)
        x = self.pool(x)

        return x
```

인코더 모델은 앞서 정의한 기본 블록을 거치고 풀링층을 거치는 구조입니다. 총 두 번 반복해서 기본 블록과 풀링을 두 번 거치게 됩니다. ❶ 이번에 사용할 데이터는 MNIST 데이터이므로 채널 개수가 1개입니다. 따라서 입력 채널 개수를 1로 설정해야 합니다. 출력 채널은 적당하게 정하면 됩니다. MNIST 데이터는 비교적 학습하기 쉬운 데이터셋이므로 16채널 정도가 적당합니다.

은닉층의 정의가 끝났으면 순전파를 정의합니다. CNN과 동일하게 합성곱층을 거치고 풀링을 해 주면 됩니다.

8.6 디코더 모델 정의하기

이제 CAE의 디코더를 만들어줍시다. U-Net과 비슷하게 ConvTranspose2d( )를 이용해 업샘플링해줄 겁니다. 기본 블록과 업샘플링을 두 번 반복하고 나서 합성곱을 진행합니다. 디코더와 인코더는 대칭적으로 구성하는 게 좋습니다. 인코더에서 기본 블록을 두 번 호출했기 때문에 디코더에서도 두 번 호출합니다.

▼ 디코더 모델의 구조

▼ 디코더 모델 정의

```python
class Decoder(nn.Module):
    def __init__(self):
        super(Decoder, self).__init__()
        self.conv1 = BasicBlock(in_channels=8, out_channels=8, hidden_dim=8)
        self.conv2 = BasicBlock(in_channels=8, out_channels=16, hidden_dim=16)

        # ❶ 출력층은 기본 블록이 아닌 합성곱층
        self.conv3 = nn.Conv2d(in_channels=16, out_channels=1,
                               kernel_size=3, padding=1)

        # 업샘플링층
        self.upsample1 = nn.ConvTranspose2d(8, 8, kernel_size=2, stride=2)
        self.upsample2 = nn.ConvTranspose2d(16, 16, kernel_size=2, stride=2)

    # 인코더의 풀링 대신 입력 크기를 키우는 업샘플링 이용
    def forward(self, x):
        x = self.conv1(x)
        x = self.upsample1(x)
        x = self.conv2(x)
        x = self.upsample2(x)
        x = self.conv3(x)

        return x
```

디코더 구조는 인코더와 유사합니다. 풀링 대신 업샘플링층이 있다는 차이점이 있지만 기본적인 구조는 같습니다. ❶ 디코더의 출력층은 합성곱층을 사용합니다. BasicBlock을 이용하면 마지막에 ReLU 활성화가 이루어집니다. 디코더의 출력은 출력 이미지의 픽셀값이므로 활성화 함수를 이용해 값을 변경하면 안 됩니다. 그래서 일반적인 합성곱층을 이용합니다.

8.7 CAE 모델 정의하기

CAE는 단순히 인코더와 디코더를 쌓는 것으로 충분합니다.

▼ CAE 모델 정의하기

```python
class CAE(nn.Module):
    def __init__(self):
        super(CAE, self).__init__()

        self.enc = Encoder()  # 인코더층의 정의
        self.dec = Decoder()  # 디코더층의 정의

    def forward(self, x):
        x = self.enc(x)        # 인코더로 특징 추출
        x = self.dec(x)        # 디코더로 이미지 복원
        x = torch.squeeze(x) # 채널 차원 삭제

        return x
```

학습에 사용할 모델 정의가 끝났습니다. 이제 학습 루프를 구성해봅시다.

8.8 모델 학습하기

학습 루프를 정하고 모델을 학습해보겠습니다. 학습에 사용할 이미지를 배치 크기(32)만큼 불러오고, 모델의 입력으로 넣어줍니다. 노이즈 제거 문제는 회귀 문제이므로 손실 함수는 MSELoss( )를 이용합니다.

▼ 학습 루프

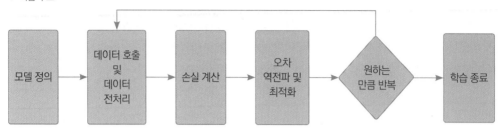

▼ 모델 학습하기

```python
import tqdm

from torch.utils.data.dataloader import DataLoader
from torch.optim.adam import Adam

device = "cuda" if torch.cuda.is_available() else "cpu"

trainset = Denoising()  # 학습에 이용할 데이터셋
train_loader = DataLoader(trainset, batch_size=32)  # 한 번에 이미지 32장 사용

model = CAE().to(device)  # 디노이징에 사용할 오토인코더 모델

# 학습률과 최적화 정의
lr = 0.001
optim = Adam(params=model.parameters(), lr=lr)

for epoch in range(20):
    iterator = tqdm.tqdm(train_loader)

    for data, label in iterator:
        optim.zero_grad()
        pred = model(data.to(device))

        loss = nn.MSELoss()(torch.squeeze(pred), label.to(device))  # 손실 계산
        loss.backward()  # 오차 역전파
        optim.step()     # 최적화
        iterator.set_description(f"epoch{epoch+1} loss:{loss.item()}")

torch.save(model.state_dict(), "./CAE.pth")  # 모델의 가중치 저장
```

먼저 기울기를 초기화하고 모델의 예측값을 계산합니다. 다음으로 손실을 계산한 뒤 오차를 역전파합니다. 모델 학습은 이전(8장) 코드와 같으므로 자세한 설명을 생략합니다.

8.9 모델 성능 평가하기

학습이 종료된 모델을 불러와서 노이즈가 얼마나 제거되는지 확인해봅시다.

▼ 모델 성능 평가

```python
model.cpu()  # ❶ 모델의 출력값을 cpu로 이동

with torch.no_grad():
    # 학습이 완료된 가중치를 불러오기
    model.load_state_dict(torch.load("./CAE.pth", map_location=device))

    img = test_data.data[0]        # 시각화에 사용할 이미지 한 장을 불러오기
    gaussian = gaussian_noise(img)  # 이미지에 가우스 노이즈를 입히기

    # 모델의 입력 모양에 맞춰 채널 차원 추가
    input = torch.unsqueeze(gaussian, dim=0)
    input.type(torch.FloatTensor)  # ❷ 가중치와 입력의 데이터 타입을 맞춤
    input.to(device)
    input = torch.unsqueeze(input, dim=0)  # 배치 크기 1을 위한 배치 차원 추가

    plt.subplot(1, 3, 1)
    plt.imshow(torch.squeeze(gaussian))
    plt.subplot(1, 3, 2)
    plt.imshow(torch.squeeze(model(input)))
    plt.subplot(1, 3, 3)
    plt.imshow(torch.squeeze(img))
    plt.show()
```

❶ 모델의 출력이 GPU에 올라가 있습니다. 맷플롯립은 GPU 호환이 되지 않기 때문에 모델의 출력을 CPU로 다시 옮겨줘야 합니다. ❷ numpy 객체를 그대로 파이토치 텐서로 변경하면 Double 타입 텐서로 변경됩니다. 파이토치의 기본 자료형은 Float 타입이므로 Float 타입으로 변경해줍시다.

▼ 입력된 이미지(왼쪽)와 노이즈를 제거한 출력 이미지(가운데) 원본 이미지(오른쪽)

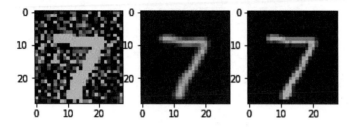

왼쪽이 노이즈가 끼어 있는 이미지, 가운데가 모델의 출력, 오른쪽이 원본입니다. 노이즈가 대부분 사라졌습니다.

학습 마무리

이미지 디노이징은 이미지에서 노이즈를 제거하는 기술입니다. 이미지의 노이즈란 카메라의 렌즈에 이상이 있거나 통신상의 오류 등으로 이미지에 원치 않는 정보가 섞이는 것을 말합니다. 이미지 디노이징 역시 인코더-디코더 구조를 이용한 오토인코더 모델을 이용했습니다. 합성곱을 이용한 인코더 디코더 구조를 CAE라고 부르며 이미지 디노이징에 사용됩니다.

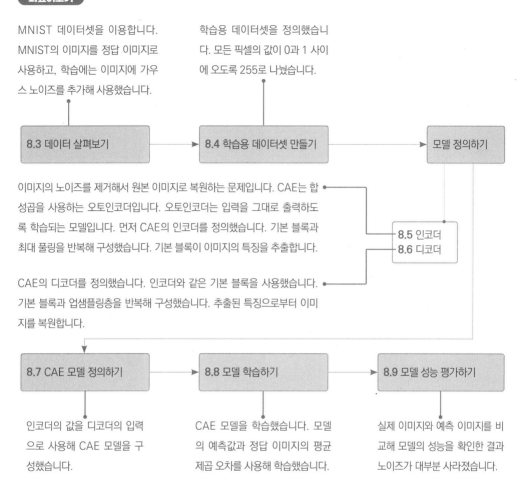

MNIST 데이터셋을 이용합니다. MNIST의 이미지를 정답 이미지로 사용하고, 학습에는 이미지에 가우스 노이즈를 추가해 사용했습니다.

학습용 데이터셋을 정의했습니다. 모든 픽셀의 값이 0과 1 사이에 오도록 255로 나눴습니다.

8.3 데이터 살펴보기 → 8.4 학습용 데이터셋 만들기 → 모델 정의하기

이미지의 노이즈를 제거해서 원본 이미지로 복원하는 문제입니다. CAE는 합성곱을 사용하는 오토인코더입니다. 오토인코더는 입력을 그대로 출력하도록 학습되는 모델입니다. 먼저 CAE의 인코더를 정의했습니다. 기본 블록과 최대 풀링을 반복해 구성했습니다. 기본 블록이 이미지의 특징을 추출합니다.

8.5 인코더
8.6 디코더

CAE의 디코더를 정의했습니다. 인코더와 같은 기본 블록을 사용했습니다. 기본 블록과 업샘플링층을 반복해 구성했습니다. 추출된 특징으로부터 이미지를 복원합니다.

8.7 CAE 모델 정의하기 → 8.8 모델 학습하기 → 8.9 모델 성능 평가하기

인코더의 값을 디코더의 입력으로 사용해 CAE 모델을 구성했습니다.

CAE 모델을 학습했습니다. 모델의 예측값과 정답 이미지의 평균 제곱 오차를 사용해 학습했습니다.

실제 이미지와 예측 이미지를 비교해 모델의 성능을 확인한 결과 노이즈가 대부분 사라졌습니다.

과제

랜덤하지 않고 규칙적인 노이즈도 제거할 수 있는지, 정규분포가 아닌 균일한 분포의 노이즈도 제거할 수 있는지 확인해봅시다.

연습문제

1 데이터에 의도하지 않은 값이 섞이는 것을 뭐라고 부를까요?

2 가우스 노이즈란 무엇일까요?

3 인코더에서 합성곱을 두 번 수행했으면 반드시 디코더에서도 두 번 해야 할까요?

4 입력값을 그대로 출력하도록 하는 구조를 뭐라고 부를까요?

5 numpy를 이용해 학생들의 수행평가 점수를 모두 1부터 10 사이의 숫자로 나타내고자 합니다. 다음 중 어떤 함수를 사용해야 할까요?

❶ np.random.normal(1, 10, A)

❷ np.clip(A, 1, 10)

❸ np.random.normal(10, 1, A)

❹ np.clip(A, 10, 1)

1 **정답** 데이터에 의도하지 않은 값이 섞이는 것을 '잡음' 혹은 '노이즈'라고 부릅니다.

2 **정답** 가우스 노이즈란 정규분포의 형태를 따르는 노이즈를 의미합니다.

3 **정답** 아니요. 오토인코더는 디코더에서 인코더의 출력을 사용하지 않습니다. 반드시 일치할 필요는 없습니다만, 일치시키는 게 일반적입니다.

4 **정답** 입력값을 그대로 출력하도록 하는 구조를 '오토인코더' 구조라고 부릅니다.

5 **정답** ❷ np.clip( ) 함수가 범위를 제한하는 함수였습니다. 첫 번째 인자는 변환하고자 하는 행렬, 두 번째 인자는 최솟값, 세 번째 인자는 최댓값입니다. np.random.normal( )은 정규분포를 반환하는 함수입니다.

자동 채색

Let there be color 모델

학습 목표

색을 칠하는 인공지능을 만들겠습니다. 색을 칠한다는 것은 색이 없는 흑백 이미지로부터 색이 있는 컬러 이미지를 만들어내는 것으로 생각할 수 있습니다. 따라서 흑백 이미지를 입력으로 받아 컬러 이미지를 출력으로 하는 모델을 만들어야 합니다. 이번에 사용할 모델은 "Let there be color"라는 논문에 실린 모델로, 인코더 디코더 구조를 변형한 모델입니다.

학습 순서

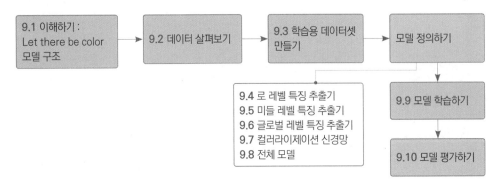

핵심 용어 미리보기

1 자동 채색을 하는 데 **LAB** 색 체계를 이용할 수 있습니다. LAB 색 체계는 명도를 나타내는 L 채널과 색을 나타내는 A, B 채널로 이루어진 색 체계입니다.

2 Let there be color 모델은 로 레벨 특징 추출기, 글로벌 레벨 특징 추출기, 미들 레벨 특징 추출기, 컬러라이제이션 신경망으로 이루어져 있습니다.

- **로 레벨 특징 추출기**는 이미지의 국소적인 특징을 추출합니다.
- **글로벌 레벨 특징 추출기**는 이미지의 전체적인 특징을 추출합니다.
- **미들 레벨 특징 추출기**는 중간 크기의 특징을 추출합니다.
- **컬러라이제이션 신경망**은 특징으로부터 색을 학습합니다.

3 repeat( ) 함수는 텐서를 지정한 차원의 방향으로 복제합니다.

문제 정의	흑백 이미지를 컬러 이미지로 복원해보자.		
난이도	★★★★☆	노트 바로가기	
이름	자동 채색 알고리즘		
알고리즘	CNN		
데이터셋 파일명	Flickr8k • 출처 : https://www.kaggle.com/adityajn105/flickr8k?select=Images		
데이터셋 소개	다양한 이미지와 그 이미지에 해당하는 설명이 포함된 데이터 • 출처 : https://www.kaggle.com/adityajn105/flickr8k?select=Images		
문제 유형	회귀	평가지표	평균 제곱 오차
주요 패키지	torch, torch.nn, cv2		
예제 코드 노트	• 위치 : colab.research.google.com/drive/1W4BBeD6Gdpx4TkXbGjqVB95BX8XgjJUJ • 단축 URL : http://t2m.kr/bC7fC • 파일 : ex9.ipynb		

미리 설치합니다

```
!pip install opencv-python
```

9.1 이해하기 : Let there be color 모델 구조

Let there be color 모델은 이미지의 국소적인 특징을 추출하는 ❶ 로 레벨low-level 특징 추출기, 이미지의 전체적인 특징을 추출하는 ❷ 글로벌 레벨global-level 특징 추출기, 중간 크기의 특징을 추출하는 ❸ 미들 레벨mid-level 특징 추출기, 그리고 칠해야 되는 색을 학습하는 ❹ 컬러라이제이션 신경망colorization network, 이렇게 총 4개 신경망으로 구성되어 있습니다.

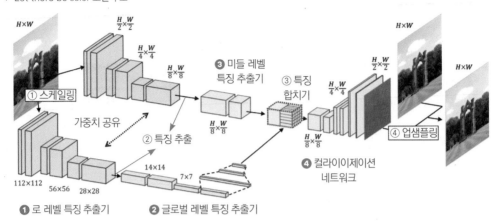

▼ Let there be color 모델 구조

출처 : http://iizuka.cs.tsukuba.ac.jp/projects/colorization/en/

먼저 흑백 이미지 크기가 모델의 입력 크기에 맞게 조절됩니다. 이를 ① 스케일링Scaling이라고 부릅니다. 크기가 조절된 입력 이미지는 로 레벨 특징 추출기의 입력으로 들어갑니다.

로 레벨 특징 추출기는 이미지를 3×3 커널 합성곱층을 쌓아서 만듭니다. 하나의 층을 거칠 때마다 이미지 크기가 절반으로 줄어듭니다(② 특징 추출). 로 레벨 특징 추출기의 출력은 미들 레벨 특징 추출기와 글로벌 레벨 특징 추출기의 입력으로 들어갑니다. 따라서 미들 레벨 특징 추출기와 글로벌 레벨 특징 추출기는 같은 입력을 갖습니다.

글로벌 레벨 특징 추출기의 출력은 1차원으로 펼쳐져 미들 레벨 특징 추출기가 출력한 각 픽셀에 붙게 됩니다(③ 특징 합치기). 즉, 중간 크기의 특징을 이용할 때, 전체적인 특징도 같이 고려할 수 있게 된 겁니다.

특징 추출이 끝나면 다음은 컬러라이제이션 신경망입니다. 컬러라이제이션 신경망은 추출된 특징을 입력받아 각 픽셀의 색을 정하는 역할을 합니다. 업샘플링층을 쌓아서 이미지 크기를 점차 늘려갑니다(④ 업샘플링). 이때 최종적으로 2채널 이미지를 출력하게 되는데, 이 출력과 입력으로 사용한 흑백 이미지를 합쳐 컬러 이미지를 출력합니다.

▼ Let there be color 모델 구조 장단점

장점	단점
• 이미지에 들어 있는 특징을 크기별로 추출할 수 있습니다.	• 이미지 하나로 학습해야 하는 신경망이 많아서 학습에 많은 시간과 데이터가 필요합니다.
• 중간 크기의 특징이 큰 크기의 특징을 전부 고려합니다.	• 모델이 세분화되어, 학습이 잘 이루어지지 않은 경우 어디서 문제가 생겼는지 알아내기 어렵습니다.

▼ 유용한 곳

• 흑백 이미지로부터 색을 복원하는 데 사용합니다.
• 이미지로부터 깊이를 추정하는 데 사용합니다.

9.2 데이터 살펴보기

이번 학습에는 Flickr8k 이미지 데이터셋을 사용합니다. 어떤 이미지가 들어 있는지 살펴봅시다.

▼ 데이터 확인해보기

```python
import glob
import matplotlib.pyplot as plt

from PIL import Image
# 데이터셋에 포함된 파일명을 불러옴
imgs = glob.glob("/content/drive/MyDrive/Colab Notebooks/data/CH09/*.jpg")

# 이미지 9개 출력
for i in range(9):
    img = Image.open(imgs[i])
    plt.subplot(3, 3, i+1)
    plt.imshow(img)
plt.show()
```

이미지 크기가 제각각입니다. 딥러닝 모델은 입력 크기가 모두 동일해야 하므로 전처리 과정에 이미지 크기를 맞춰주는 처리가 필요해 보입니다.

9.3 학습용 데이터셋 만들기

Flickr8k 데이터셋의 이미지는 RGB 이미지로 구성되어 있습니다. 우리는 LAB 이미지를 이용해 모델을 학습할 것이기 때문에 RGB에서 LAB로 색 체계를 변환하는 전처리 과정이 필요합니다. 색 체계 변환에 opencv의 cvtColor( ) 함수를 이용합니다. 먼저 RGB 이미지를 LAB 이미지로 변환하는 cvtColor( ) 함수를 살펴봅시다.

> **Note** LAB 이미지
>
> 이미지의 색을 표현하는 방법은 여러 가지가 있습니다. 우리가 흔히 사용하는 색 체계는 RGB 체계로 적색(R), 녹색(G), 청색(B)을 이용해 표현하는 방식입니다. RGB 체계와는 다르게 LAB 체계는 이미지의 밝기와 A, B 두 가지 색을 이용해 색을 표현합니다. 여기서 L 채널이 흑백 이미지가 됩니다. A 채널을 녹색과 적색을 담당하고, B 채널은 청색과 노란색을 담당합니다. 이미지의 색을 칠하는 신경망을 학습할 때, 흑백 이미지를 입력받아 RGB를 예측하는 것보다는 A, B 채널을 학습해 원본의 흑백 이미지와 합쳐 LAB 형식으로 이미지를 표현하는 게 더 간단합니다.

cvtColor( ) 함수를 사용해 RGB를 LAB로 변환하는 코드를 작성합니다.

▼ RGB를 LAB로 변환하는 함수

```
import cv2
import numpy as np

from torch.utils.data.dataset import Dataset

# RGB를 LAB으로 변환
def rgb2lab(rgb):
    return cv2.cvtColor(rgb, cv2.COLOR_RGB2LAB)
```

rgb2lab( ) 함수는 RGB 이미지를 입력으로 받은 뒤, cvtColor( ) 함수를 이용해 RGB를 LAB로 반환해줍니다.

▼ 새로 등장한 함수

함수 원형	설명	제공 라이브러리
cvtColor(src, code)	src 이미지를 code 형식으로 변환합니다.	cv2

비슷하게 LAB 이미지를 RGB 이미지로 변환하는 함수를 만들 수 있습니다.

▼ LAB를 RGB로 변환

```
# LAB를 RGB로 변환합니다.
def lab2rgb(lab):
    return cv2.cvtColor(lab, cv2.COLOR_LAB2RGB)
```

다음으로 학습에 사용할 데이터셋을 만들겠습니다.

▼ 학습용 데이터셋 정의

```
# 학습에 이용할 데이터셋 객체
class AutoColoring(Dataset):
    def __init__(self):  # ❶ 데이터셋의 초기화 함수
        self.data = glob.glob(
            "/content/drive/MyDrive/Colab Notebooks/data/CH09/*.jpg")

    def __len__(self):   # ❷ 사용 가능한 데이터 개수를 반환하는 함수
```

```
        return len(self.data)

    def __getitem__(self, i): # ❸ 데이터를 호출하는 함수
        # RGB 이미지를 불러옴
        rgb = np.array(Image.open(self.data[i]).resize((256, 256)))
        # LAB로 변환
        lab = rgb2lab(rgb)

        # 채널 차원이 가장 앞에 오도록 변경
        lab = lab.transpose((2, 0, 1)).astype(np.float32)

        return lab[0], lab[1:]
```

❶ __init__( ) 함수는 glob( ) 함수를 이용해 이미지가 들어 있는 경로의 모든 이미지 파일을 불러와 self.data에 저장합니다. 필요한 모든 데이터가 self.data 안에 저장되어 있으므로 ❷ __len__( ) 함수는 self.data의 길이를 반환하는 것으로 충분합니다.

❸ __getitem__( ) 함수는 먼저 RGB 이미지를 불러옵니다. 그다음으로 RGB 이미지를 rgb2lab( ) 함수를 이용해 LAB 이미지로 변환해줍니다. 파이토치에서는 이미지를 표현할 때 채널 차원이 가장 앞에 나와야 하므로 transpose( ) 메서드를 이용해 2번 차원, 즉 채널 차원을 가장 앞으로 보내줍니다. 모델의 입력으로 흑백 이미지가 들어가므로 L 채널이 입력 데이터이며, 색을 표현하는 AB 채널이 정답입니다. 따라서 lab[0]이 입력, lab[1:]이 정답입니다.

9.4 모델 정의하기 : 로 레벨 특징 추출기

로 레벨 특징 추출기는 작은 크기의 특징을 추출합니다. 합성곱층, 배치 정규화층, 활성화층을 다음 그림과 같이 배치합니다. 합성곱층을 이용한 특징 추출기는 일반적으로 합성곱층, 배치 정규화층, 활성화층 순서로 설계합니다. 또한 합성곱층을 몇 번 반복하는지는 이미지 크기에 따라 달라집니다. 이번 모델은 풀링층이 없기 때문에 많은 층을 쌓을 수 있습니다. 하지만 너무 많이 쌓으면 기울기 소실 문제가 생길 수도 있고, 학습할 가중치가 너무 많아져 학습이 잘못된 방향으로 이루어질 수 있습니다. 이번에는 이미지 크기가 가로 세로 200픽셀이 넘는 비교적 큰 이미지를 사용합니다. 그래서 적당히 6번 정도 반복하겠습니다.

▼ 로 레벨 특징 추출기 구성

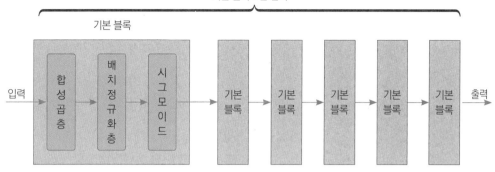

로 레벨 특징 추출기의 구조를 나타낸 그림입니다. 합성곱층과 배치 정규화, 시그모이드 활성화 함수를 하나로 묶어 기본 블록으로 구성합니다.

로 레벨 특징 추출기의 __init__( ) 함수를 정의해보겠습니다.

▼ 로 레벨 특징 추출기 정의

```python
import torch
import torch.nn as nn


class LowLevel(nn.Module):
    def __init__(self):
        # 로 레벨 특징 추출기를 구성하는 층의 정의
        super(LowLevel, self).__init__()

        self.low1 = nn.Conv2d(1, 64,
                              kernel_size=3, stride=2, padding=1)
        self.lb1 = nn.BatchNorm2d(64)
        self.low2 = nn.Conv2d(64, 128,
                              kernel_size=3, stride=1, padding=1)
        self.lb2 = nn.BatchNorm2d(128)
        self.low3 = nn.Conv2d(128, 128,
                              kernel_size=3, stride=2, padding=1)
        self.lb3 = nn.BatchNorm2d(128)
        self.low4 = nn.Conv2d(128, 256,
                              kernel_size=3, stride=1, padding=1)
        self.lb4 = nn.BatchNorm2d(256)
```

```
    self.low5 = nn.Conv2d(256, 256,
                            kernel_size=3, stride=2, padding=1)
    self.lb5 = nn.BatchNorm2d(256)
    self.low6 = nn.Conv2d(256, 512,
                            kernel_size=3, stride=1, padding=1)
    self.lb6 = nn.BatchNorm2d(512)

    self.sigmoid = nn.Sigmoid()
```

로 레벨 특징 추출기의 순전파를 구현하겠습니다. ❶ 합성곱층과 ❷ 배치 정규화층, ❸ 활성화를
순서대로 6번 통과하는 아주 간단한 구조입니다.

▼ 로 레벨 특징 추출기의 순전파 정의

```
def forward(self, x):
    # 기본 블록 구성
    low = self.low1(x)         #  ❶ 합성곱
    low = self.lb1(low)        #  ❷ 배치 정규화
    low = self.sigmoid(low)    #  ❸ 시그모이드

    low = self.low2(low)
    low = self.lb2(low)
    low = self.sigmoid(low)

    low = self.low3(low)
    low = self.lb3(low)
    low = self.sigmoid(low)

    low = self.low4(low)
    low = self.lb4(low)
    low = self.sigmoid(low)

    low = self.low5(low)
    low = self.lb5(low)
    low = self.sigmoid(low)

    low = self.low6(low)
    low = self.lb6(low)
    low = self.sigmoid(low)
```

```
return low
```

활성화로는 시그모이드 함수를 이용합니다. 딥러닝에서는 특징의 범위를 0과 1 사이로 하는 게 가장 좋다고 알려져 있습니다. 로 레벨 특징 추출기의 출력은 미들 레벨 특징 추출기와 글로벌 레벨 특징 추출기에서 사용해야 하기 때문에 시그모이드 함수를 이용해 값을 0과 1 사이로 제한하겠습니다. 이미지 크기를 점차 줄여 나가야 하기 때문에 스트라이드와 패딩에 주의해주세요.

9.5 모델 정의하기 : 미들 레벨 특징 추출기

미들 레벨 특징 추출기는 이미지의 중간 크기의 특징을 추출합니다. 로 레벨 특징 추출기와 마찬가지로 합성곱층과 배치 정규화층으로 구성되어 있습니다. 여기서는 이미지 크기가 변하면 안 되므로 스트라이드와 패딩에 주의해주세요. 합성곱 커널 크기가 3일 때 스트라이드와 패딩을 모두 1로 설정하면 합성곱 전후로 이미지 크기가 변하지 않습니다.

미들 레벨 특징 추출기는 기본 블록을 두 번 반복합니다. 로 레벨 특징 추출기의 결과로 이미지 크기가 줄어들었기 때문에 많이 반복할 필요가 없습니다. 기본 블록은 로 레벨 특징 추출기와 동일하게 합성곱층과 배치 정규화층, 그리고 활성화층으로 구성되어 있습니다.

▼ 미들 레벨 특징 추출기 구성

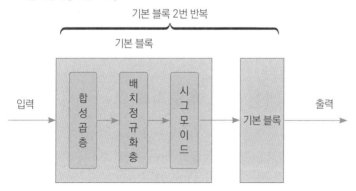

미들 레벨 특징 추출기는 로 레벨 특징 추출기와 거의 같습니다(코드도 거의 같으므로 자세한 코드 설명은 생략하겠습니다). __init__( ) 함수와 순전파를 한 번에 정의해보겠습니다.

```python
class MidLevel(nn.Module):
    def __init__(self):
        # 미들 레벨 특징 추출기를 구성하는 층의 정의
        super(MidLevel, self).__init__()

        self.mid1 = nn.Conv2d(512, 512,
                              kernel_size=3, stride=1, padding=1)
        self.mb1 = nn.BatchNorm2d(512)
        self.mid2 = nn.Conv2d(512, 256,
                              kernel_size=3, stride=1, padding=1)
        self.mb2 = nn.BatchNorm2d(256)

        self.sigmoid = nn.Sigmoid()

    def forward(self, x):
        # 미들 레벨 특징 추출기의 기본 블록
        mid = self.mid1(x)         # ❶ 합성곱
        mid = self.mb1(mid)        # ❷ 배치 정규화
        mid = self.sigmoid(mid)    # ❸ 시그모이드

        mid = self.mid2(mid)
        mid = self.mb2(mid)
        mid = self.sigmoid(mid)

        return mid
```

9.6 모델 정의하기 : 글로벌 레벨 특징 추출기

글로벌 레벨 특징 추출기는 크기가 큰 특징을 추출합니다. 글로벌 레벨 특징 추출기의 기본 블록을 합성곱층, 배치 정규화층, 시그모이드 활성화 함수를 하나로 묶어 구성합니다. 글로벌 레벨 특징 추출기의 기본 블록 구성은 로 레벨, 미들 레벨과 같습니다. 다만 마지막에 특징 맵을 1차원으로 변환하고 MLP층으로 입력한다는 차이가 있습니다. CNN에서 합성곱층 이후 분류기의 입력으로 들어갈 때와 비슷하게 만들면 됩니다. MLP층은 나중에 색을 칠할 때 사용할 특징을 추출하려고 사용했습니다. 글로벌 레벨 특징 추출기는 합성곱 블록을 총 네 번 반복합니다. 합성곱층의

결과를 평탄화한 다음 MLP층의 입력으로 사용합니다.

▼ 글로벌 레벨 특징 추출기 구성

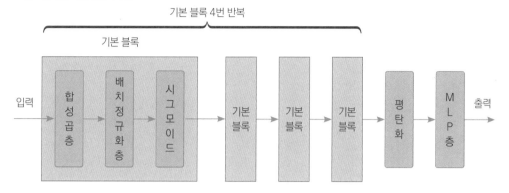

글로벌 레벨 특징 추출기의 __init__( ) 함수를 구현해보겠습니다.

▼ 글로벌 레벨 특징 추출기 정의

```python
class GlobalLevel(nn.Module):
    def __init__(self):
        super(GlobalLevel, self).__init__()

        self.glob1 = nn.Conv2d(512, 512,
                            kernel_size=3, stride=2, padding=1)
        self.gb1 = nn.BatchNorm2d(512)
        self.glob2 = nn.Conv2d(512, 512,
                            kernel_size=3, stride=1, padding=1)
        self.gb2 = nn.BatchNorm2d(512)
        self.glob3 = nn.Conv2d(512, 512,
                            kernel_size=3, stride=2, padding=1)
        self.gb3 = nn.BatchNorm2d(512)
        self.glob4 = nn.Conv2d(512, 512,
                            kernel_size=3, stride=1, padding=1)
        self.gb4 = nn.BatchNorm2d(512)

        # 글로벌 레벨 특징 추출기의 MLP층 구성
        # 여기서는 분류기로 사용되는 것이 아닌,
        # 색을 칠하기 위해 사용하는 특징으로 사용
        self.fc1 = nn.Linear(in_features=32768, out_features=1024)
        self.fc2 = nn.Linear(in_features=1024, out_features=512)
```

```
        self.fc3 = nn.Lincar(in_features=512, out_features=256)

        self.sigmoid = nn.Sigmoid()
```

다음으로 글로벌 레벨 특징 추출기의 순전파를 구현해보겠습니다.

▼ 글로벌 레벨 특징 추출기의 순전파 정의

```
    def forward(self, x):
        # 글로벌 레벨 특징 추출기의 기본 블록
        glo = self.glob1(x)            # 합성곱
        glo = self.gb1(glo)            # 배치 정규화
        glo = self.sigmoid(glo)        # 활성화

        glo = self.glob2(glo)
        glo = self.gb2(glo)
        glo = self.sigmoid(glo)

        glo = self.glob3(glo)
        glo = self.gb3(glo)
        glo = self.sigmoid(glo)

        glo = self.glob4(glo)
        glo = self.gb4(glo)
        glo = self.sigmoid(glo)

        # 추출된 특징을 1차원으로 펼치기
        glo = torch.flatten(glo, start_dim=1)
        glo = self.fc1(glo)
        glo = self.sigmoid(glo)
        glo = self.fc2(glo)
        glo = self.sigmoid(glo)
        glo = self.fc3(glo)
        glo = self.sigmoid(glo)

        return glo
```

글로벌 레벨 특징 추출기는 합성곱층과 배치 정규화층, 활성화층을 거친 다음 1차원으로 펼쳐집니다. 모든 합성곱층을 거친 다음 flatten( ) 메서드를 이용해 1차원으로 펼쳐줄 겁니다. 1차원으로 펼쳐진 특징들은 MLP층을 거쳐서 추후, 미들 레벨 특징 추출기의 출력과 합쳐집니다.

▼ 글로벌 레벨 특징 추출기의 결과

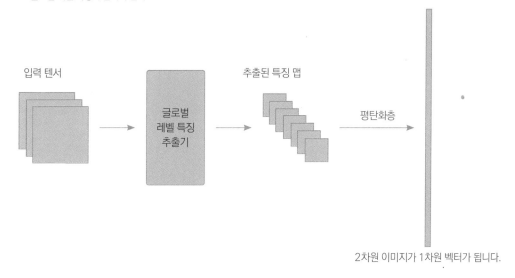

2차원 이미지가 1차원 벡터가 됩니다.

9.7 모델 정의하기 : 컬러라이제이션 신경망

컬러라이제이션 신경망은 특징 추출기가 추출한 특징을 이용해 색을 칠하는 신경망입니다. 앞서 나온 특징 추출기와 구성은 비슷합니다. 다만 여기서는 합성곱층이 아닌 업샘플링층을 이용합니다. 업샘플링 기본 블록을 총 네 번 반복합니다. 기본 블록의 구성은 특징 추출기의 구성과 유사합니다만, 합성곱 대신 업샘플링층을 사용했습니다. 마지막 업샘플링층은 픽셀의 값을 직접 나타내고 있기 때문에 배치 정규화나 활성화 함수가 없습니다. 출력값이 변경되면 픽셀값의 정보가 소실되기 때문입니다.

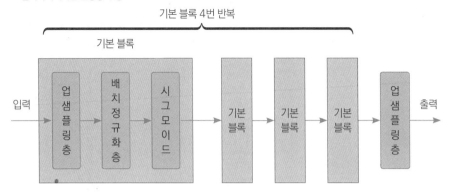

컬러라이제이션 신경망의 __init__( ) 함수를 정의해보겠습니다.

▼ 컬러라이제이션 신경망 정의

```python
class Colorization(nn.Module):
    def __init__(self):
        super(Colorization, self).__init__()
        # Colorization 신경망 구성에 필요한 층의 정의

        # ❶ 업샘플링 커널:3 스트라이드:1 패딩:1
        self.color1 = nn.ConvTranspose2d(256, 128, 3, 1, 1)
        self.cb1 = nn.BatchNorm2d(128)

        # ❷ 업샘플링 커널:2 스트라이드:2 패딩:0
        self.color2 = nn.ConvTranspose2d(128, 64, 2, 2)
        self.cb2 = nn.BatchNorm2d(64)

        self.color3 = nn.ConvTranspose2d(64, 64, 3, 1, 1)
        self.cb3 = nn.BatchNorm2d(64)
        self.color4 = nn.ConvTranspose2d(64, 32, 2, 2)
        self.cb4 = nn.BatchNorm2d(32)
        self.color5 = nn.ConvTranspose2d(32, 2, 2, 2)

        self.sigmoid = nn.Sigmoid()
```

업샘플링층끼리 서로 다른 커널 크기와 패딩, 스트라이드를 갖고 있습니다. 업샘플링층의 출력 이미지 크기는 아래 공식을 이용하면 구할 수 있습니다.

$$(size-1)\times stride-2\times padding+(kernel-1)+1$$

여기서 size는 입력 이미지의 가로와 세로 크기, kernel은 커널 크기, padding은 패딩, stride는 스트라이드를 의미합니다.

예를 들어 가로 세로 32픽셀의 이미지를 업샘플링한다고 합시다. 수식에 ❶에서의 커널 크기, 스트라이드, 패딩, 이미지 크기를 다음과 같이 대입하면 이미지 크기가 변하지 않았다는 사실을 알 수 있습니다.

$$(32\text{-}1)1\text{-}21+(3\text{-}1)+1=31\text{-}2+3=32$$
$$(32-1)\times 1-2\times 1+(3-1)+1=31-2+3=32$$

반면 ❷의 값들을 대입하면 64가 됩니다. 이미지 크기가 두 배가 된 겁니다.

다음으로 컬러라이제이션 신경망의 순전파를 구현해보겠습니다.

▼ 컬러라이제이션 신경망의 순전파 정의

```python
def forward(self, x):
    color = self.color1(x)      # 합성곱층
    color = self.cb1(color)     # 배치 정규화층
    color = self.sigmoid(color) # 시그모이드 함수

    color = self.color2(color)
    color = self.cb2(color)
    color = self.sigmoid(color)

    color = self.color3(color)
    color = self.cb3(color)
    color = self.sigmoid(color)

    color = self.color4(color)
    color = self.cb4(color)
    color = self.sigmoid(color)

    color = self.color5(color)

    return color
```

컬러라이제이션 신경망은 업샘플링층과 배치 정규화층으로 구성됩니다. 인코더 디코더 구조에서의 디코더처럼 업샘플링층과 배치 정규화층을 차례대로 거치는 간단한 구조입니다.

9.8 모델 정의하기 : 전체 모델

이제 자동 채색 모델을 위한 준비가 끝났습니다. 이제는 〈Let there be color〉 논문의 모델대로 우리가 정의한 모델을 배치하면 됩니다. 먼저 모델의 구성요소를 살펴보겠습니다.

▼ Let there be color 모델 구성

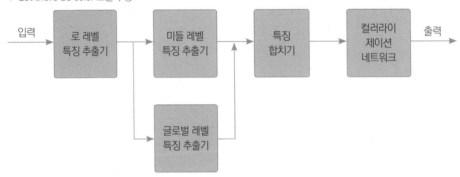

Let there be color 모델은 입력 텐서를 로 레벨 특징 추출기를 이용해 크기가 작은 특징을 추출합니다. 로 레벨 특징을 추출했다면 로 레벨 특징을 미들 레벨 특징 추출기와 글로벌 레벨 특징 추출기의 입력으로 넣어줍니다. 두 신경망의 입력값은 같은 텐서입니다. 미들 레벨과 글로벌 레벨 특징을 추출했다면 두 신경망의 출력을 합쳐줍니다. 마지막으로 컬러라이제이션 신경망을 거쳐서 색을 학습합니다. 이제 코드를 통해 모델을 정의하겠습니다.

▼ 자동 채색 모델 정의

```
class AutoColoringModel(nn.Module):
    def __init__(self):
        super(AutoColoringModel, self).__init__()

        # 로 레벨 특징 추출기
        self.low = LowLevel()
        # 미들 레벨  특징 추출기
        self.mid = MidLevel()
        # 글로벌 레벨 특징 추출기
```

```
        self.glob = GlobalLevel()

        # 특징 합치기
        self.fusion = nn.Conv2d(512, 256,
                                kernel_size=3, stride=1, padding=1)

        # 색 입히기
        self.color = Colorization()

        # 활성화 함수
        self.sigmoid = nn.Sigmoid()
```

다음으로 모델의 순전파를 보겠습니다.

▼ 자동 채색 모델의 순전파 정의

```
    def forward(self, x):
        # ❶ 로 레벨 특징 추출기로 입력
        low = self.low(x)

        # 미들 레벨 추출기에 로 레벨 특징 추출기의 출력을 넣어줌
        mid = self.mid(low)
        glo = self.glob(low)

        # ❷ 글로벌 레벨 특징 추출기의 출력을 미들 레벨 특징 추출기의
        # 출력 크기가 되도록 반복
        fusion = glo.repeat(1, mid.shape[2]*mid.shape[2])
        fusion = torch.reshape(
            fusion, (-1, 256, mid.shape[2], mid.shape[2]))

        # ❸ 글로벌 레벨 특징 추출기의 특징과 미들 레벨 특징 추출기의 특징 결합
        fusion = torch.cat([mid, fusion], dim=1)
        fusion = self.fusion(fusion)
        fusion = self.sigmoid(fusion)

        # ❹ 컬러라이제이션 신경망
        color = self.color(fusion)

        return color
```

❶ 로 레벨, 미들 레벨, 글로벌 레벨 특징 추출기를 거쳐서 특징을 추출합니다. 글로벌 레벨 특징 추출기의 출력값은 미들 레벨 특징 추출기의 각 픽셀에 합쳐줘야 합니다. 중간 크기의 특징을 고려할 때 전체적인 이미지의 특성을 고려하기 위함입니다.

▼ repeat( )를 이용해 글로벌 레벨 특징을 미들 레벨 특징과 합치는 방법

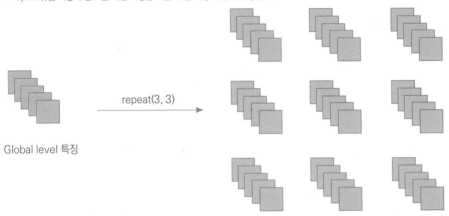

Global level 특징

repeat(3, 3)

Global level 특징을 (3, 3) 모양으로 복제

미들 레벨 특징과 합치기 전, ❷ repeat( ) 함수를 이용해 글로벌 레벨 특징을 복제해서 미들 레벨 특징의 모양과 동일하게 맞춰줍니다. 이렇게 글로벌 레벨 특징 맵을 벡터화해서 추가해주는 이유는 미들 레벨 특징에서 글로벌 레벨 특징을 참고하기 위해서입니다. 만약 특징 맵을 단순히 채널 방향으로 합쳐준다면, 미들 레벨 특징과 글로벌 레벨 특징 모두 일부분만 계산합니다. 미들 레벨 특징을 계산할 때 글로벌 레벨의 특징 전체를 보려면 벡터로 변환한 뒤, 미들 레벨 특징에 합쳐줘야 합니다.

▼ 새로 등장한 함수

함수 원형	설명	제공 라이브러리
cat([A, B], dim)	리스트 안의 텐서들을 dim 방향으로 합쳐줍니다. 이때 합쳐지는 텐서들은 모두 같은 모양이어야 합니다.	torch
repeat(dim)	텐서를 dim 차원만큼 반복합니다.	torch

❸ 특징의 모양이 일치한다면 글로벌 레벨 특징과 미들 레벨 특징을 합쳐주면 됩니다. 합쳐진 특징은 self.fusion( ) 신경망을 거쳐서 최종적으로 특징을 추출해줍니다. ❹ 최종적으로 self.color( ) 신경망을 통해 색을 복원해줍니다.

9.9 모델 학습하기

자동 채색 모델의 학습 흐름은 간단합니다. 먼저 흑백 이미지를 모델의 입력으로 넣어주고, (LAB 이미지이므로) 출력되는 A, B 채널의 값을 정답과 비교합니다. 정답과의 오차는 평균 제곱 오차를 사용하겠습니다.

▼ 학습 루프

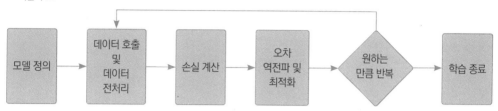

▼ 모델 학습하기

```python
import tqdm

from torch.utils.data.dataloader import DataLoader
from torch.optim.adam import Adam

device = "cuda" if torch.cuda.is_available() else "cpu"

# ❶ 모델 정의
model = AutoColoringModel().to(device)

# 데이터 정의
dataset = AutoColoring()
loader = DataLoader(dataset, batch_size=32, shuffle=True)
optim = Adam(params=model.parameters(), lr=0.01)

# 학습 루프 정의
for epoch in range(200):
    iterator = tqdm.tqdm(loader)
    for L, AB in iterator:
        # ❷ L 채널은 흑백 이미지이므로 채널 차원을 확보해야 함
        L = torch.unsqueeze(L, dim=1).to(device)
        optim.zero_grad()

        # ❸ A, B 채널을 예측
```

```
    pred = model(L)

    # ❹ 손실 계산과 오차 역전파
    loss = nn.MSELoss()(pred, AB.to(device))
    loss.backward()
    optim.step()

    iterator.set_description(f"epoch:{epoch} loss:{loss.item()}")

# ❺ 모델 가중치 저장
torch.save(model.state_dict(), "AutoColor.pth")
```

❶ 학습에 필요한 요소(모델, 데이터로더, 최적화 등)를 정의합니다. 다음은 학습 루프를 구성합니
다. ❷ 먼저 신경망의 입력으로 사용할 L 채널 이미지를 불러옵니다. 하지만 L 채널 이미지는 흑
백 이미지이므로 채널 차원을 확보해야 합니다. MNIST를 다뤘던 3.3절 '손글씨 분류하기 : 다중
분류'에서와 같습니다. ❸ 다음으로 모델의 예측값을 계산합니다. A 채널과 B 채널이 들어 있는
2채널 이미지를 모델이 예측합니다. ❹ 손실을 계산하고 오차를 역전파합니다. 픽셀의 정확한 값
을 예측하는 문제이므로 평균 제곱 오차를 사용합니다. ❺ 학습이 완료됐다면 모델의 가중치를 저
장합니다.

9.10 모델 성능 평가하기

학습이 완료되었으니 결과를 확인해봅시다.

▼ 모델 성능 평가하기

```
# ❶ 결과 비교를 위한 실제 이미지
# pyplot의 이미지 형식에 맞추기 위한 약간의 변형이 필요함
test_L, test_AB = dataset[0]
test_L = np.expand_dims(test_L, axis=0)
real_img = np.concatenate([test_L, test_AB])
real_img = real_img.transpose(1, 2, 0).astype(np.uint8)
real_img = lab2rgb(real_img)

# 모델이 예측한 결과
```

```
with torch.no_grad():
    # 모델 가중치 불러오기
    model.load_state_dict(
        torch.load("AutoColor.pth", map_location=device))

    # ❷ 모델의 예측값 계산
    input_tensor = torch.tensor(test_L)
    input_tensor = torch.unsqueeze(input_tensor, dim=0).to(device)
    pred_AB = model(input_tensor)

    # ❸ pyplot의 이미지 형식에 맞추기 위한 약간의 변형이 필요함
    pred_LAB = torch.cat([input_tensor, pred_AB], dim=1)
    pred_LAB = torch.squeeze(pred_LAB)
    pred_LAB = pred_LAB.permute(1, 2, 0).cpu().numpy()
    pred_LAB = lab2rgb(pred_LAB.astype(np.uint8))

# ❹ 실제와 예측 이미지 출력
plt.subplot(1, 2, 1)
plt.imshow(real_img)
plt.title("real image")

plt.subplot(1, 2, 2)
plt.imshow(pred_LAB)
plt.title("predicted image")

plt.show()
```

❶ 결과 비교에 사용할 이미지를 만들어줍니다. L 채널 이미지와 AB 채널 이미지를 불러옵니다. 다음으로 L 채널 이미지에 채널 차원을 추가하고 AB 채널 이미지와 합쳐 LAB 채널 이미지를 만들어줍니다. ❷ 다음으로 모델의 예측값을 계산합니다. L 채널에 채널 차원을 추가하고 모델에 입력합니다. ❸ 맷플롯립의 이미지 형식에 맞추기 위해 채널 차원을 마지막 차원으로 보내줍니다. ❹ 실제 이미지와 예측한 이미지를 출력합니다.

원본과 비교하면 칠해지지 않은 부분이 많습니다만, 데이터양을 늘리면 어느 정도 해결할 수 있습니다. 논문에서는 테라바이트 단위의 데이터셋을 이용해 학습했기 때문에 결과가 잘 나왔지만, 실습에 사용하기에는 무리가 있습니다. 또한 자동 채색 모델은 학습용 데이터에 관해서는 좋은 성능을 내지만, 학습 당시 포함되어 있지 않은 상황에 대해서는 성능이 많이 떨어집니다.

학습 마무리

흑백 이미지를 입력으로 받아 컬러 이미지를 출력하는 자동 채색 알고리즘을 알아봤습니다. 컴퓨터가 색을 표현하는 방식 중 하나인 LAB 색 체계를 이용해 모델을 학습했습니다. 흑백 이미지인 L 채널을 입력으로 A, B 채널을 예측하는 모델이었습니다. 물론 좋은 결과를 얻을 수는 없었지만, 학습용 데이터와 시간은 늘리는 것으로 해결할 수 있습니다. 반드시 실습에서 성능이 우수해야지만 의미를 갖는 것은 아니라고 생각합니다. 우선은 딥러닝을 통한 문제 해결 방법을 배우는 것이 중요합니다. 모델의 성능은 데이터를 늘리고 학습을 더 오래하면 극복 가능한 문제이기에 현업에서 필요할 때 그리하면 됩니다.

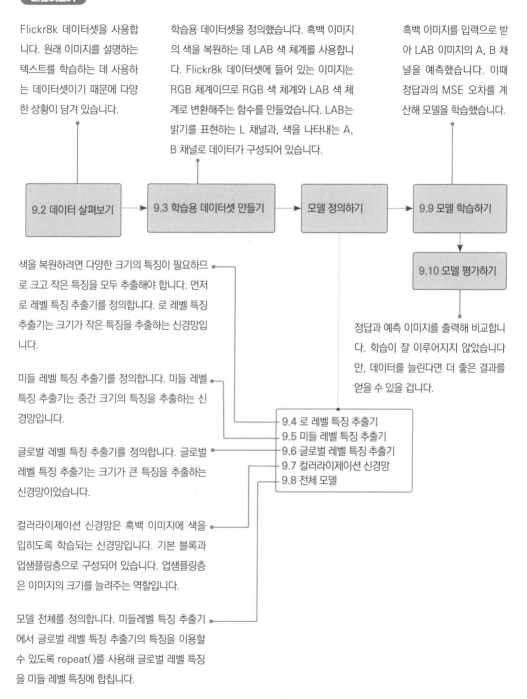

Flickr8k 데이터셋을 사용합니다. 원래 이미지를 설명하는 텍스트를 학습하는 데 사용하는 데이터셋이기 때문에 다양한 상황이 담겨 있습니다.

학습용 데이터셋을 정의했습니다. 흑백 이미지의 색을 복원하는 데 LAB 색 체계를 사용합니다. Flickr8k 데이터셋에 들어 있는 이미지는 RGB 체계이므로 RGB 색 체계와 LAB 색 체계로 변환해주는 함수를 만들었습니다. LAB는 밝기를 표현하는 L 채널과, 색을 나타내는 A, B 채널로 데이터가 구성되어 있습니다.

흑백 이미지를 입력으로 받아 LAB 이미지의 A, B 채널을 예측했습니다. 이때 정답과의 MSE 오차를 계산해 모델을 학습했습니다.

9.2 데이터 살펴보기 → 9.3 학습용 데이터셋 만들기 → 모델 정의하기 → 9.9 모델 학습하기

9.10 모델 평가하기

색을 복원하려면 다양한 크기의 특징이 필요하므로 크고 작은 특징을 모두 추출해야 합니다. 먼저로 레벨 특징 추출기를 정의합니다. 로 레벨 특징 추출기는 크기가 작은 특징을 추출하는 신경망입니다.

미들 레벨 특징 추출기를 정의합니다. 미들 레벨 특징 추출기는 중간 크기의 특징을 추출하는 신경망입니다.

글로벌 레벨 특징 추출기를 정의합니다. 글로벌 레벨 특징 추출기는 크기가 큰 특징을 추출하는 신경망이었습니다.

컬러라이제이션 신경망은 흑백 이미지에 색을 입히도록 학습되는 신경망입니다. 기본 블록과 업샘플링층으로 구성되어 있습니다. 업샘플링층은 이미지의 크기를 늘려주는 역할입니다.

모델 전체를 정의합니다. 미들레벨 특징 추출기에서 글로벌 레벨 특징 추출기의 특징을 이용할 수 있도록 repeat( )를 사용해 글로벌 레벨 특징을 미들 레벨 특징에 합칩니다.

9.4 로 레벨 특징 추출기
9.5 미들 레벨 특징 추출기
9.6 글로벌 레벨 특징 추출기
9.7 컬러라이제이션 신경망
9.8 전체 모델

정답과 예측 이미지를 출력해 비교합니다. 학습이 잘 이루어지지 않았습니다만, 데이터를 늘린다면 더 좋은 결과를 얻을 수 있을 겁니다.

LAB로 학습했을 때는 성능이 좋지 않았습니다. 이미지를 흑백 이미지로 변환해서 입력 이미지로 사용하여 RGB를 예측하도록 학습해봅시다. 이미지를 흑백으로 만드는 함수는 torchvision.transforms.Grayscale( )입니다.

연습문제

1 글로벌 레벨 추출기의 MLP층은 분류에 사용할까요?

2 컬러라이제이션 신경망의 출력층에 활성화 함수가 없는 이유는 무엇일까요?

3 어떤 CNN 특징 추출기를 이용해 (32, 3, 16, 16) 모양의 특징 맵을 얻었습니다. 이 특징 맵의 각 픽셀에 [1, 2, 3]이라는 벡터를 추가하고 싶다면 어떻게 할까요?

4 LAB 이미지가 아니라 RGB 이미지를 예측하도록 모델을 설계하고 싶다면 어떻게 해야 할까요?

5 (3, 224, 224) 크기의 텐서를 트랜스포즈드 합성곱을 이용해 크기를 키우고자 합니다. ConvTranspose2d(kernel_size=2, padding=1, stride=2)를 이용해 크기를 키운다면 이미지 크기가 어떻게 변할까요? 이때 채널 수는 고려하지 않습니다.

❶ (446, 446)

❷ (448, 448)

❸ (447, 447)

---

1 **정답** 글로벌 레벨 특징 추출기의 MLP층은 색을 칠할 때 사용할 특징을 추출하는 특징 추출기입니다. 분류기가 아닙니다.

2 **정답** 컬러라이제이션 신경망의 출력층에 활성화 함수가 없는 이유는 신경망의 출력이 곧 픽셀의 값을 의미하기 때문입니다. 활성화 함수를 이용해 값을 변경하면 픽셀의 값도 변경되므로 정보가 소실됩니다.

3 **정답** repeat(16, 16)를 이용해 벡터 [1, 2, 3]을 복제한 다음, torch.cat(dim=1)을 이용해 합쳐주면 됩니다.

4 **정답** 컬러라이제이션 신경망의 마지막 업샘플링층의 출력층 개수를 3으로 늘려줍니다.

5 **정답** ❶ $(size-1) \times stride - 2 \times padding + (kernel-1) + 1$ 공식을 이용하면 이미지 크기를 구할 수 있습니다.

실전에서 등장하는 시계열 알고리즘을 사용해 조금 더 복잡한 텍스트 처리를 배워보겠습니다. 10장에서는 RNN의 발전형인 LSTM을 이용해 '글을 쓰는 인공지능'을, 11장에서는 어텐션 기법을 이용해 기계 번역기를 만듭니다. 12장에서는 이미지로부터 텍스트를 추출하는 알고리즘을 알아봅니다. LSTM과 어텐션은 텍스트 처리에서 빠지지 않고 등장하는 개념입니다. 최대한 자세하면서도 쉽게 설명하려고 노력했습니다.

Start

딥러닝으로
텍스트 처리하기

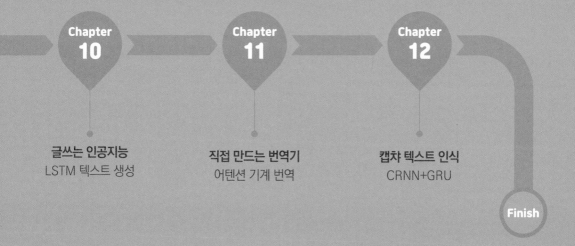

글쓰는 인공지능
LSTM 텍스트 생성

☐ **학습 목표**

딥러닝 모델이 시계열 정보를 학습하면 아직 알지 못하는 미래의 값을 예측할 수 있습니다. 모델이 예측한 값을 다시 모델의 입력으로 넣어주는 기법을 이용하면 몇 가지 단어만 주어져도 문장을 적는 인공지능을 구현할 수 있습니다. 이번 절에서는 RNN의 발전 형태인 LSTM을 학습해 문장을 쓰는 인공지능을 만들겠습니다.

☐ **학습 순서**

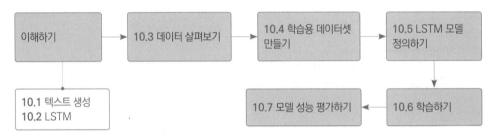

☐ **핵심 용어 미리보기**

1 **LSTM**은 RNN의 발전 형태로 장기 기억을 담당하는 셀 상태와 은닉 상태를 갖는 신경망입니다.
2 **BOW**는 모든 단어를 겹치지 않도록 고유 번호로 나타낸 집합을 말합니다.
3 대부분의 숫자가 0인 숫자 표현을 **희소 표현**이라고 합니다.
4 대부분의 숫자가 0이 아닌 숫자 표현을 **밀집 표현**이라고 합니다.
5 **파이토치의 임베딩층**을 이용하면 희소 표현을 밀집 표현으로 바꿀 수 있습니다.

☐ **실습 예제 소개**

문제 정의	입력받은 단어를 이용해 문장을 완성해보자.		
난이도	★★★☆☆	노트 바로가기	
이름	텍스트 생성		
알고리즘	LSTM		

데이터셋 파일명	New York Times Comments • 출처 : https://www.kaggle.com/aashita/nyt-comments		
데이터셋 소개	뉴욕 타임스에 실린 기사를 모아놓은 데이터		
문제 유형	분류	평가지표	크로스 엔트로피
주요 패키지	torch, torch.nn		
예제 코드 노트	• 위치 : colab.research.google.com/drive/1k8Nk9IWm8ngNEc2VMTDDpdXyJ4X1oTtb • 단축 URL : http://t2m.kr/Eh9ME • 파일 : ex10.ipynb		

10.1 이해하기 : 텍스트 생성

문장을 만들려면 바로 다음에 올 단어뿐만 아니라 그 이후의 단어들도 예측해야 합니다. 그러려면 모델을 반복 호출하면서 여러 차례 단어들을 출력해야 합니다. 이 과정에 LSTM을 사용합니다. LSTM은 게이트를 이용해 이전 은닉 상태를 현재의 입력에 반영하는 알고리즘입니다. 자세한 내용은 10.2절에서 곧바로 배우겠습니다. 우선은 LSTM을 사용해 문장을 예측하는 방법을 알아보겠습니다.

▼ LSTM을 반복 호출해 예측값을 여러 번 출력하기

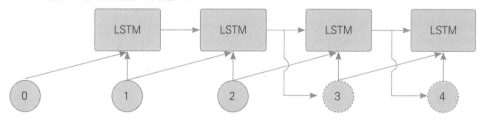

그림에서 1과 2는 모델에 들어가는 입력값이며 0은 초기 은닉 상태입니다. 모델에 단어 1과 은닉 상태 0을 입력으로 넣어서 얻은 은닉 상태를 다음 시점의 입력인 단어 2와 이전의 입력값인 단어 1을 함께 모델에 넣어줍니다. 그렇게 3번 시점의 입력값은 이전 시점의 입력인 단어 2와 이전 시점의 은닉 상태로부터 예측한 단어 3이 됩니다.

예를 들어 '나는'을 입력받은 모델은 '빨간'이라는 단어를 예측하고, 다시 '나는'과 '빨간'을 입력받아 '사과를'이라는 단어를 예측합니다. 이런 과정을 여러 번 반복함으로써 글을 쓰는 인공지능을 만들 수 있는 겁니다.

▼ '나는'으로부터 문장을 완성시키는 방법

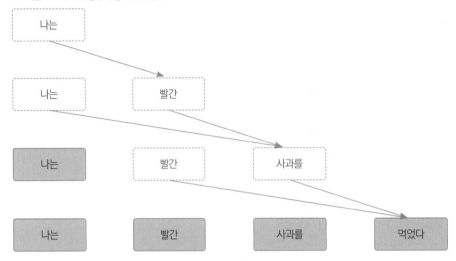

10.2 이해하기 : LSTM

RNN은 시계열 데이터를 처리할 수는 있지만 치명적인 단점을 가지고 있습니다. RNN은 단순히 가중치를 반복 사용해 데이터로부터 순서 정보를 추출합니다. 문제는 여기에 있습니다. RNN의 기울기를 역전파할 때, 기울기가 1보다 커지면 기울기가 걷잡을 수 없이 커지고, 반대로 1보다 작아지면 갈수록 0에 수렴하기 때문입니다. 따라서 시계열 길이가 길어질수록 RNN을 적용하기 어려웠습니다. 이런 RNN의 단점을 극복한 모델이 바로 LSTM입니다.

LSTM은 장기 기억을 위한 셀 상태$^{cell\ state}$를 추가한 모델입니다. LSTM의 전체 흐름은 다음과 같습니다.

> **LSTM(long short term memory)**
> 망각 게이트, 입력 게이트, 출력 게이트를 이용해 이전 시점의 은닉 상태를 현시점에 반영하는 알고리즘입니다.

▼ LSTM 구조

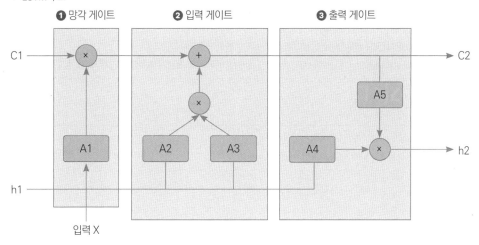

LSTM의 구조를 나타낸 그림입니다. 구조가 상당히 복잡하니 하나씩 천천히 알아보겠습니다. 먼저 현재 입력 X와 이전 시점의 은닉 상태 h1을 합쳐 입력 텐서를 만들어줍니다. 입력 텐서는 A1층을 거쳐 셀 상태 C1과 곱해집니다. 이 단계에서 현재의 정보와 과거의 정보에 대한 관계를 파악합니다. 과거의 정보와 현재의 정보가 무관하다면 A1의 출력이 0에 가까워질 겁니다. 만약 그렇게 된다면 이전의 셀 상태 정보를 초기화할 수 있습니다. 따라서 ❶을 망각 게이트forget gate라고 부릅니다.

그다음에는 입력 텐서가 A2를 거쳐 현재의 정보를 셀 상태에 기록할 것인지를 결정하고, A3를 거쳐 기록할 양을 결정합니다. A2와 A3의 출력이 곱해져서 셀 상태에 더해집니다. ❷를 입력 게이트input gate라고 부릅니다.

마지막으로 입력 텐서로부터 A4를 이용해 특징을 추출합니다. 셀 상태는 A5를 거쳐서 현재의 출력을 결정하기 위해 얼만큼 셀 상태의 정보를 이용할 것인가를 결정합니다. A4와 A5의 출력이 곱해져서 현재의 은닉 상태를 결정하고 다음 시점으로 셀 상태와 은닉 상태를 넘겨줍니다. 현시점의 출력을 결정하기 때문에 ❸을 출력 게이트output gate라고 부릅니다. LSTM의 출력은 출력층의 은닉 상태 h2와 셀 상태 C2입니다. 새로운 개념이 많이 나왔으니 망각/입력/출력 게이트를 정리하고 넘어가겠습니다.

- **망각 게이트** : 셀 상태에 저장된 과거의 정보를 사용할 것인가에 대한 여부를 결정합니다.
- **입력 게이트** : 셀 상태에 현재 정보를 덮어쓸 것인가를 결정합니다.
- **출력 게이트** : 셀 상태와 현재 정보를 합쳐 현재의 은닉 상태를 결정합니다.

장점	단점
• 순서가 있는 데이터를 다룰 때 사용할 수 있습니다. • RNN보다 성능이 좋습니다.	• 입출력 관계가 복잡합니다. • 여전히 과거의 정보가 흐려지는 단점이 남아 있습니다.

▼ 유용한 곳

- 주가, 날씨, 텍스트 등 순서가 있는 데이터를 다룰 때 용이합니다.
- 신경망을 반복해서 사용해야 하는 곳에 사용할 수 있습니다.

10.3 데이터 살펴보기

텍스트 생성에 뉴욕 타임스 코멘트 데이터를 사용하겠습니다(https://www.kaggle.com/aashita/nyt-comments). 데이터셋에는 여러 csv 파일이 들어 있을 겁니다.

데이터가 어떤 구성인지 컬럼을 확인해보겠습니다.

▼ 데이터 살펴보기

```python
import pandas as pd
import os
import string

df = pd.read_csv(
    "/content/drive/MyDrive/Colab Notebooks/data/CH10/ArticlesApril2017.csv")
print(df.columns)
```

```
Index(['abstract', 'articleID', 'articleWordCount', 'byline', 'documentType',
       'headline', 'keywords', 'multimedia', 'newDesk', 'printPage', 'pubDate',
       'sectionName', 'snippet', 'source', 'typeOfMaterial', 'webURL'],
      dtype='object')
```

csv 파일 안에는 여러 항목이 있지만 우리는 headline만 이용하겠습니다. headline에는 사람이 직접 작성한 기사가 들어 있기 때문입니다. 나머지 컬럼은 학습에 도움이 되지 않기 때문에 사용하지 않습니다.

10.4 학습용 데이터 만들기

❶ 먼저 구두점과 특수 문자를 제거해야 합니다. ❷ 그 후에 딥러닝 모델이 단어들을 이해하도록 사전을 만들어 단어마다 고유 번호를 만들어줍니다. 사전을 만들고 나서는 자연어 문장 속 단어들을 전부 고유 번호로 바꿔 새로운 문장을 만들어줘야 합니다. 이때 고유 번호를 담고 있는 사전을 BOW라고 부릅니다. 자연어를 숫자로 변경해주었으면 2개의 단어와 다음에 올 단어를 반환해주도록 데이터셋 객체를 만들면 됩니다.

> **BOW(bag of words)**
> 모든 단어를 겹치지 않도록 고유 번호로 나타낸 집합을 말합니다.

▼ BOW를 만드는 과정

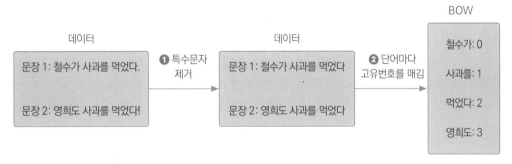

먼저 데이터셋 객체를 살펴봅시다.

▼ 학습용 데이터셋 정의

```
import numpy as np
import glob

from torch.utils.data.dataset import Dataset


class TextGeneration(Dataset):
    def clean_text(self, txt):
        # 모든 단어를 소문자로 바꾸고 특수 문자를 제거
        txt = "".join(v for v in txt if v not in string.punctuation).lower()
        return txt
```

clean_text( ) 함수는 텍스트를 소문자로 바꾸고 특수 문자를 제거하는 함수입니다. 텍스트 생성에서는 대소문자를 구분할 필요가 없기 때문에 모든 단어를 소문자로 바꾸었습니다. 특수 문자도 마찬가지로 모델의 학습에 영향을 미치지 않기 때문에 제거해줍니다. string.punctuation 안에는 문장에서 쓰이는 특수 문자들이 들어 있습니다. 느낌표 물음표 마침표 등, 문장에서 등장하는 특수 문자들이 들어 있는 리스트입니다.

학습에 사용할 데이터셋 객체의 __init__( ) 함수를 구현하겠습니다.

▼ 데이터를 불러와 BOW 생성하기

```python
def __init__(self):
    all_headlines = []

    # ❶ 모든 헤드라인의 텍스트를 불러옴
    for filename in glob.glob(
            "/content/drive/MyDrive/Colab Notebooks/data/CH10/*.csv"):
        if 'Articles' in filename:
            article_df = pd.read_csv(filename)

            # 데이터셋의 headline값을 all_headlines에 추가
            all_headlines.extend(list(article_df.headline.values))
            break

    # ❷ headline 중 unknown값 제거
    all_headlines = [h for h in all_headlines if h != "Unknown"]

    # ❸ 구두점 제거 및 전처리가 된 문장들을 리스트로 반환
    self.corpus = [self.clean_text(x) for x in all_headlines]
    self.BOW = {}

    # ❹ 모든 문장의 단어를 추출해 고유 번호 지정
    for line in self.corpus:
        for word in line.split():
            if word not in self.BOW.keys():
                self.BOW[word] = len(self.BOW.keys())

    # 모델의 입력으로 사용할 데이터
    self.data = self.generate_sequence(self.corpus)
```

❶ Articles라는 이름이 붙는 파일을 전부 불러옵니다. 그다음 csv 파일 안의 헤드라인 텍스트만 불러와서 all_headlines 리스트 안에 저장합니다. ❷ 값이 존재하지 않는 값, 즉 Unknown값을

전부 제거해줍니다. ❸ 구두점 등의 특수 문자는 학습에 방해가 되므로 제거해줍니다. ❹ 전처리가 완료되면 각 단어의 고유 번호를 지정해줍니다.

이번에는 텍스트 시계열을 생성하는 함수를 구현하겠습니다.

▼ BOW를 이용한 시계열 구성

```python
def generate_sequence(self, txt):
    seq = []

    for line in txt:
        line = line.split()
        line_bow = [self.BOW[word] for word in line]

        # 단어 2개를 입력으로, 그다음 단어를 정답으로
        data = [([line_bow[i], line_bow[i+1]], line_bow[i+2])
        for i in range(len(line_bow)-2)]

        seq.extend(data)

    return seq
```

먼저 공백을 기준으로 문장으로부터 단어를 분리 한 뒤, 인접한 두 단어를 입력 데이터로, 그다음에 올 단어를 정답으로 사용합니다.

▼ 데이터셋을 만드는 과정

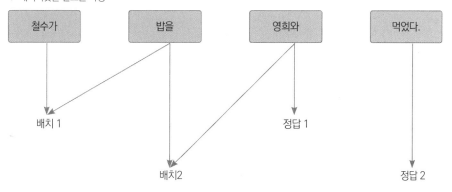

앞의 그림에 데이터셋의 배치와 정답을 만드는 과정을 나타냈습니다. 단어 '철수가'와 '밥을'을 모델의 입력으로 사용하면 다음에 등장하는 단어는 '영희와'입니다. 마찬가지로 '밥을'과 '영희와'가 입력으로 들어오면 '먹었다'가 정답이 됩니다.

다음으로 __len__( ) 함수를 만듭니다. self.data 안에 필요한 모든 데이터가 들어 있기 때문에 self.data의 길이를 반환하는 것으로 충분합니다.

▼ 데이터 개수를 반환하는 함수

```
def __len__(self):
    return len(self.data)
```

__getitem__( ) 함수로 self.data로부터 정답과 입력 데이터를 읽어오겠습니다.

▼ 데이터를 불러오는 함수

```
def __getitem__(self, i):
    data = np.array(self.data[i][0])    # ❶ 입력 데이터
    label = np.array(self.data[i][1]).astype(np.float32)    # ❷ 출력 데이터

    return data, label
```

self.data는 **인접한 두 단어, 그 뒤에 올 단어** 순서로 데이터를 보관하기 때문에 ❶ 입력 데이터로 self.data[i][0]을, ❷ 정답으로 self.data[i][1]을 입력해줍니다.

10.5 LSTM 모델 정의하기

LSTM 모델은 6장의 RNN 모델과 유사하게 구성하겠습니다. 하지만 BOW를 이용해 만든 단어들을 그대로 모델의 입력으로 사용하기엔 문제점이 많습니다. BOW를 그대로 입력으로 사용하고자 한다면, 전체 단어 개수와 같은 길이를 갖는 벡터를 만들고, 고유 번호에 해당하는 요소만 1이고 나머지는 0을 갖는 벡터를 만들어 입력으로 사용해야 합니다. 다중분류를 할 때 클래스를 정의할 때처럼 말이죠.

> **희소 표현**
> 벡터의 요소의 대부분이 0인 표현 방법

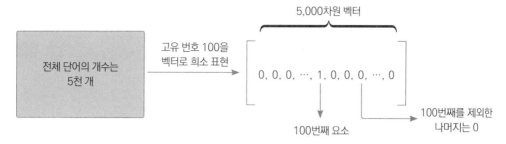
▼ 희소 표현 벡터

전체 단어의 개수는
5천 개

고유 번호 100을
벡터로 희소 표현

5,000차원 벡터

0, 0, 0, …, 1, 0, 0, 0, …, 0

100번째 요소

100번째를 제외한
나머지는 0

하지만 자연어 처리에 사용하는 단어 개수는 다중분류의 클래스보다 훨씬 더 많습니다. 모델의 입력으로 들어가는 입력값의 대부분이 0이 되버리는 셈이죠. 이렇게 대부분의 값이 0이 되는 표현 방식을 희소 표현이라고 부릅니다. 대부분의 값이 0이 되면 학습이 원활하게 이루어지지 않습니다. 0에는 어떤 값을 곱해도 0이 되기 때문입니다. 이를 해결하려면 임베딩층이 필요합니다.

여기서 임베딩층은 희소 표현인 입력 벡터를 밀집 표현으로 바꿔주는 층을 말합니다. 밀집 표현이란 희소 표현과 반대로 0이 거의 포함돼 있지 않은 표현 방법을 말합니다. 단어 개수가 아무리 많아도 임베딩층을 이용해 적당한 차원의 밀집 표현으로 바꿔준다면 딥러닝 모델의 학습에 큰 도움이 됩니다.

밀집 표현
벡터의 요소 대부분이 0이 아닌 표현 방법

▼ 희소 표현을 밀집 표현으로 변환
입력 벡터

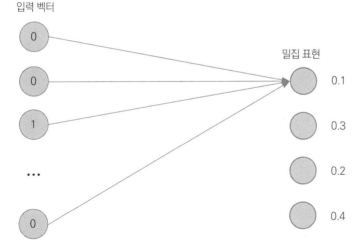

밀집 표현

0.1

0.3

0.2

0.4

앞의 그림이 희소 표현을 밀집 표현으로 바꾸는 방법을 간략하게 나타낸 그림입니다. 화살표가 임베딩층의 가중치를 나타냅니다. 즉, 여기서는 1이라고 되어 있는 입력벡터의 요소에 해당하는 임베딩층의 가중치가 0.1, 0.3, 0.2, 0.4로 계산이 되었다는 의미입니다. 다른 요소에는 다른 가중치가 설정되어 있습니다.

벡터의 밀집 표현은 파이토치의 임베딩층이 계산해줍니다. 임베딩층의 구조는 MLP층과 같습니다.

▼ LSTM 모델 기본 블록

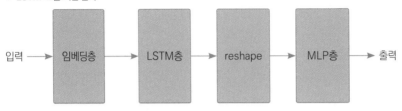

기본 모델을 활용해 텍스트를 생성하는 LSTM 모델을 만들어봅시다.

▼ LSTM 모델 정의

```
import torch.nn as nn

class LSTM(nn.Module):
    def __init__(self, num_embeddings):
        super(LSTM, self).__init__()

        # ❶ 밀집 표현을 위한 임베딩층
        self.embed = nn.Embedding(
            num_embeddings=num_embeddings, embedding_dim=16)

        # LSTM을 5개 층을 쌓음
        self.lstm = nn.LSTM(
            input_size=16,
            hidden_size=64,
            num_layers=5,
            batch_first=True)

        # 분류를 위한 MLP층
        self.fc1 = nn.Linear(128, num_embeddings)
        self.fc2 = nn.Linear(num_embeddings,num_embeddings)

        # 활성화 함수
```

```
        self.relu = nn.ReLU()

    def forward(self, x):
        x = self.embed(x)

        # ❷ LSTM 모델의 예측값
        x, _ = self.lstm(x)
        x = torch.reshape(x, (x.shape[0], -1))
        x = self.fc1(x)
        x = self.relu(x)
        x = self.fc2(x)

        return x
```

❶ 임베딩층을 정의합니다. num_embeddings는 BOW의 단어 개수를 의미합니다. embedding_dim은 밀집 표현의 차원을 의미합니다. 즉, num_embeddings 차원의 벡터를 embedding_dim 차원으로 변경하는 임베딩층을 정의하는 겁니다.

❷ 파이토치의 LSTM층은 RNN층과 비슷하게 전체 출력값과 함께 마지막 은닉 상태를 반환합니다. RNN은 출력값이 은닉 상태 하나뿐이었지만, LSTM은 은닉 상태와 함께 셀 상태도 반환합니다. 이번에는 전체 출력만을 이용하겠습니다.

10.6 학습하기

LSTM의 학습 루프는 6장의 예제와 같습니다. 다만, 이번에는 뒤에 올 단어를 분류하는 분류 문제이므로 손실 계산에 크로스 엔트로피 함수를 이용할 겁니다.

▼ 학습 루프

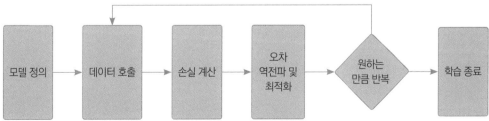

▼ 모델 학습하기

```python
import tqdm

from torch.utils.data.dataloader import DataLoader
from torch.optim.adam import Adam

# 학습을 진행할 프로세서 정의
device = "cuda" if torch.cuda.is_available() else "cpu"

dataset = TextGeneration()  # 데이터셋 정의
model = LSTM(num_embeddings=len(dataset.BOW)).to(device)  # 모델 정의
loader = DataLoader(dataset, batch_size=64)
optim = Adam(model.parameters(), lr=0.001)

for epoch in range(200):
    iterator = tqdm.tqdm(loader)
    for data, label in iterator:
        # 기울기 초기화
        optim.zero_grad()

        # 모델의 예측값
        pred = model(torch.tensor(data, dtype=torch.long).to(device))

        # 정답 레이블은 long 텐서로 반환해야 함
        loss = nn.CrossEntropyLoss()(
            pred, torch.tensor(label, dtype=torch.long).to(device))

        # 오차 역전파
        loss.backward()
        optim.step()

        iterator.set_description(f"epoch{epoch} loss:{loss.item()}")

torch.save(model.state_dict(), "lstm.pth")
```

먼저 학습에 필요한 데이터셋과 모델의 정의합니다. 다음으로 기울기를 초기화하고 모델의 예측
값을 출력한 뒤, 오차를 역전파합니다.

10.7 모델 성능 평가하기

인공지능이 쓴 문장을 확인하려면 반복적으로 모델을 사용해야 합니다. 간단한 함수 하나를 만들어서 결과를 확인하겠습니다.

▼ 모델이 예측하는 문장을 출력하는 함수

```python
def generate(model, BOW, string="finding an ", strlen=10):
    device = "cuda" if torch.cuda.is_available() else "cpu"

    print(f"input word: {string}")

    with torch.no_grad():
        for p in range(strlen):
            # 입력 문장을 텐서로 변경
            words = torch.tensor(
                [BOW[w] for w in string.split()], dtype=torch.long).to(device)

            # ❶ 모델의 입력으로 사용하기 위한 배치 차원 추가
            input_tensor = torch.unsqueeze(words[-2:], dim=0)
            output = model(input_tensor)  # 모델을 이용해 예측
            output_word = (torch.argmax(output).cpu().numpy())
            string += list(BOW.keys())[output_word]  # 문장에 예측된 단어를 추가
            string += " "

    print(f"predicted sentence: {string}")

model.load_state_dict(torch.load("lstm.pth", map_location=device))
pred = generate(model, dataset.BOW)
```

```
input word: finding an
predicted sentence: finding an expansive view and dims it today today sister
sharp in
```

모델이 만들어낸 문장이 어색해 보이지 않습니다. 학습이 잘 진행된 것 같군요.

❶ 모델의 입력으로 사용하기 위해 배치 차원을 추가합니다. 이때 문장의 마지막 두 단어를 사용합니다. 모델의 입력으로 두 단어를 넣어 그다음에 올 단어를 예측하게 되므로 매번 문장의 마지막 두 단어를 입력으로 사용해야 합니다.

▼ 새로 등장한 함수

함수 원형	설명	제공 라이브러리
argmax(A)	텐서 A의 최댓값이 들어 있는 요소의 번호를 반환합니다.	torch

학습 마무리

이번 장에서는 텍스트를 생성하는 데 LSTM을 이용했습니다. 자연어를 딥러닝을 통해 학습하려면 단어를 숫자 표현으로 바꿔줘야 하는데, BOW와 임베딩층을 이용해 밀집 표현으로 바꿔 학습했습니다.

되짚어보기

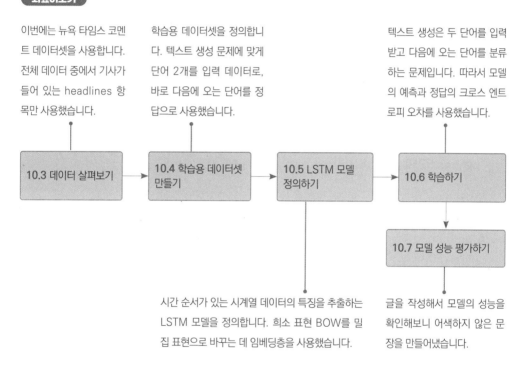

이번에는 뉴욕 타임스 코멘트 데이터셋을 사용합니다. 전체 데이터 중에서 기사가 들어 있는 headlines 항목만 사용했습니다.

학습용 데이터셋을 정의합니다. 텍스트 생성 문제에 맞게 단어 2개를 입력 데이터로, 바로 다음에 오는 단어를 정답으로 사용했습니다.

텍스트 생성은 두 단어를 입력받고 다음에 오는 단어를 분류하는 문제입니다. 따라서 모델의 예측과 정답의 크로스 엔트로피 오차를 사용했습니다.

10.3 데이터 살펴보기 → 10.4 학습용 데이터셋 만들기 → 10.5 LSTM 모델 정의하기 → 10.6 학습하기 → 10.7 모델 성능 평가하기

시간 순서가 있는 시계열 데이터의 특징을 추출하는 LSTM 모델을 정의합니다. 희소 표현 BOW를 밀집 표현으로 바꾸는 데 임베딩층을 사용했습니다.

글을 작성해서 모델의 성능을 확인해보니 어색하지 않은 문장을 만들어냈습니다.

과제

임베딩층을 사용해 밀집 표현으로 바꾸지 않고 희소 표현을 그대로 사용한다면 어떻게 되는지 확인해봅시다.

연습문제

1 LSTM 모델은 몇 개의 입력과 출력을 가질까요?

2 [내가 내 돈 내는데 내가 왜 떨어야 돼]를 BOW로 만들면 어떻게 될까요?

3 BOW에 들어 있는 단어 개수가 1,000개라고 가정할 때, nn.Embedding층을 이용해 20 차원 밀집 표현으로 변환하고자 합니다. 어떻게 층을 구성해야 할까요?

4 LSTM의 입력 벡터가 32차원, 출력을 64차원, 은닉 상태는 128차원으로 구성하고 싶다 면 어떻게 해야 할까요?

   ① nn.LSTM(32, 64, 128)   **②** nn.LSTM(64, 32, 128)

   ③ nn.LSTM(128, 32, 64)   **④** nn.LSTM(128, 64, 32)

   ⑤ nn.LSTM(32, 128, 64)

5 torch.argmax([1, 3, 5, 4])가 반환하는 값은 무엇일까요?

6 nn.Embedding을 이용해 희소 표현을 20차원의 밀집 표현으로 바꾸는 데 성공했습니다. 하지만 20차원은 좀 많은 것 같아 10차원으로 줄이고자 torch.reshape(x, (10))을 사용 한다면 어떻게 될까요?

---

1 정답 LSTM은 이전 시점의 은닉 상태와 셀 상태, 출력은 현시점의 은닉 상태와 셀 상태를 반환합니다. 따라서 입력 2개와 출력 2개를 갖습니다.

2 정답 {내가=0, 내=1, 돈=2, 내는데=3, 왜=4, 떨어야=5, 돼=6}과 같이 됩니다. 내가는 총 두 번 등장하므로 한 번만 BOW에 반영합니다.

3 정답 nn.Embedding(1000, 20)으로 설정하면 됩니다. nn.Embedding층의 첫 번째 인자는 BOW의 단어 개수, 두 번째 인자는 밀집 표현의 차원 수를 나타냅니다.

4 정답 **⑤** nn.LSTM의 첫 번째 인자는 입력 차원, 두 번째 인자는 은닉 상태의 차원, 세 번째 인자는 출력층의 차원을 의미합니다.

5 정답 가장 큰 값은 5입니다. 5는 2번째 요소임으로 2를 반환합니다.

6 정답 에러가 발생합니다. reshape( ) 함수는 텐서의 배치를 바꿔 모양을 바꿉니다. 숫자가 늘어나거나 줄어들면 오류가 발생하기 때문에 20차원의 밀집 표현을 10차원으로 줄이고 싶다면 nn.Embedding층을 수정해야 합니다.

직접 만드는 번역기
어텐션 기계 번역

☐ 학습 목표

딥러닝 모델의 출력은 우리가 정하기 나름입니다. 지금까지는 범주를 나타내는 벡터, 혹은 이미지 같이 간단한 형태만 등장했습니다. 이번에는 문장을 입력받아 문장을 출력하는 비교적 복잡한 형태의 문제를 풀어보겠습니다. 인코더의 모든 시점을 디코더에서 참고하는 어텐션 기법을 이해하고 인공지능 기계 번역기를 만들어봅시다.

☐ 학습 순서

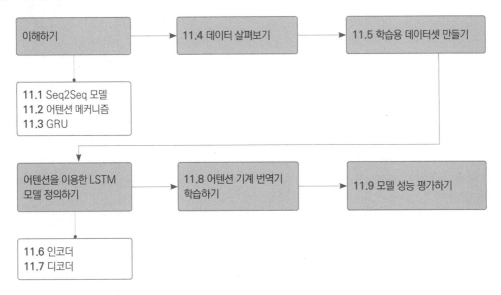

☐ 핵심 용어 미리보기

1 **Seq2Seq** 모델링은 입력과 출력의 길이가 다른 데이터에서 사용합니다.
2 **어텐션**은 인코더의 마지막 은닉 상태뿐만 아니라 인코더의 모든 시점에서의 은닉 상태를 현재의 입력에 반영합니다.
3 **토큰**은 문자를 숫자로 나타내는 방법을 말합니다. 〈SOS〉와 〈EOS〉는 각각 문장의 시작과 끝을 나타내는 토큰입니다.
4 **GRU**는 셀 상태를 없애고 은닉 상태만을 이용해 과거와 현재의 정보를 추출합니다.

5 티처 포싱^{teacher forcing}은 Seq2Seq에서 현시점의 입력으로 모델의 예측값을 사용하는 것이 아니라 정답을 입력하는 학습 방법입니다.

☐ **실습 예제 소개**

문제 정의	Seq2Seq 모델을 만들어 영한 번역기를 만들어보자.		
난이도	★★★★★	노트 바로가기	
이름	어텐션 기계 번역		
알고리즘	GRU		
데이터셋 파일명	Tab-delimited Bilingual Sentence Pairs 출처 : http://www.manythings.org/anki		
데이터셋 소개	같은 의미의 문장을 두 가지 언어로 표현한 데이터셋		
문제 유형	Seq2Seq	평가지표	CE 오차
주요 패키지	torch, torch.nn		
예제 코드 노트	• 위치 : colab.research.google.com/drive/1JiFjYV6BM6MsLIV6wRNnRHAZbr4x-0YB • 단축 URL : http://t2m.kr/uolyb • 파일 : ex11.ipynb		

11.1 이해하기 : Seq2Seq 모델

같은 표현이라고 해도 언어마다 사용하는 단어 개수마저 다를 수 있습니다. 인공지능 번역기를 만들 때도 입력 언어와 출력 언어는 단어 개수가 다를 수 있습니다. 입력 언어는 사용된 단어 개수를 알 수 있지만, 그의 번역에 해당하는 단어 개수는 모델이 전혀 알 수 없습니다. 따라서 모델을 만들 때 몇 개의 단어를 출력할지 모른다는 얘기입니다. 이런 문제는 어떻게 해결할 수 있을까요?

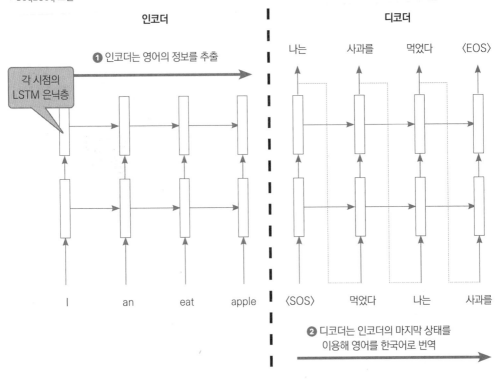

▼ Seq2Seq 모델

문장을 입력으로 해 문장을 출력하는 데 Seq2Seq 구조를 사용합니다. 그림에 그려진 네모는 모두 각 시점에서의 LSTM 은닉층입니다. ❶ LSTM을 인코더와 디코더로 구성해서 인코더는 번역하고자 하는 언어의 문장으로부터 정보를 추출하고, ❷ 디코더는 반대로 번역된 문장을 만듭니다. 이렇게 문장을 입력으로 해 문장을 출력하는 구조를 Seq2Seq라고 부릅니다.

> **Seq2Seq(sequence to sequence)**
> 문장을 입력으로 받아 문장을 출력하는 구조를 말합니다

그림에서 디코더에 있는 〈SOS〉와 〈EOS〉는 각각 문장의 시작start of speech과 끝end of speech을 나타내는 토큰입니다. 토큰은 단어를 숫자로 표현한 것이라고 생각하면 됩니다. 10장에서 BOW, 혹은 임베딩층의 결과 등, 토큰은 다양하게 표현할 수 있습니다.

> **토큰**
> 문자를 숫자로 표현하는 방법을 말합니다.

10장에서 우리는 BOW를 알아봤습니다(10.5절 'LSTM 모델 정의하기' 참조). 만약 BOW를 그대로 사용한다면 희소 표현 벡터가 그 단어의 토큰이 될 겁니다. 만약 BOW를 파이토치의 임베딩층을 이용해 밀집 표현으로 변환했다면 밀집 표현이 단어의 토큰이 되겠죠.

▼ Seq2Seq 장단점

장점	단점
• 순서가 있는 데이터를 다룰 때 사용할 수 있습니다. • RNN 및 LSTM 알고리즘에 비해 성능이 좋습니다.	• 알고리즘이 복잡하기 때문에 구현이 어렵습니다. • 모든 시점을 고려하기 때문에 일반적인 시계열 알고리즘보다 계산량이 늘어납니다.

▼ 유용한 곳

• 텍스트를 입력으로 받고 텍스트를 출력할 때 사용하기 좋습니다.
• 어텐션 메커니즘은 이미지 전체를 보도록 CNN에서 사용할 수도 있습니다.

11.2 이해하기 : 어텐션 메커니즘

Seq2Seq 구조에서는 마지막 단어, 바로 앞에서 살펴본 그림 기준으로 인코더에서 apple에 해당하는 층의 출력값만이 디코더의 입력으로 들어갑니다. LSTM의 출력은 마지막 시점의 은닉 상태와 셀 상태였다는 것을 상기합시다. 짧은 문장에서는 문제가 없을 테지만, 문장 길이가 너무 길면 번역할 문장 정보가 온전히 디코더로 넘어가지 못하는 상황이 생길 수도 있습니다. 마지막 시점의 은닉 상태는 인코더의 모든 시점 정보가 섞인 상태이기 때문입니다. 문장이 짧다면 첫 번째 단어의 정보가 온전히 남아 있을 테지만, 문장이 길어질수록 앞에 등장한 정보는 점점 흐려집니다.

이 문제를 해결하는 알고리즘인 어텐션 메커니즘은 디코더의 매 시점에서 인코더의 은닉 상태를 전부 사용합니다. 마지막 단어의 정보만 디코더로 넘기는 것이 아닌, 매번 인코더의 은닉 상태를 디코더로 넘겨주는 방식입니다.

> **어텐션 메커니즘**
> 인코더의 모든 시점의 은닉 상태를 디코더에서 참고하는 구조를 의미합니다.

어텐션 메커니즘은 굉장히 복잡하고 까다로운 알고리즘이기 때문에 그림을 보면서 차례대로 설명 드리겠습니다.

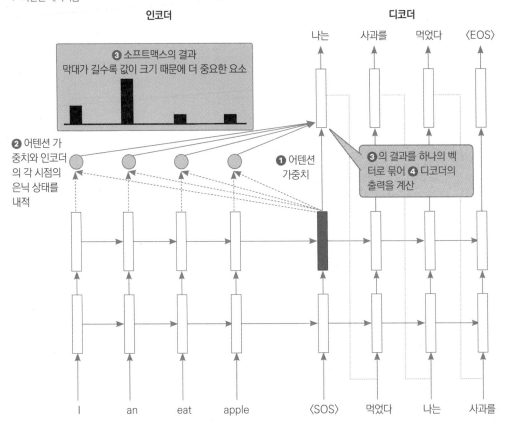

▼ 어텐션 메커니즘

먼저 앞에 나온 그림의 검정 네모가 디코더의 첫 번째 시점을 나타내고 있습니다. 디코더의 까맣게 칠해진 층에서 인코더의 은닉 상태와 디코더의 입력이 들어옵니다. ❶ 이때의 디코더의 출력 벡터를 어텐션 가중치라 부르겠습니다. ❷ 어텐션 가중치와 인코더의 각 시점의 은닉 상태를 내적한 다음, ❸ 소프트맥스 함수를 거치면 디코더의 현시점에 대한 인코더의 각 시점의 중요도를 구할 수 있습니다. 인코더 위에 나온 막대 그래프가 각 인코더 시점의 중요도를 나타냅니다. ❹ 이 중요도 전부를 하나의 벡터로 묶은 다음, 디코더의 은닉 상태와 합쳐 현시점의 디코더 출력을 구하는 과정을 어텐션 메커니즘이라고 부릅니다.

11.3 이해하기 : GRU

LSTM은 하나의 층에서 은닉 상태뿐만 아니라 셀 상태까지 반환했습니다. GRU는 은닉 상태와 셀 상태를 합쳐서 LSTM을 더 간단하게 만든 모델입니다. GRU 역시 구조가 복잡하므로 그림을 보면서 차근차근 설명드리겠습니다.

> **GRU(gated recurrent unit)**
> LSTM을 간략화한 모델로 셀 상태와 은닉 상태를 통합한 모델입니다.

▼ GRU의 구조

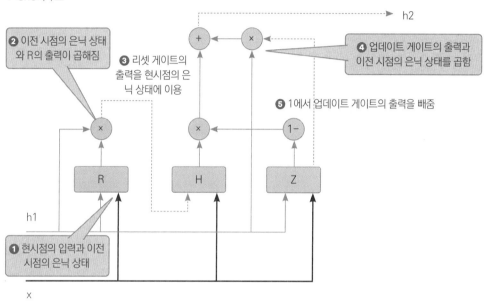

R에서는 ❶ 현시점의 입력과 이전 시점의 은닉 상태를 입력으로 받아 값을 출력한 후, ❷ 이전 시점의 은닉 상태와 곱합니다. 이 과정에서 이전의 정보를 제거할 수 있습니다. 과거의 정보를 제거할 수 있기 때문에 리셋 게이트라고 부릅니다. ❸ 리셋 게이트의 출력은 현재의 입력과 같이 현시점의 은닉 상태를 만들어냅니다. 중앙에 H로 표시된 부분입니다. Z는 GRU의 핵심 부분인 업데이트 게이트입니다. 업데이트 게이트의 출력은 ❹ 이전 시점의 은닉 상태와 곱해지고, ❺ 1에서 업데이트 게이트의 값을 뺀 값을 현시점의 은닉 상태와 곱해줍니다. 즉 업데이트 게이트의 값이 0에 가까울수록 이전의 정보를 적게, 1에 가까울수록 현재의 정보를 적게 은닉 상태에 반영하는 겁니다. ❺의 결과와 H의 출력을 곱해주고, ❹와 더해주면 현시점의 은닉 상태를 구할 수 있습니다. GRU는 LSTM과 다르게 셀 상태가 존재하지 않기 때문에 출력이 현시점의 은닉 상태 하나뿐입니다. 이로써 LSTM과 비슷하게 현재와 과거의 정보를 학습하면서도 셀 상태를 사용하지 않게 되었습니다.

11.4 데이터 살펴보기

기계 번역에 영어와 한글 문장을 모아놓은 데이터셋을 이용할 겁니다. 데이터셋의 형식은 이렇습니다.

```
Go.    가.    CC-BY 2.0 (France) Attribution: tatoeba.org #2877272 (CM) & #8363271
(Eunhee)
Hi.    안녕.   CC-BY 2.0 (France) Attribution: tatoeba.org #538123 (CM) & #8355888
(Eunhee)
Run!   뛰어!   CC-BY 2.0 (France) Attribution: tatoeba.org #906328 (papabear) &
#8355891 (Eunhee)
Run.   뛰어.   CC-BY 2.0 (France) Attribution: tatoeba.org #4008918 (JSakuragi) &
#8363273 (Eunhee)
Who?   누구?   CC-BY 2.0 (France) Attribution: tatoeba.org #2083030 (CK) & #6820074
(yesjustryan)
```

영어 문장과 한글 문장은 탭으로 구분되어져 있습니다. 하지만 뒤에 의미를 알 수 없는 문자열이 붙어 있군요(뒤쪽에 붙은 문자열은 학습에 이용하지 않는 문자열이므로 제거해놓은 데이터셋을 책의 구글 드라이브에 올려놓았습니다).

▼ 데이터 확인해보기

```python
import string

l = []

# 한글 텍스트 파일을 읽기 위해 utf-8 인코딩으로 읽어옴
with open(
    "/content/drive/MyDrive/Colab Notebooks/data/CH11.txt",
    'r', encoding="utf-8") as f:
  lines = f.read().split("\n")
  for line in lines:
      # 특수 문자를 지우고 모든 글자를 소문자로 변경
      txt = "".join(v for v in line if v not in string.punctuation).lower()
      l.append(txt)

print(l[:5])
```

```
['go\t가', 'hi\t안녕', 'run\t뛰어', 'run\t뛰어', 'who\t누구']
```

영어와 한글 문장이 \t로 구분되어 있다는 점에 주의해주세요.

11.5 학습용 데이터 만들기

이번에 만들 데이터셋 객체는 조금 복잡합니다. 텍스트 생성과 비슷하게 진행되지만 불러오는 문장 길이가 모두 똑같지는 않습니다. 또한 데이터셋에는 상당히 많은 수의 문장이 포함되어 있기 때문에 단어가 10개를 넘지 않는 문장만을 이용할 겁니다. 문장을 불러올 때 〈EOS〉 토큰을 추가해서 문장이 끝났음을 알리는 과정에 주의해주세요. 먼저 BOW를 만드는 함수부터 구현해봅시다.

▼ BOW를 만드는 함수 정의

```python
import numpy as np
import torch

from torch.utils.data.dataset import Dataset

def get_BOW(corpus):  # 문장들로부터 BOW를 만드는 함수
    BOW = {"<SOS>":0, "<EOS>":1}  # ❶ <SOS> 토큰과 <EOS> 토큰 추가

    # ❷ 문장 내 단어들을 이용해 BOW 생성
    for line in corpus:
        for word in line.split():
            if word not in BOW.keys():
                BOW[word] = len(BOW.keys())

    return BOW
```

❶ BOW 안에 문장의 시작과 끝을 알리는 〈SOS〉와 〈EOS〉 토큰을 만들어줍니다. ❷ corpus 안의 문장들을 하나씩 불러와, 공백을 기준으로 단어를 분리하고 단어가 등장한 순서대로 BOW를 만들어줍니다.

다음으로 데이터셋 객체를 구현하겠습니다. 먼저 __init__() 함수를 구현합니다.

▼ 학습에 사용할 데이터셋 정의

```python
class Eng2Kor(Dataset):  # 학습에 이용할 데이터셋
    def __init__(
```

```
        self,
        pth2txt=\
        "/content/drive/MyDrive/Colab Notebooks/data/CH11.txt"):
        self.eng_corpus = []  # 영어 문장이 들어가는 변수
        self.kor_corpus = []  # 한글 문장이 들어가는 변수


        # ❶ 텍스트 파일을 읽어서 영어과 한글 문장 저장
        with open(pth2txt, 'r', encoding="utf-8") as f:
            lines = f.read().split("\n")
            for line in lines:
                # 특수 문자와 대문자 제거
                txt = "".join(
                    v for v in line if v not in string.punctuation
                    ).lower()
                engtxt = txt.split("\t")[0]
                kortxt = txt.split("\t")[1]

                # 길이가 10 이하인 문장만 사용
                if len(engtxt.split()) <= 10 and len(kortxt.split()) <= 10:
                    self.eng_corpus.append(engtxt)
                    self.kor_corpus.append(kortxt)

        self.engBOW = get_BOW(self.eng_corpus)  # 영어 BOW
        self.korBOW = get_BOW(self.kor_corpus)  # 한글 BOW
```

❶ 텍스트 파일을 읽어온 다음, 한글 문장과 영어 문장을 분리하고, 각각을 담는 변수에 넣어줍니다. 그다음 문장에 10개 이상의 단어가 들어간 문장들을 학습에서 제외합니다. 어텐션은 모든 시점을 고려하는 알고리즘이므로 문장 길이가 길어질수록 메모리 사용량과 계산량이 기하급수적으로 늘어납니다. 따라서 이번에는 리소스 부담을 줄일 목적으로 10개 이하의 단어를 가진 문장만 사용하겠습니다. 마지막으로 get_BOW( ) 함수를 이용해 영어 문장과 한글 문장을 각각 BOW로 변환해주면 됩니다.

신경망의 입력에 사용되는 문장을 신경망의 형태에 맞게 전처리하는 함수를 만들 차례입니다. 입력받은 문장을 단어별로 분리하고 마지막에 〈EOS〉 토큰을 추가하는 gen_seq( ) 함수를 만듭니다.

▼ 문장을 단어별로 분리하는 함수

```python
# 문장을 단어별로 분리하고 마지막에 <EOS> 추가
def gen_seq(self, line):
    seq = line.split()
    seq.append("<EOS>")

    return seq
```

__len__( ) 함수와 __getitem__( ) 함수를 만들겠습니다.

▼ 길이를 반환하는 함수와 데이터를 불러오는 함수 정의

```python
def __len__(self): # ❶ 데이터의 개수를 반환하는 함수
    return len(self.eng_corpus)

def __getitem__(self, i): # ❷ 데이터와 정답을 반환하는 함수
    # 문자열로 되어 있는 문장을 숫자 표현으로 변경
    data = np.array([
        self.engBOW[txt] for txt in self.gen_seq(self.eng_corpus[i])])

    label = np.array([
        self.korBOW[txt] for txt in self.gen_seq(self.kor_corpus[i])])

    return data, label
```

사용할 수 있는 데이터 개수는 문장 개수와 같습니다. 따라서 ❶ __len__( ) 함수는 영어 문장이 담겨 있는 변수인 self.eng_corpus 변수의 길이를 반환하면 됩니다. ❷ __getitem__( ) 함수는 입력과 정답을 반환합니다. 입력은 텍스트로 되어 있는 문장이므로, 신경망의 입력하려면 숫자 표현으로 바꿔줘야 합니다. self.gen_seq( )를 이용해 문장을 숫자 표현으로 바꿔줍니다. 입력 문장은 영어, 정답은 한글 문장이라는 사실에 주의해주세요.

문장마다 길이가 다르기 때문에 한 번에 여러 문장을 처리하기 어렵습니다. 따라서 문장을 하나씩 불러오는 함수가 필요합니다.

▼ 학습에 사용할 데이터로더 정의

```python
def loader(dataset):  # 데이터셋의 문장을 한 문장씩 불러오는 함수
    for i in range(len(dataset)):
```

```
        data, label = dataset[i]

        # ❶ 데이터와 정답 반환
        yield torch.tensor(data), torch.tensor(label)
```

❶ yield 구문은 return과 비슷하게 값을 반환합니다. 다만 yield는 값을 반복적으로 반환하는 데 사용됩니다.

11.6 인코더 정의하기

인코더는 번역하고자 하는 문장의 특징을 추출하는 부분입니다. 임베딩층을 이용해 BOW를 밀집 표현으로 바꿔주고 GRU층의 입력으로 사용하겠습니다.

▼ 어텐션 기계 번역기 인코더 구성

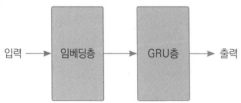

인코더의 구성은 간단합니다. 임베딩층과 GRU층을 쌓는 것으로 충분합니다.

▼ 인코더 정의

```
import torch.nn as nn


class Encoder(nn.Module):
    def __init__(self, input_size, hidden_size):
        super(Encoder, self).__init__()

        self.embedding = nn.Embedding(input_size, hidden_size)
        self.gru = nn.GRU(hidden_size, hidden_size)

    def forward(self, x, h):
        # ❶ 배치 차원과 시계열 차원 추가
```

```
        x = self.embedding(x).view(1, 1, -1)
        output, hidden = self.gru(x, h)
        return output, hidden
```

❶ 입력으로 들어오는 텐서는 단순한 단어들의 나열입니다. 따라서 배치 차원과 시계열 차원을 추가해줘야 합니다.

▼ 새로 등장한 함수

함수 원형	설명	제공 라이브러리
GRU(input_size, hidden_size, num_layers)	GRU를 계산합니다. input_size는 입력 벡터의 차원, hidden_size는 은닉 상태의 차원 수, num_layers는 쌓아올릴 GRU층의 개수를 정의합니다.	torch.nn

11.7 디코더 정의하기

이번 장의 핵심인 어텐션 디코더를 구현하겠습니다.

▼ 어텐션 기계 번역기 디코더 구성

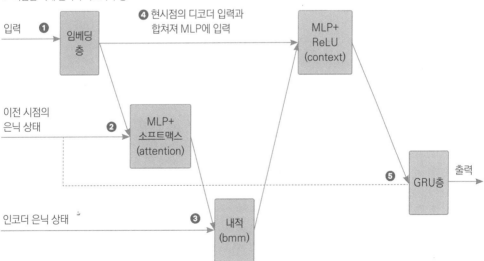

❶ 현시점의 입력을 임베딩층으로 넣어 밀집 표현으로 바꿔줍니다. ❷ 임베딩된 현시점의 입력과 이전 시점의 은닉 상태를 MLP층에 넣어주면 어텐션 가중치를 얻을 수 있습니다(코드에서는 self.attention). ❸ 인코더의 출력과 어텐션 가중치를 내적해 인코더 각 시점의 중요도를 계산합니다(코드에서는 torch.bmm( )). ❹ 임베딩된 현시점의 입력과 합쳐 MLP층에 넣어서 특징을 추출합니다(코드에서는 self.context). ❺ 마지막으로 추출한 특징과 이전 시점의 은닉 상태를 LSTM층에 넣어 시계열 정보를 학습합니다.

이제 디코더를 코드로 만들어보면서 동작을 확인하겠습니다.

▼ 디코더 정의

```python
class Decoder(nn.Module):
    def __init__(self, hidden_size, output_size, dropout_p=0.1, max_length=11):
        super(Decoder, self).__init__()

        # 임베딩층 정의
        self.embedding = nn.Embedding(output_size, hidden_size)

        # 어텐션 가중치를 계산하기 위한 MLP층
        self.attention = nn.Linear(hidden_size * 2, max_length)

        # 특징 추출을 위한 MLP층
        self.context = nn.Linear(hidden_size * 2, hidden_size)

        # 오버피팅을 피하기 위한 드롭아웃층
        self.dropout = nn.Dropout(dropout_p)

        # GRU층
        self.gru = nn.GRU(hidden_size, hidden_size)

        # 단어 분류를 위한 MLP층
        self.out = nn.Linear(hidden_size, output_size)

        # 활성화 함수
        self.relu = nn.ReLU()
        self.softmax = nn.LogSoftmax(dim=1)

    def forward(self, x, h, encoder_outputs):
        # ❶ 입력을 밀집 표현으로
```

```
x = self.embedding(x).view(1, 1, -1)
x = self.dropout(x)

# ❷ 어텐션 가중치 계산
attn_weights = self.softmax(
    self.attention(torch.cat((x[0], h[0]), -1)))

# ❸ 어텐션 가중치와 인코더의 출력을 내적
attn_applied = torch.bmm(attn_weights.unsqueeze(0),
                         encoder_outputs.unsqueeze(0))

# ❹ 인코더 각 시점의 중요도와 민집 표현을 합쳐 MLP층으로 특징 추출
output = torch.cat((x[0], attn_applied[0]), 1)
output = self.context(output).unsqueeze(0)
output = self.relu(output)

# ❺ GRU층으로 입력
output, hidden = self.gru(output, h)

# ❻ 예측된 단어 출력
output = self.out(output[0])

return output
```

❶ 먼저 현시점의 디코더 입력을 임베딩층을 이용해 밀집 표현으로 바꿔줍니다. 여기서 오버피팅을 피하기 위해 드롭아웃층을 넣어주세요. ❷ 어텐션 가중치를 계산합니다. 여기서 현시점의 디코더 입력에 대한 인코더 각 시점의 중요도를 구할 수 있습니다. ❸ 이제 bmm을 이용해 어텐션 가중치와 현시점의 밀집 표현을 내적해줍니다. 이때의 결과가 인코더 각 시점의 중요도입니다.

▼ 새로 등장한 함수

함수 원형	설명	제공 라이브러리
bmm(A, B)	A와 B를 내적합니다. A 크기가 (B, N, M)이고, B 크기가 (B, M, K)일 때 (B, N, K) 크기의 출력을 반환합니다.	torch
LogSoftmax(dim)	소프트맥스 함수에 로그를 취한 값을 반환합니다. dim 차원에 대한 소프트맥스를 계산합니다.	nn

❹ 인코더의 중요도와 현시점에서의 디코더의 밀집 표현을 합쳐 MLP층으로 입력합니다. 이때 MLP층은 인코더 각 시점의 중요도와 현시점 디코더의 밀집 표현을 동시에 처리합니다. 따라서 이때 인코더의 중요도가 디코더에 반영됩니다. ❺ 계산된 결과를 GRU층의 입력으로 사용합니다. ❻ 최종적으로 예측된 단어를 출력하면 디코더의 동작이 끝납니다.

11.8 어텐션 기계 번역기 학습하기

기계 번역을 학습하는 알고리즘은 복잡하므로 그림을 사용해 설명하겠습니다.

▼ 어텐션 기계 번역 알고리즘의 흐름

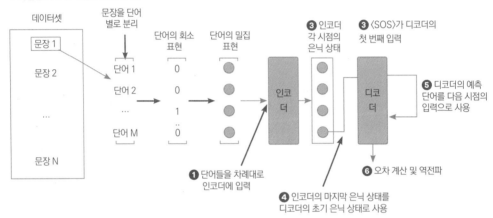

❶ 문장을 불러와 한 단어씩 인코더에 입력합니다. ❷ 각 시점에서의 인코더의 결과를 저장합니다. ❸ 디코더의 첫 입력으로 〈SOS〉 토큰을 입력합니다. ❹ 디코더의 첫 은닉 상태로 인코더의 마지막 은닉 상태를 입력합니다. ❺ 디코더의 예측 단어와 은닉 상태를 다음 시점으로 넘겨줍니다. ❻ 오차 계산 및 역전파를 진행합니다. 코드로 하나하나 구현해봅시다.

먼저 학습에 필요한 요소를 정의합니다. 학습에 사용할 최적화 알고리즘으로 Adam을 이용하겠습니다.

▼ 학습에 필요한 요소 정의

```
import random
import tqdm
```

```
from torch.optim.adam import Adam

# 학습에 사용할 프로세서 정의
device = "cuda" if torch.cuda.is_available() else "cpu"
# 학습에 사용할 데이터셋 정의
dataset = Eng2Kor()

# 인코더 디코더 정의
encoder = Encoder(input_size=len(dataset.engBOW), hidden_size=64).to(device)
decoder = Decoder(64, len(dataset.korBOW), dropout_p=0.1).to(device)
# 인코더 디코더 학습을 위한 최적화 정의
encoder_optimizer = Adam(encoder.parameters(), lr=0.0001)
decoder_optimizer = Adam(decoder.parameters(), lr=0.0001)
```

11.5절 코드에서 만든 데이터셋 클래스를 호출해 학습에 필요한 데이터셋을 만들어주세요. 그 다음 인코더와 디코더를 정의하고, 가중치를 수정할 최적화를 정의합니다. 디코더의 드롭아웃은 0.1을 지정해주세요. 드롭아웃의 p값은 일반적으로 0.1 정도를 선호합니다.

다음은 학습 루프를 구현합니다.

▼ 학습 루프 정의

```
for epoch in range(200):
    iterator = tqdm.tqdm(loader(dataset), total=len(dataset))
    total_loss = 0

    for data, label in iterator:
        data = torch.tensor(data, dtype=torch.long).to(device)
        label = torch.tensor(label, dtype=torch.long).to(device)

        # 인코더의 초기 은닉 상태
        encoder_hidden = torch.zeros(1, 1, 64).to(device)
        # 인코더의 모든 시점의 출력을 저장하는 변수
        encoder_outputs = torch.zeros(11, 64).to(device)

        encoder_optimizer.zero_grad()
        decoder_optimizer.zero_grad()

        loss = 0
```

encoder_hidden은 인코더의 초기 은닉 상태를 저장하는 변수입니다. 어텐션은 인코더의 모든 시점의 출력을 디코더에서 이용하기 때문에 인코더의 출력을 저장할 변수가 필요합니다. encoder_outputs에 저장하도록 합니다.

다음은 인코더의 동작을 보겠습니다. 단어를 하나씩 인코더에 넣어주고 은닉 상태를 저장한 다음, 디코더의 초기 은닉 상태를 위해 인코더의 마지막 은닉 상태를 저장합니다.

▼ 인코더의 동작

```
for ei in range(len(data)):
    # ❶ 한 단어씩 인코더에 넣어줌
    encoder_output, encoder_hidden = encoder(
        data[ei], encoder_hidden)
    # ❷ 인코더의 은닉 상태를 저장
    encoder_outputs[ei] = encoder_output[0, 0]

decoder_input = torch.tensor([[0]]).to(device)

# ❸ 인코더의 마지막 은닉 상태를 디코더의 초기 은닉 상태로 저장
decoder_hidden = encoder_hidden
```

❶ 단어를 하나씩 불러와서 인코더의 입력으로 넣어줍니다. ❷ 이때 각 시점의 출력을 encoder_outputs에 저장하는 것에 주의해주세요. 디코더의 첫 번째 입력은 문장의 시작을 나타내는 〈SOS〉 토큰입니다. decoder_input에 0이 들어 있다는 사실에 주의해주세요. ❸ 인코더의 마지막 시점의 출력이 디코더의 초기 은닉 상태가 됩니다.

다음은 디코더의 동작입니다.

▼ 디코더의 동작(티처 포싱을 사용하는 루프)

```
# ❶ 티처 포싱 사용 여부를 랜덤하게 결정
use_teacher_forcing = True if random.random() < 0.5 else False

if use_teacher_forcing:
    for di in range(len(label)):
        decoder_output = decoder(
            decoder_input, decoder_hidden, encoder_outputs)

        # 직접적으로 정답을 다음 시점의 입력으로 넣어줌
```

```
        target = torch.tensor(label[di], dtype=torch.long).to(device)
        target = torch.unsqueeze(target, dim=0).to(device)
        loss += nn.CrossEntropyLoss()(decoder_output, target)
    decoder_input = target
```

❶ 어텐션을 이용한 기계 번역은 학습하기가 매우 어렵습니다. 학습이 되지 않은 디코더는 엉뚱한
답을 내놓을 것이고 그 답을 토대로 학습이 이루어질 것이기
때문에 디코더가 제대로 된 답을 낼 때까지 오랜 시간이 걸릴
겁니다. 이 시간을 단축하기 위해 강제적으로 정답을 디코더
에게 넣어줄 수 있는데 이런 기술을 티처 포싱이라고 부릅니
다. 여기서는 50%의 확률로 정답을 넣어주겠습니다.

> **티처 포싱(teacher forcing)**
> Seq2Seq 구조에서 현시점의 입력
> 을 모델의 예측값을 사용하는 대신에
> 정답을 이용하는 학습 방법입니다. 우
> 리말로는 교사 강요라고 부릅니다.

다음은 티처 포싱을 사용하지 않았을 때의 코드입니다.

▼ 디코더의 동작(티처 포싱을 사용하지 않는 루프)

```
    else:
        for di in range(len(label)):
            decoder_output = decoder(
                decoder_input, decoder_hidden, encoder_outputs)

            # ❶ 가장 높은 확률을 갖는 단어의 인덱스가 topi
            topv, topi = decoder_output.topk(1)
            decoder_input = topi.squeeze().detach()

            # 디코더의 예측값을 다음 시점의 입력으로 넣어줌
            target = torch.tensor(label[di], dtype=torch.long).to(device)
            target = torch.unsqueeze(target, dim=0).to(device)
            loss += nn.CrossEntropyLoss()(decoder_output, target)

            if decoder_input.item() == 1:  # <EOS> 토큰을 만나면 중지
                break
```

디코더에 초기 은닉 상태, 초기 입력을 입력하고 출력을 저장합니다. ❶ topk() 메서드를 이용해
가장 높은 확률을 갖는 단어가 디코더의 예측값이므로 해당 값을 다음 시점의 디코더 입력으로 사
용해줍니다. 이때 올바른 예측을 했는지 정답과 비교해서 손실을 계산해줍니다. 즉, 디코더의 매

시점에서 손실을 계산해준 다음, 손실의 평균값이 전체 손실이 됩니다. 학습 도중, ⟨EOS⟩ 토큰을 만나면 문장이 끝났다는 뜻이므로 루프를 탈출합니다.

▼ 새로 등장한 함수

함수 원형	설명	제공 라이브러리
topk(A, k)	텐서 A에서 가장 높은 값을 갖는 k개의 요소를 뽑아 반환합니다.	torch

마지막으로 전체 손실을 계산하고 인코더와 디코더에 역전파합니다.

▼ 손실 계산과 오차 역전파

```
    # 전체 손실 계산
    total_loss += loss.item()/len(dataset)
    iterator.set_description(f"epoch:{epoch+1} loss:{total_loss}")
    loss.backward()

    encoder_optimizer.step()
    decoder_optimizer.step()
torch.save(encoder.state_dict(), "attn_enc.pth")  # 인코더 가중치 저장
torch.save(decoder.state_dict(), "attn_dec.pth")  # 디코더 가중치 저장
```

11.9 모델 성능 평가하기

번역이 제대로 이루어지는지 확인하겠습니다. 학습할 때와 마찬가지로 디코더의 예측 단어를 다음 시점으로 넘겨주고 ⟨EOS⟩ 토큰을 만나면 중지하도록 루프를 구성해줘야 합니다.

위 코드는 기계 번역에 필요한 변수를 정의합니다.

▼ 모델 성능 평가에 필요한 요소 정의

```
# 인코더 가중치 불러오기
encoder.load_state_dict(torch.load("attn_enc.pth", map_location=device))
# 디코더 가중치 불러오기
decoder.load_state_dict(torch.load("attn_dec.pth", map_location=device))

# ❶ 불러올 영어 문장을 랜덤하게 지정
```

```
idx = random.randint(0, len(dataset))
# 테스트에 사용할 문장
input_sentence = dataset.eng_corpus[idx]
# 신경망이 번역한 문장
pred_sentence = ""

data, label = dataset[idx]
data = torch.tensor(data, dtype=torch.long).to(device)
label = torch.tensor(label, dtype=torch.long).to(device)

# ❷ 인코더의 초기 은닉 상태 정의
encoder_hidden = torch.zeros(1, 1, 64).to(device)
# 인코더 출력을 담기위한 변수
encoder_outputs = torch.zeros(11, 64).to(device)
```

❶ 데이터셋으로부터 랜덤하게 문장을 불러오고, ❷ 인코더의 초기 은닉 상태와 출력을 담을 변수를 정의해줍시다.

다음으로 모델의 예측값을 얻기 위한 인코더의 동작을 보겠습니다.

▼ 인코더 동작

```
for ei in range(len(data)):
    # ❶ 한 단어씩 인코더에 넣어줌
    encoder_output, encoder_hidden = encoder(
        data[ei], encoder_hidden)

    # ❷ 인코더의 출력 저장
    encoder_outputs[ei] = encoder_output[0, 0]

# ❸ 디코더의 초기 입력
# 0은 <SOS>토큰
decoder_input = torch.tensor([[0]]).to(device)

# ❹ 인코더의 마지막 은닉 상태를 디코더의 초기 은닉 상태로
decoder_hidden = encoder_hidden
```

인코더의 동작을 정의합니다. ❶ 먼저 단어를 하나씩 인코더에 넣어줍니다. ❷ 매 시점의 인코더 출력을 encoder_outputs에 넣어줍니다. ❸ 디코디의 초기 입력은 〈SOS〉 토큰이며, ❹ 인코더의 마지막 은닉 상태를 디코더의 초기 은닉 상태로 넣어줍니다.

마지막으로 예측값을 얻을 디코더의 동작을 보겠습니다.

▼ 디코더 동작

```
for di in range(11):
    # ❶ 가장 높은 확률을 갖는 단어의 요소를 구함
    decoder_output = decoder(
                    decoder_input, decoder_hidden, encoder_outputs)
    topv, topi = decoder_output.topk(1)
    decoder_input = topi.squeeze().detach()

    # ❷ <EOS> 토큰을 만나면 중지
    if decoder_input.item() == 1:
        break

    # ❸ 가장 높은 단어를 문자열에 추가
    pred_sentence += list(dataset.korBOW.keys())[decoder_input] + " "

print(input_sentence)   # 영어 문장
print(pred_sentence)    # 한글 문장
```

```
tom works in a bank now
톰은 현재 은행에서 일해
```

❶ 디코더의 각 시점에서 가장 높은 확률을 갖는 단어를 출력합니다. ❷ 이때 만약 모델이 〈EOS〉 토큰을 출력했다면 문장의 마지막이 됐다는 뜻이기 때문에 더는 모델의 예측값을 계산하지 않고 루프를 종료합니다. ❸ 가장 높은 확률을 갖는 단어를 문자열의 형태로 pred_sentence 안에 추가해줍니다.

학습 마무리

이번 장에서는 디코더에서 인코더의 모든 시점의 은닉 상태를 참고하는 어텐션 메커니즘을 알아보았습니다. 또한 기계 번역을 위해 GRU에 어텐션 메커니즘을 적용시켰습니다. 번역에서는 입력 길이와 출력 길이가 반드시 일치하지 않기 때문에 Seq2Seq 모델링을 이용했습니다.

되짚어보기

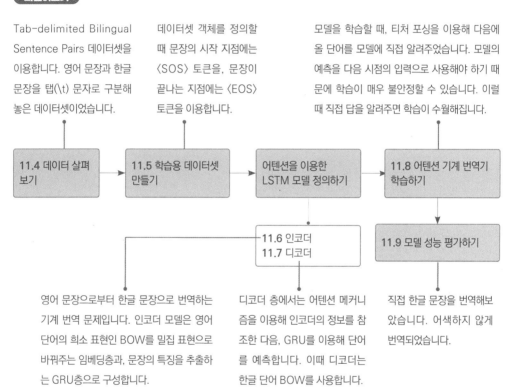

Tab-delimited Bilingual Sentence Pairs 데이터셋을 이용합니다. 영어 문장과 한글 문장을 탭(\t) 문자로 구분해 놓은 데이터셋이었습니다.

데이터셋 객체를 정의할 때 문장의 시작 지점에는 〈SOS〉 토큰을, 문장이 끝나는 지점에는 〈EOS〉 토큰을 이용합니다.

모델을 학습할 때, 티처 포싱을 이용해 다음에 올 단어를 모델에 직접 알려주었습니다. 모델의 예측을 다음 시점의 입력으로 사용해야 하기 때문에 학습이 매우 불안정할 수 있습니다. 이럴 때 직접 답을 알려주면 학습이 수월해집니다.

11.4 데이터 살펴보기 → **11.5 학습용 데이터셋 만들기** → **어텐션을 이용한 LSTM 모델 정의하기** → **11.8 어텐션 기계 번역기 학습하기**

11.6 인코더
11.7 디코더

11.9 모델 성능 평가하기

영어 문장으로부터 한글 문장으로 번역하는 기계 번역 문제입니다. 인코더 모델은 영어 단어의 희소 표현인 BOW를 밀집 표현으로 바꿔주는 임베딩층과, 문장의 특징을 추출하는 GRU층으로 구성합니다.

디코더 층에서는 어텐션 메커니즘을 이용해 인코더의 정보를 참조한 다음, GRU를 이용해 단어를 예측합니다. 이때 디코더는 한글 단어 BOW를 사용합니다.

직접 한글 문장을 번역해보았습니다. 어색하지 않게 번역되었습니다.

연습문제

1 GRU는 몇 개의 입력과 출력을 가질까요?

2 입력의 길이와 출력의 길이가 다른 모델을 무엇이라 부를까요?

3 어텐션 메커니즘이 일반적인 시계열 처리 알고리즘에 비해 갖는 이점은 무엇일까요?

4 학습하기 어려운 어텐션 메커니즘을 학습하기 위해 다음에 올 정답을 미리 알려주는 학습 방식을 뭐라고 할까요?

5 두 텐서 A, B의 모양이 각각 (10, 224, 128), (10, 64, 224)라고 합시다. 두 텐서를 내적하고 싶다면 다음 중 어떤 명령어를 사용해야 할까요?

❶ A*B   ❷ B*A
❸ torch.bmm(A, B)   ❹ torch.bmm(B, A)

---

1 **정답** GRU는 이전 시점의 은닉 상태를 입력으로 받아, 현재 시점의 은닉 상태를 출력합니다. 따라서 1개의 입력과 출력을 갖습니다.

2 **정답** 입력의 길이와 출력의 길이가 다른 모델을 Seq2Seq 모델이라 부릅니다.

3 **정답** 어텐션 메커니즘은 디코더에서 인코더의 모든 시점을 참고하기 때문에 입력 시계열이 길어지더라도 정보의 손실이 적습니다.

4 **정답** 어텐션 메커니즘은 현시점의 예측값을 다음 시점의 입력으로 사용하기 때문에 초기에 학습이 어렵습니다. 하지만 다음에 올 정답을 미리 알려주는 학습 방법인 티처 포싱을 이용한다면 수월하게 학습할 수 있습니다.

5 **정답** ❹ A와 B의 모양에 공통적으로 224가 들어가 있습니다. 즉, (10, 64, 224)*(10, 224, 128)=(10, 64, 128) 모양이 되도록 내적해야 합니다.

12

캡챠 텍스트 인식
CRNN+GRU

☐ **학습 목표**

이미지 안에는 다양한 형태의 정보가 들어 있습니다. 이미지에 들어 있는 텍스트를 인식하고 싶다면 어떻게 해야 할까요? 이미지를 처리하는 CNN과 시계열을 처리하는 RNN을 합치면 가능합니다. 이미지로부터 텍스트를 추출해봅시다.

☐ **학습 순서**

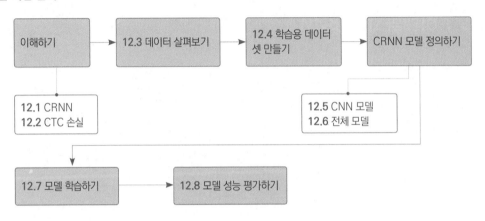

☐ **핵심 용어 미리보기**

1 **CRNN**은 CNN과 RNN을 혼합해 만든 모델입니다.
2 **CNN**은 이미지로부터 특징을 추출하고 추출된 특징을 RNN에 넣어 글자를 예측합니다.
3 **CTC** 손실은 하나의 결과를 다양한 방법으로 표현이 가능할 때 사용하는 손실입니다. 가능한 모든 경로의 확률의 합을 해당 결과의 확률로 정의합니다.

☐ **실습 예제 소개**

문제 정의	이미지로부터 텍스트를 추출하자.		
난이도	★★★★☆	**노트 바로가기**	
이름	캡챠 텍스트 인식		
알고리즘	CRNN		

데이터셋 파일명	캡챠 데이터셋 • 출처 : https://www.kaggle.com/fournierp/captcha-version-2-images		
데이터셋 소개	캡챠에 이용되는 문자열을 이미지의 형태로 갖고 있는 데이터셋		
문제 유형	분류	평가지표	CTC 손실
주요 패키지	torch, torch.nn		
예제 코드 노트	• 위치 : colab.research.google.com/drive/1Inj0hlyNiyEmIPEIpCmMWiJsB1CRGR3a • 단축 URL : http://t2m.kr/KG84m • 파일 : ex12.ipynb		

12.1 이해하기 : CRNN

CRNN은 이미지로부터 텍스트를 추출하는 알고리즘으로 CNN으로부터 얻은 특징 맵을 RNN의 입력으로 사용하기 때문에 CRNN이라고 부릅니다. RNN은 시계열 데이터를 처리하는 기본적인 형태이기 때문에 이번 예제에서는 더 발전된 형태인 GRU를 이용하겠습니다. CRNN의 구조는 다음과 같습니다. 그림에서 보이는 _ 은 아무 문자도 들어 있지 않은 부분을 말합니다.

▼ CRNN 구조

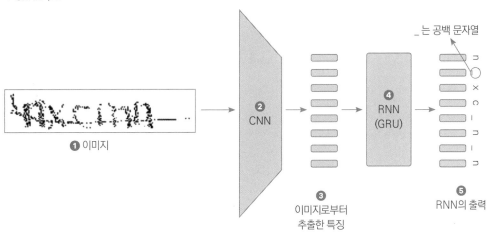

❶ 입력 이미지가 ❷ CNN의 입력으로 들어갑니다. CNN을 통해 이미지로부터 ❸ 추출된 특징은 가로 W개의 픽셀, 세로 H개의 픽셀이 있습니다. 이제 추출된 특징을 RNN의 입력으로 사용할 수 있게 시계열 형태로 바꿔줘야 합니다. 즉, 가로 방향 픽셀 개수만큼의 길이를 갖는 시계열 데이터라고 생각하는 겁니다. 이미지로부터 추출된 특징의 세로 방향 픽셀의 값을 RNN층의 은닉 상태로 이용합니다.

▼ RNN층의 입력으로 사용하도록 이미지를 분할하는 방법

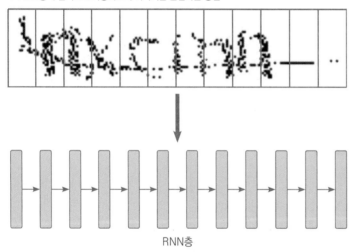

RNN층

RNN층은 각 은닉 상태가 어떤 글자에 해당하는가를 분류합니다. 그러나 한 글자에 해당하는 은닉 상태는 서로 인접해 있기 때문에 제대로 분류를 하려면 겹쳐 있는 은닉 상태를 어떻게 구분해 낼지를 생각해야만 합니다.

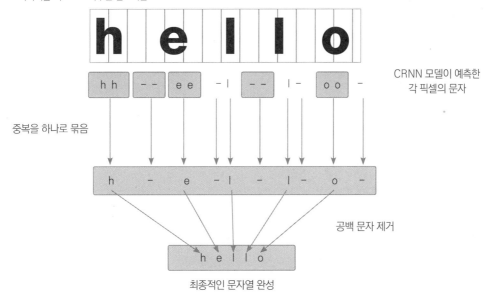
▼ 이미지를 텍스트로 바꾸는 알고리즘

CRNN 모델이 예측한
각 픽셀의 문자

중복을 하나로 묶음

공백 문자 제거

최종적인 문자열 완성

글자를 표현하지 않는 픽셀은 공백 문자(그림에서는 -로 표시)로 분류하고 중복을 제거하면 연속된 문자를 표현할 수 있습니다. 앞의 그림을 예로 들자면 hh가 h가 되고 ee가 e가 되어 최종적으로는 hello를 성공적으로 나타낼 수 있습니다. 하지만 이런 방식으로는 하나의 문자를 여러 방법으로 표현하게 됩니다. 즉 e를 표현하기 위해 ee, e-, -e 세 가지 모두 중복을 제거하면 e가 된다는 뜻이지요. 이런 문제를 해결하는 데 CTC 손실을 이용합니다.

▼ CRNN 장단점

장점	단점
• 이미지를 시계열처럼 다룰 수 있습니다.	• 세로 픽셀 개수가 1개이므로 정보의 손실이 발생할 수 있습니다.
• 이미지의 가로축으로부터 정보를 추출할 수 있습니다.	• 이미지 크기 커지면 앞의 정보가 흐려져 특징을 추출하기 어렵습니다.

▼ 유용한 곳

• 이미지로부터 텍스트를 추출할 때 사용합니다.
• 음원의 주파수 정보를 해석할 때 사용할 수 있습니다.

12.2 이해하기 : CTC 손실

CRNN에서는 같은 문자를 여러 방식으로 표현할 수 있습니다. CTC 손실은 가능한 모든 표현 방식을 고려해 손실을 계산하도록 설계된 함수입니다. 각 시점에 CRNN에서 RNN층의 은닉 상태를 나타낸 그림을 살펴봅시다.

▼ CTC 손실의 계산

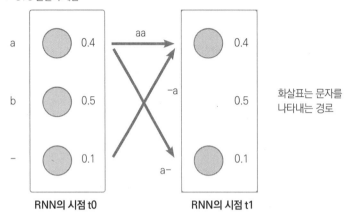

t0와 t1 두 시점으로 정답 a라는 단어를 나타낸다고 가정해봅시다. a를 나타내는 표현으로는 aa, -a, a-, 세 가지가 있습니다. 각 시점은 서로에게 영향을 주지 않기 때문에 각 시점에서의 출력을 곱하는 것으로 각 경로에 대한 확률을 다음과 같이 구할 수 있습니다.

- aa일 확률 : 0.4*0.4=0.16
- a-일 확률 : 0.4*0.1=0.04
- -a일 확률 : 0.1*0.4=0.04

마지막으로 가능한 모든 경로의 확률을 더해주면 우리가 원하는 단어에 대한 확률을 구할 수 있습니다. 다시 말해서 이 신경망은 0.16(aa)+0.04(a-)+0.04(-a)=0.24의 확률(즉 24%)로 a를 나타내고 있다는 뜻입니다. 이렇게 계산한 모든 경로의 합이 바로 CTC 손실입니다. CTC 손실이 최소화되도록 가중치를 학습하면 정답에 대한 경로들의 확률을 최대화시키도록 신경망을 학습할 수 있습니다.

> **CTC 손실**
> 하나의 정답을 표현하는 방법이 여러 가지 존재할 때 모든 경우의 수에 대한 확률을 더하는 함수입니다.

12.3 데이터 살펴보기

이번에는 캡챠 데이터셋을 사용합니다. 캡챠에 이용되는 문자열을 이미지 형태로 갖고 있는 데이터셋입니다. 어떤 이미지가 들어 있는지 더 구체적으로 확인해봅시다.

▼ 이미지 살펴보기

```python
import string

import matplotlib.pyplot as plt
import glob

import tqdm
from PIL import Image

# 이미지까지의 경로
imgfile = glob.glob(
    "/content/drive/MyDrive/Colab Notebooks/data/CH12/*.png"
    )[0]
imgfile = Image.open(imgfile)  # 이미지를 읽어옴

plt.imshow(imgfile)
plt.show()
```

이미지 파일의 확장자는 png입니다. png 파일은 RGB 채널뿐만 아니라 투명도를 나타내는 알파 채널이 있습니다. 일반적인 이미지 처리는 RGB를 상정하고 있기 때문에 이미지를 불러올 때 png 파일을 RGB로 변환해줄 겁니다.

12.4 학습용 데이터셋 만들기

학습용 데이터셋을 만들기 전에 캡챠 데이터셋의 구조를 살펴봅시다. 데이터 준비 단계에서 226md라고 그려진 그림을 봤을 겁니다. 이 파일의 이름은 226md.png로 파일 이름에 해당하는 부분이 정답 문자열입니다. 따라서 우리는 파일 이름에서 확장자인 .png를 떼어내고 파일 이름 부분만 정답으로 이용할 겁니다.

먼저 정답에 등장하는 모든 문자들로부터 BOW를 만들어줍니다.

▼ BOW를 만드는 함수 정의

```python
import numpy as np

from torch.utils.data.dataset import Dataset

# 문자들로부터 BOW를 만드는 함수
def get_BOW(corpus):
    # ❶ 공백 문자 <pad>를 0으로 설정
    BOW = {"<pad>":0}

    # ❷ corpus의 문자들을 이용해 BOW에 고유 번호 추가
    for letter in corpus:
        if letter not in BOW.keys():
            BOW[letter] = len(BOW.keys())

    return BOW
```

get_BOW( ) 함수는 문자의 집합을 입력으로 받아 BOW를 반환하는 함수입니다. ❶ 먼저 공백 문자를 나타내는 토큰 〈pad〉의 고유 번호를 0으로 설정합니다. ❷ 다음으로 모든 문자로부터 BOW를 생성합니다. BOW에 들어 있지 않은 문자의 고유 번호를 corpus 안에 들어 있는 순서대로 설정합니다.

학습에 사용할 데이터셋 객체를 만들겠습니다. 먼저 _init__( ) 함수를 구현합니다.

▼ 데이터셋 객체 정의

```python
class Captcha(Dataset):
    def __init__(self, pth, train=True):
        # 소문자와 숫자만 정답으로 이용
```

```
        self.corpus = string.ascii_lowercase + string.digits
        self.BOW = get_BOW(self.corpus)

        # 불러올 이미지 파일의 경로
        self.imgfiles = glob.glob(pth+"/*.png")

        self.train = train
        self.trainset = self.imgfiles[:int(len(self.imgfiles)*0.8)]
        self.testset = self.imgfiles[int(len(self.imgfiles)*0.8):]
```

BOW에 사용할 문자를 영어 소문자와 숫자만을 반영합니다. 캡챠 데이터에는 소문자와 숫자만이 포함되어 있기 때문입니다.

캡챠의 정답을 신경망이 이해할 수 있는 숫자 표현으로 바꿔주는 함수를 구현합니다. BOW를 이용해 문자를 숫자 표현으로 바꿔주면 됩니다.

▼ 캡챠의 문자로부터 정답을 생성하는 함수

```
    # 캡챠의 문자를 고유 번호로 치환
    def get_seq(self, line):
        label = []

        for letter in line:
            label.append(self.BOW[letter])

        return label
```

다음으로 길이를 반환하는 __len__() 함수를 구현합니다.

▼ 데이터 개수를 반환하는 함수

```
    def __len__(self):
        if self.train:
            return len(self.imgfiles)
        else:
            return len(self.testset)
```

__len__() 함수는 self.imgfiles의 길이를 반환합니다. self.imgfiles 안에 학습에 필요한 이미

지가 전부 들어 있기 때문입니다.

학습용 데이터를 처리하는 __getitem__( ) 함수를 구현합니다.

▼ 데이터를 불러오는 함수

```python
def __getitem__(self, i):
    if self.train:
        # ❶ png 파일을 RGB 파일로 변환
        data = Image.open(self.trainset[i]).convert("RGB")

        label = self.trainset[i].split("/")[-1]
        # ❷ 파일 이름에서 확장자 제거
        label = label.split(".png")[0]
        # ❸ 정답 문자열을 BOW의 순열로 변환
        label = self.get_seq(label)

        data = np.array(data).astype(np.float32)
        # 파이토치는 채널이 가장 앞에 와야 함
        data = np.transpose(data, (2, 0, 1))
        label = np.array(label)

        return data, label
```

❶ 먼저 png 이미지 파일을 읽어옵니다. 파일 이름이 캡챠의 정답이므로 ❷ 파일 이름에 붙은 확장자를 제거해줘야 합니다. 캡챠의 정보는 문자열로 이루어져 있기 때문에 ❸ self.get_seq( ) 함수를 이용해 숫자 표현으로 바꿔줍시다.

▼ 새로 등장한 함수

함수 원형	설명	제공 라이브러리
transpose(A, shape)	A의 차원 순서를 shape가 되도록 변경합니다. 예를 들어 (224, 224, 3) 모양을 갖는 이미지를 A라고 할 때, shape를 (2, 0, 1)로 지정하면 모양의 2번째 요소인 3(채널), 0번째 요소(가로), 1번째 요소(세로)순으로 변경됩니다.	numpy

> **Note** 윈도우 로컬 환경에서 예제 코드를 실행하시는 분들은 split("\\")를 사용해주세요. 리눅스와 윈도우는 경로를 표현하는 방법이 달라서 / 대신 \\를 사용해야 합니다.

검증용 데이터를 처리하는 코드를 구현합니다.

▼ 검증용 데이터 처리

```
else:
    data = Image.open(self.testset[i]).convert("RGB")
    label = self.testset[i].split("/")[-1]
    label = label.split(".png")[0]
    label = self.get_seq(label)

    data = np.array(data).astype(np.float32)
    label = np.array(label)

    return data, label
```

앞에서 본 학습용 데이터 처리와 같습니다만 self.testset에서 데이터를 읽어옵니다.

12.5 CRNN 모델 정의하기 : CNN

CRNN의 CNN 부분은 5장에서 만든 ResNet을 이용하겠습니다. 다만, 이미지의 모양이 달라졌기 때문에 커널 모양을 이번 이미지에 알맞게 바꿔서 만들겠습니다.

이미지 분류에서 사용한 이미지는 대부분 가로와 세로의 픽셀 수가 같은 정사각형 이미지입니다. 하지만 캡챠 데이터는 가로 픽셀 개수가 세로 픽셀 개수보다 많은 직사각형 이미지입니다. 즉, 가로 방향으로 조금 더 넓은 시야가 필요합니다. 따라서 커널의 모양도 세로보다 가로를 더 길게 만들어줘야 합니다.

▼ CRNN에 등장하는 커널 모양

CRNN의 이미지와 커널

기존의 이미지와 커널

최종적으로는 RNN의 입력으로 들어가야 하므로 세로 방향의 픽셀이 1개만 존재해야 합니다. 그러므로 합성곱층을 거칠 때마다 세로 방향의 픽셀 수를 줄여가겠습니다. 세로 방향 픽셀이 하나만 존재하더라도 채널 방향의 정보를 사용하면 RNN의 입력으로 들어가는 벡터의 형태를 유지할 수 있습니다. 세로 방향의 픽셀은 합성곱 커널의 스트라이드(9.4절 참조)를 조절해 줄일 수 있습니다.

이번에 사용할 ResNet은 5장과 비슷한 구조입니다. 하지만 커널 크기가 합성곱마다 다르다는 점에 주의해주세요(커널 크기가 3×5입니다).

▼ CRNN 모델 기본 블록

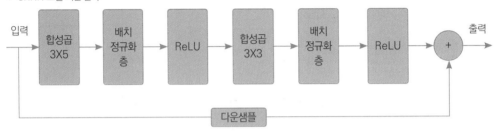

이제 CRNN에 들어가는 CNN의 기본 블록을 만들어보겠습니다. 5장의 코드와 유사합니다.

▼ 기본 블록 정의

```
import torch
import torch.nn as nn
import torch.nn.functional as F

# 3×5 크기 커널 이용
class BasicBlock(nn.Module):
    def __init__(self,
                 in_channels,
                 out_channels,
                 kernel_size=(3, 5),
                 stride=(2, 1)):
        super(BasicBlock, self).__init__()

        # ❶ (3, 5) 모양의 커널을 사용하는 합성곱층
        self.conv1 = nn.Conv2d(in_channels=in_channels,
                               out_channels=out_channels,
                               kernel_size=kernel_size,
                               stride=stride)
```

```
# ❷ (3, 3) 모양의 커널을 사용하는 합성곱층
self.conv2 = nn.Conv2d(in_channels=out_channels,
                       out_channels=out_channels,
                       kernel_size=(3, 3),
                       padding=1)

self.downsample = nn.Conv2d(in_channels=in_channels,
                            out_channels=out_channels,
                            kernel_size=kernel_size,
                            stride=stride)

self.bn1 = nn.BatchNorm2d(num_features=out_channels)
self.bn2 = nn.BatchNorm2d(num_features=out_channels)

self.relu = nn.ReLU()
```

첫 번째 합성곱과 두 번째 합성곱의 커널 크기가 다릅니다. ❶ 첫 번째 합성곱은 가로의 길이가 더 긴 3×5 커널을 이용했지만 ❷ 두 번째 합성곱은 3×3 크기의 커널을 이용했습니다. 가로 길이가 긴 커널을 이용해 추출한 특징을 짧은 커널을 이용해 상세하게 학습하기 위함입니다. 다음은 ResNet의 순전파를 정의하겠습니다. 합성곱과 배치 정규화층을 거치고 x_와 더해준 값을 출력합니다.

▼ 기본 블록의 순전파 정의

```
def forward(self, x):
    x_ = x

    x = self.conv1(x)
    x = self.bn1(x)
    x = self.relu(x)
    x = self.conv2(x)
    x = self.bn2(x)

    x_ = self.downsample(x_)

    x += x_
    x = self.relu(x)

    return x
```

12.6 CRNN 모델 정의하기 : 전체 모델

CNN으로부터 얻은 특징을 그대로 GRU에 입력하기는 불가능합니다. GRU는 픽셀 간의 순서 정보를 학습해야 하는데 파이토치는 이미지를 처리할 때 채널 정보가 가장 앞에 오기 때문입니다. 따라서 채널 정보와 픽셀의 순서를 먼저 바꿔줘야 합니다. GRU의 결과 얻어진 텐서는 MLP층을 통해 어떤 글자인지 분류합니다.

▼ CRNN이 이미지를 처리하는 과정

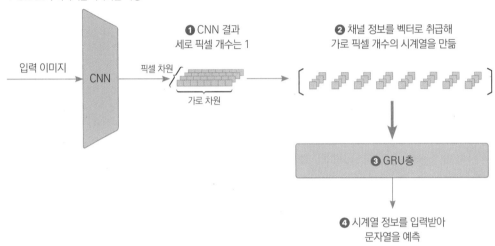

CRNN이 문자열을 예측하는 과정을 살펴봅시다. 먼저 CNN의 입력으로 이미지가 들어갑니다. ❶ CNN의 결과로 세로 픽셀이 하나인 특징 맵이 출력됩니다. ❷ 이때 가로 픽셀 하나당 채널 정보를 하나의 벡터로 묶어주고, 가로 픽셀의 방향을 시계열로 취급해 GRU의 입력으로 사용할 준비를 합니다. ❸ 앞에서 만든 시계열을 GRU의 입력으로 넣어주면 ❹ GRU에서 각 픽셀이 어떤 문자를 표현하는지 예측합니다.

CRNN 모델의 구성을 살펴봅시다.

▼ CRNN 모델 구성

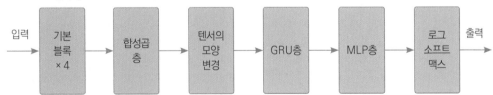

먼저 기본 블록을 네 번 거칩니다. 합성곱 블록 한 번을 거칠 때마다 이미지의 세로 길이가 절반이 됩니다. 따라서 총 네 번 반복하면 세로 픽셀 개수가 2개가 됩니다. 따라서 마지막 합성곱의 커널 크기를 2×5로 설정해서 세로 픽셀 개수를 1개로 맞춰주세요.

이제 CRNN의 동작을 코드로 살펴봅시다.

▼ CRNN 모델 정의

```python
class CRNN(nn.Module):
    def __init__(self, output_size):
        super(CRNN, self).__init__()

        # CNN층 정의
        self.c1 = BasicBlock(in_channels=3, out_channels=64)
        self.c2 = BasicBlock(in_channels=64, out_channels=64)
        self.c3 = BasicBlock(in_channels=64, out_channels=64)
        self.c4 = BasicBlock(in_channels=64, out_channels=64)
        self.c5 = nn.Conv2d(64, 64, kernel_size=(2, 5))

        # 텍스트 정보를 추출할 GRU층
        self.gru = nn.GRU(64, 64, batch_first=False)

        # 분류를 위한 MLP층
        self.fc1 = nn.Linear(in_features=64, out_features=128)
        self.fc2 = nn.Linear(in_features=128, out_features=output_size)
        self.relu = nn.ReLU()
```

ResNet BasicBlock층 4개와 합성곱층 하나를 이용해 특징을 추출합니다. GRU층은 추출된 특징으로부터 텍스트 정보를 추출합니다. 마지막으로 두 MLP층을 이용해 어떤 문자가 존재하는지 분류합니다.

다음은 순전파의 정의입니다.

▼ CRNN의 순전파 정의

```python
    def forward(self, x):
        # ❶ 입력 텐서의 모양(B, 3, 50, 200)
        x = self.c1(x)
        x = self.c2(x)
        x = self.c3(x)
```

```
x = self.c4(x)
x = self.c5(x)
# ❷ 특징 추출 후 텐서의 모양(B, 64, 1, 180)

# ❸ (B, 64, 180)으로 모양 변경
x = x.view(x.shape[0], 64, -1)
# (180, B, 64)로 모양 변경
x = x.permute(2, 0, 1)

# ❹ GRU로 시계열 정보 추출
x, _ = self.gru(x)

# ❺ MLP층으로 각 픽셀 분류
x = self.fc1(x)
x = self.relu(x)
x = self.fc2(x)

# ❻ CTC 손실 계산을 위해 로그 소프트맥스 이용
x = F.log_softmax(x, dim=-1)

return x
```

❶ CNN층을 거치기 전의 이미지는 (B, 3, 50, 200)의 모양을 갖습니다. ❷ 합성곱층을 전부 거치면 이미지 모양이 (B, 64, 1, 180)으로 바뀝니다. ❸ GRU층의 입력으로 사용하기 위해 모양을 (180, B, 64)로 바꿔줍니다. 180은 이미지의 가로 픽셀 개수, 64는 채널 개수입니다. 따라서 시계열 길이는 180이 되어야 합니다. ❹ 시계열이 준비됐다면 GRU의 입력으로 넣어줍니다. ❺ GRU의 모든 시점의 은닉 상태를 MLP층으로 넣어주면 각 픽셀이 어떤 문자에 속하는지 알 수 있습니다. ❻ 마지막으로 CTC 손실 계산을 위해 로그 소프트맥스 함수를 이용해 출력을 내보냅니다. 로그 소프트맥스 함수는 소프트맥스에 로그를 취한 함수입니다.

12.7 모델 학습하기

이번에 사용할 CTC 손실은 사용법이 조금 까다롭습니다. CTC 손실은 가능한 모든 경로의 확률을 합해 이용합니다. 경로를 계산하려면 계산하고자 하는 텐서들의 모양과 함께 모델의 출력을 CTC 손실 함수에 입력해줘야 합니다.

▼ 학습 루프

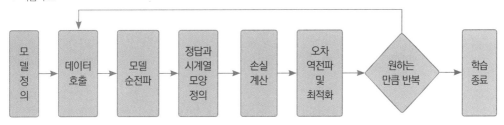

구상한 학습 루프에 맞춰 모델을 학습하는 코드를 작성해봅시다.

▼ 모델 학습하기

```python
from torch.optim.adam import Adam

device = "cuda" if torch.cuda.is_available() else "cpu"

dataset = Captcha(pth="데이터 경로")
loader = DataLoader(dataset, batch_size=8)

model = CRNN(output_size=len(dataset.BOW)).to(device)

optim = Adam(model.parameters(), lr=0.0001)

for epoch in range(200):
    iterator = tqdm.tqdm(loader)

    # ❷ 정답에 사용할 label
    for data, label in iterator:
        optim.zero_grad()
        preds = model(data.to(device))  # ❶ CRNN의 출력값

        # CTC 손실 계산은 텐서의 모양까지 넣어줘야 함
        # 정수형으로 간단하게 preds와 label의 모양을 만들어주자.

        # ❸ 시계열을 묶은 모양을 나타내는 변수
        preds_size = torch.IntTensor([preds.size(0)] * 8).to(device)
        # ❹ 정답의 모양을 나타내는 변수
        target_len = torch.IntTensor([len(txt) for txt in label]).to(device)

        # ❺ 손실 계산
```

```
        loss = nn.CTCLoss(blank=0)(
            preds, label.to(device), preds_size, target_len)

        loss.backward()    # ❻ 역전파
        optim.step()

        iterator.set_description(f"epoch{epoch+1} loss:{loss.item()}")

torch.save(model.state_dict(), "CRNN.pth")
```

❺ CTC 손실을 계산하려면 4가지 입력값이 필요합니다. 먼저 신경망의 출력값이 필요합니다. CRNN의 출력값인 ❶ preds가 이에 해당합니다. 다음으로 정답이 필요합니다. ❷ label이 이에 해당합니다. 다음으로 입력값의 모양을 정해줘야 합니다. 지금은 길이 180을 갖는 시계열을 배치 크기 8로 학습하고 있으므로 정수 180을 8개로 묶어 하나의 벡터로 넘겨줘야 합니다. ❸ preds_size가 이에 해당합니다. 마지막으로 최종적인 예측값의 모양을 정해야 합니다. 최종적인 예측값의 모양은 텍스트의 길이가 되지만, 배치 크기가 8이므로 벡터로 값을 묶어줘야 합니다. ❹ target_len이 이에 해당합니다. 이를 이용해서 ❺ CTC 손실을 계산해준 뒤, ❻ 역전파해줍니다.

12.8 모델 성능 평가하기

모델의 학습이 완료되었습니다. 결과를 확인해봅시다. 모델이 글자 180개를 순서대로 예측할 겁니다. 제대로 된 결과를 확인하려면 글자 간의 중복을 제거해줘야 합니다. 공백 문자를 예측하거나, 이전과 같은 단어를 예측하면 중복이 됐다는 뜻이기 때문에 이전 단어를 기록하면서 예측 결과를 확인하겠습니다.

▼ 모델 성능 평가하기

```
model.load_state_dict(torch.load("CRNN.pth", map_location=device))

with torch.no_grad():

    dataset = Captcha(
      pth="/content/drive/MyDrive/Colab Notebooks/data/CH12"
```

```
    )

test_img, label = testset[0]
input_tensor = torch.unsqueeze(torch.tensor(test_img), dim=0)
input_tensor = input_tensor.permute(0, 3, 1, 2).to(device)

# 가장 높은 확률을 갖는 글자 추출
pred = torch.argmax(model(input_tensor), dim=-1)

# ❶ 글자 간의 중복 제거
prev_letter = pred[0].item()
pred_word = ""
for letter in pred:
    if letter.item() != 0 and letter.item() != prev_letter:
        pred_word += list(testset.BOW.keys())[letter.item()]
    prev_letter = letter.item()

plt.imshow(test_img)
plt.title("prediction: "+pred_word)
plt.show()
```

prediction: nxcnn

❶ 글자 간의 중복을 제거해줍니다. 하나의 글자를 나타내는 데 여러 픽셀이 이용되기 때문에 글자의 중복이 발생합니다. 예를 들어 hhh-eell-ll-o와 같이 신경망이 예측했다면 -(글자가 없는 공백)이 나오기 전까지, 혹은 다른 글자가 나오기 전까지 겹치는 글자는 중복입니다.

실제 텍스트는 nxcmn인데 모델이 ncxnn으로 예측했습니다. m과 n이 상당히 비슷하기 때문에 m을 n이라고 예측한 것 같네요. 이 정도면 학습 결과가 나쁘지는 않은 수준입니다. 이런 문제는 특징을 추출할 때 국소적인 부분만을 보기 때문에 생깁니다. 커널 크기를 키우거나, 11장의 어텐션 메커니즘을 이용한다면 이런 문제를 조금은 해결할 수 있습니다.

학습 마무리

이번 장에서는 이미지로부터 텍스트를 추출해보았습니다. 이미지를 처리하는 CNN과 시계열을 처리하는 RNN을 합쳐서 이미지로부터 텍스트를 추출했습니다. 이처럼 딥러닝 모델은 기존의 신경망을 융합해 기존에 풀지 못했던 문제를 풀 수 있습니다.

되짚어보기

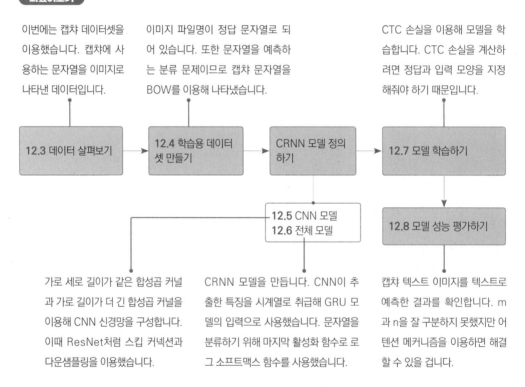

이번에는 캡챠 데이터셋을 이용했습니다. 캡챠에 사용하는 문자열을 이미지로 나타낸 데이터입니다.

이미지 파일명이 정답 문자열로 되어 있습니다. 또한 문자열을 예측하는 분류 문제이므로 캡챠 문자열을 BOW를 이용해 나타냈습니다.

CTC 손실을 이용해 모델을 학습합니다. CTC 손실을 계산하려면 정답과 입력 모양을 지정해줘야 하기 때문입니다.

| 12.3 데이터 살펴보기 | → | 12.4 학습용 데이터셋 만들기 | → | CRNN 모델 정의하기 | → | 12.7 모델 학습하기 |

| 12.5 CNN 모델 / 12.6 전체 모델 |

| 12.8 모델 성능 평가하기 |

가로 세로 길이가 같은 합성곱 커널과 가로 길이가 더 긴 합성곱 커널을 이용해 CNN 신경망을 구성합니다. 이때 ResNet처럼 스킵 커넥션과 다운샘플링을 이용했습니다.

CRNN 모델을 만듭니다. CNN이 추출한 특징을 시계열로 취급해 GRU 모델의 입력으로 사용했습니다. 문자열을 분류하기 위해 마지막 활성화 함수로 로그 소프트맥스 함수를 사용했습니다.

캡챠 텍스트 이미지를 텍스트로 예측한 결과를 확인합니다. m과 n을 잘 구분하지 못했지만 어텐션 메커니즘을 이용하면 해결할 수 있을 겁니다.

과제

커널 크기를 키우거나, 11장의 어텐션 메커니즘을 이용해 성능에 어떤 변화가 있는지 확인하세요.

연습문제

1 CRNN이 이미지를 시계열로 처리하기 위해 사용하는 방법은 무엇일까요?

2 다음 RNN이 문자 a를 예측하는 모든 경로의 확률의 합은 얼마일까요?

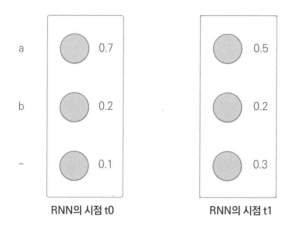

3 다음 중 CTC 손실을 사용할 수 없는 경우는 어떤 경우일까요? 모두 골라주세요

   ❶ 음성 파일로부터 문장을 예측하는 경우

   ❷ 한글 문장을 입력받아 영어 문장을 출력하는 경우

   ❸ 사람의 입 모양 영상을 입력받아 문장을 출력하는 경우

   ❹ 로고 이미지로부터 상표명을 출력하는 경우

4 CRNN에서 CNN이 추출한 특징을 RNN에 넣는 것이 아니라 MLP에 넣으면 어떻게 될까요?

연습문제

5 (64, 128, 224) 모양의 텐서가 있습니다. 이 텐서를 transpose(1, 2, 0)을 이용해 모양을
바꾸면 어떤 모양이 될까요?

❶ (64, 128, 224)

❷ (64, 224, 128)

❸ (128, 64, 224)

❹ (128, 224, 64)

❺ (224, 128, 64)

1 **정답** CRNN은 이미지의 세로 픽셀 개수를 1개로 줄인 뒤, 채널 정보를 하나의 벡터로 묶어서 가로 픽셀 개수만큼의 길이를
갖는 시계열로 특징 맵을 변환합니다.

2 **정답** 문자 a를 표현하는 방법은 세 가지가 있습니다. aa, -a, a-입니다. 그중 aa는 0.7*0.5=0.35, -a는 0.1*0.5=0.05,
a-는 0.7*0.3=0.21이 됩니다. 마지막으로 모든 경로의 확률의 합을 구하면 0.35+0.05+0.21=0.61이 됩니다.

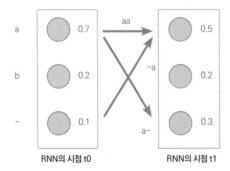

3 **정답** ❷, ❹

한글 문장을 입력받아 영어 문장을 출력하는 건 Seq2Seq 모델링을 이용한 분류 문제에 속합니다. 또한 로고 이미지로
부터 상표명을 출력하는 것은 일반적인 분류 문제입니다.

4 **정답** MLP에 입력하면 전후 관계를 살피지 않고 문자를 예측합니다. 제대로 학습이 안 될 가능성이 높습니다.

5 **정답** ❹ transpose(1, 2, 0)을 사용하면 모양의 1번 요소, 2번 요소, 0번 요소 순서로 모양이 바뀝니다. 따라서 (128,
224, 64)가 됩니다.

그림이나 음악을 입력으로 주고 새로운 결과물을 출력하는 모델을 생성 모델이라고 부르는데, 가장 기본은 적대적 생성 신경망(GAN)입니다. 사람 얼굴을 생성하는 GAN, 화질을 개선하는 GAN, 데이터 없이 학습하는 GAN을 만들겠습니다.

Start

GAN으로 생성 모델 만들기

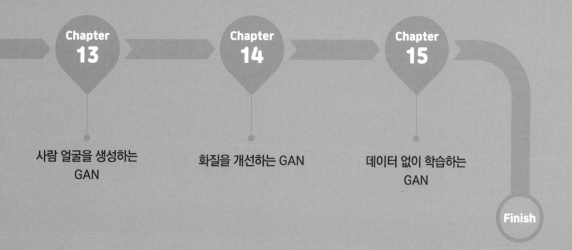

사람 얼굴을 생성하는 GAN

☐ 학습 목표

생성자와 감별자를 경쟁시켜서 더 자연스러운 사람 얼굴 이미지를 만들어내도록 모델을 학습해봅시다.

☐ 학습 순서

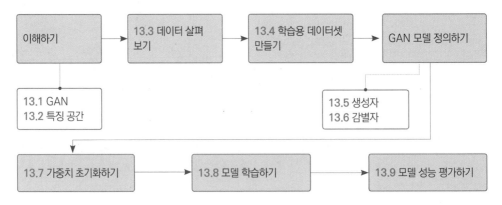

☐ 핵심 용어 미리보기

1 **GAN**은 진짜와 가짜를 구별할 수 없을 정도로 정교한 가짜를 만드는 생성자를 학습하는 알고리즘입니다.

2 **감별자**는 진짜와 가짜를 구별하도록 학습됩니다.

3 **생성자**는 감별자를 속이도록 학습됩니다.

4 **특징 공간 상에서 두 특징의 평균값**은 두 특징의 중간 정도로 표현됩니다.

5 **가중치 초기화**는 신경망의 가중치를 초기화하는 방법을 말하며, 일반적으로 특정한 확률 분포를 따르도록 합니다.

☐ 실습 예제 소개

문제 정의	GAN을 이용해 세상에 존재하지 않는 사람 얼굴을 만들어보자.		
난이도	★★★★☆	노트 바로가기	
이름	사람 얼굴 만들기		
알고리즘	GAN		

데이터셋 파일명	CelebA • 출처 : https://mmlab.ie.cuhk.edu.hk/projects/CelebA.html		
데이터셋 소개	연예인 얼굴을 모아놓은 GAN용 데이터셋		
문제 유형	생성	평가지표	BCE 손실
주요 패키지	torch, torch.nn, torchvision		
예제 코드 노트	• 위치 : colab.research.google.com/drive/1BhUBpxZGz0mkBLmotExlAcFKqarpCuQy • 단축 URL : http://t2m.kr/H3ern • 파일 : ex13.ipynb		

13.1 이해하기 : GAN

만약 진짜와 너무나도 똑같아서 구별이 가지 않는 가짜 그림이 있다고 하면, 그 그림은 진짜일까요, 가짜일까요? GAN은 이런 생각에서 출발한 모델입니다. ❶ 가짜 이미지를 만들어내도록 학습되는 생성자와 ❷ 가짜와 진짜 이미지를 구별하는 감별자를 경쟁시켜 학습하면, 생성자가 점점 진짜와 같은 이미지를 만들게 되는 원리입니다.

▼ GAN 구조

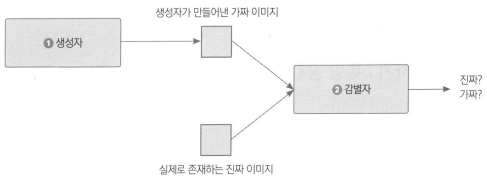

생성자는 특징 공간에 있는 임의의 점을 입력으로 받아 이미지를 출력합니다. 특징 공간은 이미지의 특징들로 표현되는 공간입니다. 예를 들어 이미지의 노이즈 제거에 사용했던 오토인코더는, 인코더에서 특징을 추출하고 추출된 특징을 바탕으로 디코더에서 노이즈가 없는 이미지를 생성했습니다. 이때 인코더의 출력을 좌표 형식으로 나타낼 수 있습니다. 그런 좌표가 존재하는 공간이 바로 특징 공간이 되는 겁니다.

❶ 생성자가 출력한 이미지는 세상에는 존재하지 않는 컴퓨터가 만들어낸 이미지입니다. 감별자는 데이터로 갖고 있는 실제 이미지와 생성자가 만든 가짜 이미지를 구별하도록 학습됩니다. 따라서 ❷ 감별자는 이미지를 입력받으면 해당 이미지가 컴퓨터가 만들어낸 이미지인지, 아니면 실제로 존재하는 이미지인지를 분류하는 이진분류기입니다. 생성자가 진짜와 너무 똑같은 이미지를 생성하면, 생성자는 더는 진짜와 가짜를 구별할 수 없을 겁니다. 이렇게 되면 GAN 학습이 잘된 겁니다.

▼ GAN 장단점

장점	단점
• 일반적인 학습 방법에 비해 자연스러운 이미지를 생성할 수 있습니다.	• 학습이 올바로 이루어지기 어렵고 필요한 데이터 수가 많아야 합니다.
• 정답과 단순히 비교하는 것이 아니라, 감별자를 이용해 학습하므로 좋은 성능을 낼 수 있습니다.	• 사용하는 특징의 개수에 매우 민감하기 때문에 좋은 성능을 내는 특징의 개수를 정하기 어렵습니다.

▼ 유용한 곳

• 이미지 생성, 화질 올리기 등
• 인코더 디코더에서 디코더를 학습할 때 사용하기 좋습니다.

13.2 이해하기 : 특징 공간

그렇다면 왜 생성자는 특징 공간 상의 점을 입력으로 받아야 할까요? 그 이유를 알려면 특징 공간을 조금 자세히 들여다봐야 합니다. 다음과 같은 나선형의 데이터 분포가 있다고 가정합시다.

이 데이터 분포는 ❶ 3차원 공간에 표현되어 있습니다. 나선형의 데이터 분포의 특징을 추출해 ❷ 2차원 공간에 표현해봅시다.

▼ 좌표가 존재하는 공간에 따른 차이

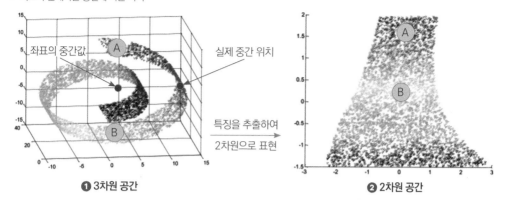

❶ 3차원 공간　　　　　　　　　**❷ 2차원 공간**

A와 B의 평균값을 구하고자 할 때 2차원 특징 공간 상의 평균값과 원래의 3차원 공간에서의 평균 값이 크게 차이가 납니다. 이게 어떤 문제를 야기하는지 다음 그림을 보면서 살펴봅시다.

▼ 특징 공간에서의 중간과 픽셀의 평균값의 차이

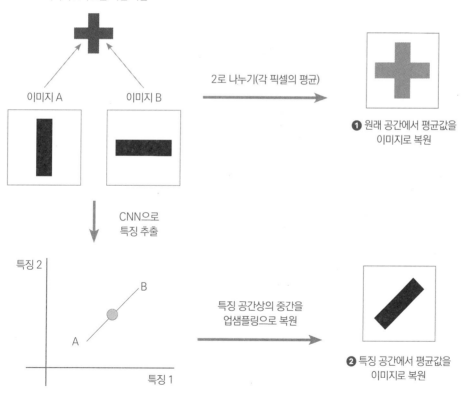

이미지 A와 B는 각각 서 있는 네모와 누워 있는 네모입니다. 이때 이미지 A와 B의 각 픽셀값을 더한 평균값을 그림으로 나타내면 색이 살짝 흐려진 ❶처럼 십자가 모양이 될 겁니다. 이제 이미지 A와 B로부터 적당히 특징을 추출한 후 특징 공간 상의 평균값을 다시 이미지로 복원합니다. 이번에는 ❷처럼 비스듬히 누워 있는 네모를 얻을 수 있습니다. 만약 사람에게 90도로 서 있는 것과 0도로 누워 있는 것의 중간이 무엇이냐고 물어본다면 많은 사람들이 45도로 기울어진 것이라고 대답할 겁니다. 즉, 특징 공간이라는 것은 사람이 인식하는 사물의 특징을 표현하는 공간이라고 생각할 수 있습니다.

다음은 손글씨 이미지 0부터 9까지의 특징 공간(2차원)으로 표현한 그림입니다. 하나의 숫자가 다른 숫자로 변모해가는 과정을 확인할 수 있습니다. 이 그림을 보면 특징 공간을 이용하는 이유를 알 수 있습니다. 비슷한 숫자끼리 서로 모여 있습니다. 예를 들면 1에서 9로 변해가는 중간에는 7이 있고, 3에서 6으로 변해 갈 때는 2를 거칩니다. 이렇게 특징 공간은 인공지능이 학습한 특징을 표현해놓은 공간입니다. 잘 활용한다면 두 사람의 얼굴을 적당히 합치거나, 안경을 쓴 사람의 안경을 지우는 다양한 기능을 구현할 수 있습니다.

▼ 손글씨 이미지의 특징 공간을 2차원으로 나타낸 그림

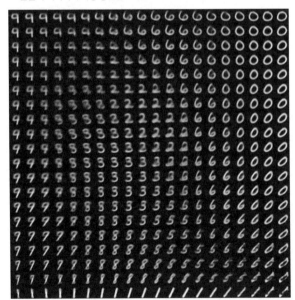

13.3 데이터 살펴보기

이번에는 Celeba 데이터셋을 사용합니다. 연예인 얼굴 이미지를 모아놓은 데이터셋으로 GAN 실습용으로 많이 사용합니다. 하지만 Celeba 데이터셋은 이미지 약 20만 장을 포함하는 대규모 데이터셋입니다. 구글 드라이브에서 이미지 20만 장을 불러오면 런타임에서 시간 초과 에러를 일으킵니다. 따라서 이번에는 압축을 풀지 않은 데이터셋을 구글 드라이브에 올린 다음, 코랩에서 압축을 해제해줄 겁니다. 다음은 구글 드라이브로부터 압축 파일을 읽어온 다음, 코랩 저장소에 압축을 푸는 코드입니다. 먼저 드라이브를 마운드한 후에 다음 명령을 실행해 주세요.

▼ 데이터 불러오기

```
!cp "/content/drive/MyDrive/Colab Notebooks/data/img_align_celeba.zip" "."
!unzip "./img_align_celeba.zip" -d "./GAN/"
```

그러면 다음과 같은 위치에 GAN 폴더가 생성됩니다.

코드를 통해 어떤 이미지가 데이터셋에 들어 있는지 확인하겠습니다.

▼ 데이터 살펴보기

```
import glob
import matplotlib.pyplot as plt
import os

from PIL import Image

# 이미지까지의 경로
pth_to_imgs = "./GAN/img_align_celeba"
imgs = glob.glob(os.path.join(pth_to_imgs, "*"))

# 이미지 9개를 보여줌
```

```
for i in range(9):
    plt.subplot(3, 3, i+1)
    img = Image.open(imgs[i])
    plt.imshow(img)

plt.show()
```

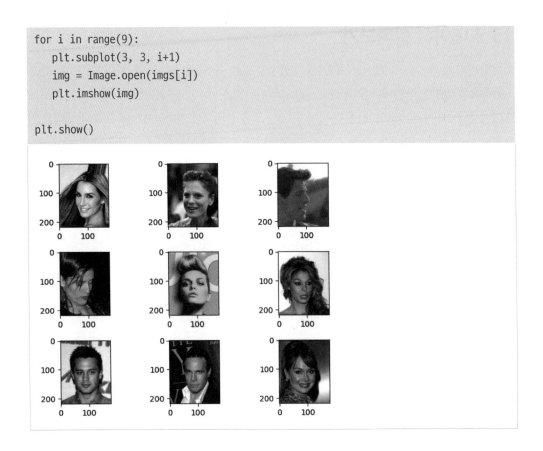

이미지 크기가 모두 동일하지만 가로 세로의 비율이 동일하지 않습니다. 학습을 원활하게 학습하려면 가로 세로 길이를 동일하게 변환하는 과정이 필요합니다.

13.4 학습용 데이터셋 만들기

이번에는 직접 데이터셋을 만들지 않고 토치비전torchvision의 ImageFolder 객체를 이용하겠습니다. ImageFolder는 경로를 넣어주면 자동으로 이미지를 읽어와주는 편리한 토치비전의 객체입니다.

▼ ImageFolder 객체가 이미지를 읽어오는 과정

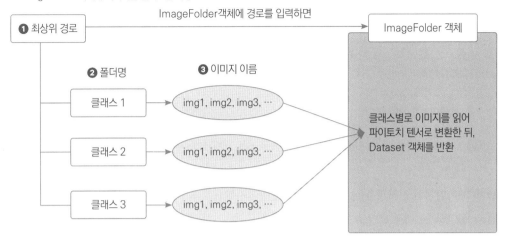

❶ 최상위 폴더 안에 ❷ 클래스별로 폴더를 만들고 그 안에 해당 클래스의 ❸ 이미지 파일을 모아 둡니다. ImageFolder( )에 최상위 경로를 입력해주면 자동으로 클래스별 이미지를 읽어 파이토치의 Dataset 객체로 반환해줍니다. 이번에는 클래스(분류)가 없는 GAN을 학습하고 있으므로 클래스명을 데이터 폴더명으로 지정해줍시다. 정리하면 다음과 같습니다.

1 GAN이라는 폴더에 데이터 압축을 풉니다(13.3절에 있는 코랩 명령어 참고).

2 ImageFolder의 최상위 경로에 GAN 폴더를 지정합니다.

이제 코드로 ImageFolder를 이용해 데이터셋 객체를 만들어봅시다.

▼ 이미지 전처리 정의

```
import torch
import torchvision.transforms as tf

from torchvision.datasets import ImageFolder
from torch.utils.data.dataloader import DataLoader

# ❶ 이미지의 전처리 과정
transforms = tf.Compose([
    tf.Resize(64),
    tf.CenterCrop(64),
    tf.ToTensor(),
    tf.Normalize((0.5, 0.5, 0.5), (0.5, 0.5, 0.5))
```

```
])

# ❷ ImageFolder()를 이용해 데이터셋 작성
# root는 최상위 경로를, transform은 전처리를 의미합니다.
dataset = ImageFolder(
    root="./GAN",
    transform=transforms
)
loader = DataLoader(dataset, batch_size=128, shuffle=True)
```

❶ 먼저 이미지의 전처리를 살펴봅시다. 입력 이미지를 64×64 크기로 변환한 뒤, 가운데를 오려 낸 다음 다시 64×64 크기로 업스케일링합니다.

▼ CenterCrop 과정

원본 이미지에서 가운데를 도려내고   다시 원본과 같은 크기로 복원

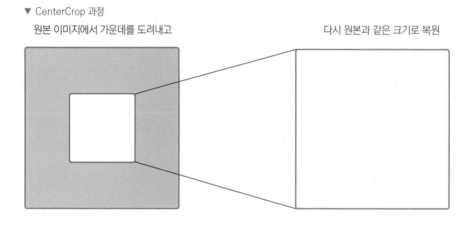

그 후 이미지 정규화를 거치는 것으로 전처리가 종료됩니다.

❷ ImageFolder 객체를 이용해 데이터셋을 만들어줍니다. root 안에는 학습에 필요한 이미지를 클래스 이름으로 나눠놓은 최상위 폴더까지의 경로를 넣어줍니다. transforms 안에는 이미지의 전처리를 넣어줍니다. 마지막으로 데이터로더까지 정의해주면 됩니다.

13.5 GAN 생성자 정의하기

GAN의 생성자는 업샘플링층과 배치 정규화층을 쌓아서 만들 수 있습니다. 입력은 100차원의 벡터로 하겠습니다. 그림으로 나타내면 다음과 같습니다. 여기서 차원 수는 특징 수입니다. 적은 개

수의 특징을 이용하면 학습은 쉬워지지만 성능이 낮아집니다. 반대로 너무 많은 특징을 이용하면 학습이 어려워지므로 적당한 개수를 선택하는 것이 중요합니다. 이번에는 가로 세로 64픽셀 이미지를 100개 정도를 사용하겠습니다. 이미지 크기가 줄어들면 특징 수를 줄이고, 반대로 이미지 크기가 커지면 특징 수를 늘려주세요.

▼ GAN 생성자의 기본 블록 구성

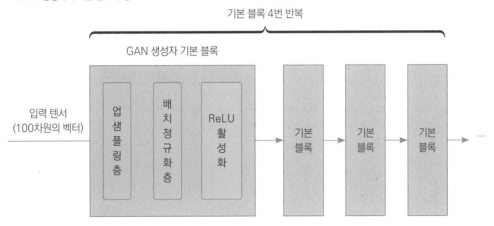

이제 생성자의 코드를 구현합니다.

▼ 생성자 정의

```python
import torch.nn as nn


class Generator(nn.Module):
    def __init__(self):
        super(Generator, self).__init__()

        # 생성자를 구성하는 층 정의
        self.gen = nn.Sequential(
            nn.ConvTranspose2d(100, 512, kernel_size=4, bias=False),
            nn.BatchNorm2d(512),
            nn.ReLU(),

            nn.ConvTranspose2d(512, 256, kernel_size=4,
                               stride=2, padding=1, bias=False),
            nn.BatchNorm2d(256),
```

```
        nn.ReLU(),

        nn.ConvTranspose2d(256, 128, kernel_size=4,
                        stride=2, padding=1, bias=False),
        nn.BatchNorm2d(128),
        nn.ReLU(),

        nn.ConvTranspose2d(128, 64, kernel_size=4,
                        stride=2, padding=1, bias=False),
        nn.BatchNorm2d(64),
        nn.ReLU(),

        nn.ConvTranspose2d(64, 3, kernel_size=4,
                        stride=2, padding=1, bias=False),
        nn.Tanh()
    )

def forward(self, x):
    return self.gen(x)
```

GAN의 생성자는 특징 공간 상의 벡터를 입력으로 받고 업샘플링층을 거쳐 이미지를 만들게 됩니다. 업샘플링층과 배치 정규화층을 적절히 섞어서 생성자를 구성해줍시다. 구조는 인코더 디코더의 디코더와 비슷합니다. 업샘플링을 거친 특징 맵을 배치 정규화하고 활성화하는 것이 기본 골자입니다.

생성자의 마지막 층은 각 픽셀의 값을 결정하는 층이기 때문에 배치 정규화층을 사용하지 않습니다. 또한, 마지막 층의 활성화 함수로 Tanh() 함수를 사용한 이유는 Tanh() 함수가 원점에 대해 대칭적이기 때문입니다. 생성자로 하여금 어두운 색과 밝은 색을 대칭적으로 학습할 수 있도록 Tanh() 함수를 사용합니다.

13.6 GAN 감별자 정의하기

감별자는 기존의 CNN과 유사하게 구성합니다. 합성곱층과 배치 정규화층을 반복해서 쌓아가면 됩니다. 그림으로 나타내면 다음과 같습니다.

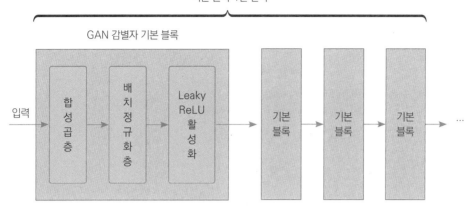

LeakyReLU() 함수

LeakyReLU()는 ReLU()와 비슷한 함수입니다. ReLU()는 0이
하의 값이 전부 0인 반면 LeakyReLU() 함수는 0 이하의 값에서
매우 작은 기울기로 값이 있습니다.

▼ LeakyReLU() 함수

이제 GAN 감별자를 직접 만들어봅시다.

▼ 감별자 정의

```python
class Discriminator(nn.Module):
    def __init__(self):
        super(Discriminator, self).__init__()

        # 감별자를 구성하는 층의 정의
        self.disc = nn.Sequential(
            nn.Conv2d(3, 64, kernel_size=4,
                        stride=2, padding=1, bias=False),
            nn.BatchNorm2d(64),
            nn.LeakyReLU(0.2),
```

```
            nn.Conv2d(64, 128, kernel_size=4,
                    stride=2, padding=1, bias=False),
        nn.BatchNorm2d(128),
        nn.LeakyReLU(0.2),

        nn.Conv2d(128, 256, kernel_size=4,
                    stride=2, padding=1, bias=False),
        nn.BatchNorm2d(256),
        nn.LeakyReLU(0.2),

        nn.Conv2d(256, 512, kernel_size=4,
                    stride=2, padding=1, bias=False),
        nn.BatchNorm2d(512),
        nn.LeakyReLU(0.2),

        nn.Conv2d(512, 1, kernel_size=4),
        nn.Sigmoid()
    )

    def forward(self, x):
        return self.disc(x)
```

감별자는 생성자가 만들어낸 이미지의 진위 여부를 판별합니다. 합성곱층과 배치 정규화층을 적절히 섞어서 감별자를 구성해줍시다. 감별자도 마찬가지로 인코더 디코더에서의 인코더와 구조가 비슷합니다. 디코더는 합성곱층과 배치 정규화층, 그리고 활성화를 거치는 것이 기본 골자입니다. 감별자의 마지막 층에서는 이미지가 진짜인지 가짜인지를 판별하는 이진 분류층이 됩니다. 따라서 배치 정규화층은 사용하지 않습니다. 이진 분류층이 되므로 활성화 함수도 시그모이드 함수를 사용합니다.

▼ 새로 등장한 함수

함수 원형	설명	제공 라이브러리
LeakyReLU(slope)	LeakyReLU 함수를 계산해 반환합니다. 0보다 작은 범위에서 slope 기울기를 갖습니다.	nn

13.7 가중치 초기화하기

GAN의 합성곱층과 배치 정규화층은 특정한 방법으로 가중치를 초기화해야 합니다. 합성곱층의 가중치는 평균 0, 표준편차 0.02인 정규분포를 따르도록 설정하고, 배치 정규화층은 평균이 1.0, 표준편차가 0.02인 정규분포를 따르도록 설정합니다. 또한 배치 정규화층의 편향은 0으로 설정합니다. 평균이 0, 표준편차가 0.02가 되도록 설정하는 것이 가장 잘 학습된다고 알려져 있습니다. 가중치의 분포를 정의하는 함수를 만들어봅시다.

▼ GAN의 가중치 초기화 함수

```
def weights_init(m):
    # 층의 종류 추출
    classname = m.__class__.__name__
    if classname.find('Conv') != -1:
        # ❶ 합성곱층 초기화
        nn.init.normal_(m.weight.data, 0.0, 0.02)
    elif classname.find('BatchNorm') != -1:
        # ❷ 배치 정규화층 초기화
        nn.init.normal_(m.weight.data, 1.0, 0.02)
        nn.init.constant_(m.bias.data, 0)
```

❶ nn.init.normal_() 함수는 정규분포를 따라 가중치를 초기화합니다. 합성곱층에서 편향을 사용하지 않도록 bias=False를 사용했기 때문에 합성곱에 사용하는 가중치만을 초기화합니다. ❷ nn.init.constant_() 함수는 특정값을 지정해 가중치를 초기화합니다. 배치 정규화층의 편향은 0으로, 가중치는 정규분포를 따르게 설정합니다.

▼ 새로 등장한 함수

함수 원형	설명	제공 라이브러리
nn.init.normal_(data, mean, std)	정규분포를 따르도록 가중치를 초기화합니다. 가중치 data를 평균 mean, 표준편차 std를 갖는 정규분포에서 랜덤하게 설정합니다.	torch.nn
nn.init.constant_(data, val)	가중치 data를 val로 설정합니다.	torch.nn

13.8 모델 학습하기

GAN은 감별자와 생성자를 번갈아가며 학습합니다. 먼저 감별자에게 진짜 이미지와 가짜 이미지를 구별하도록 ❶ 진짜 이미지 한 배치와 ❷ 생성자가 생성한 가짜 이미지 한 배치를 학습합니다. 한 번 학습된 감별자는 감별 능력이 완벽하진 않지만 조금 개선됩니다. 다음으로 생성자가 학습됩니다. ❸ 생성자가 만들어낸 이미지를 감별자가 진짜라고 판단하도록 가중치의 업데이트가 일어납니다.

위 과정을 여러 번 반복하면서 GAN의 학습이 이루어지게 됩니다.

▼ GAN의 학습 과정

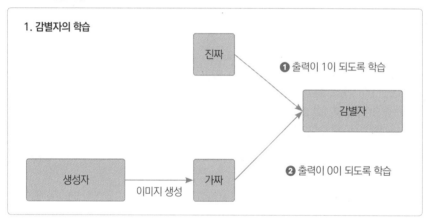

이제 GAN의 학습 과정을 코드로 구현합시다. 먼저 학습에 필요한 요소들을 정의합니다.

▼ 학습에 필요한 요소 정의

```
import tqdm

from torch.optim.adam import Adam
```

```
device = "cuda" if torch.cuda.is_available() else "cpu"

# 생성자 정의
G = Generator().to(device)
# ❶ 생성자 가중치 초기화
G.apply(weights_init)

# 감별자 정의
D = Discriminator().to(device)
# ❷ 감별자 가중치 초기화
D.apply(weights_init)

G_optim = Adam(G.parameters(), lr=0.0001, betas=(0.5, 0.999))
D_optim = Adam(D.parameters(), lr=0.0001, betas=(0.5, 0.999))
```

생성자와 감별자를 생성하고 ❶ 생성자의 가중치와 ❷ 감별자의 가중치를 초기화해주세요. 생성자와 감별자는 Adam 최적화를 이용해 학습하겠습니다.

다음은 학습 루프입니다. 감별자를 먼저 학습하겠습니다.

▼ 학습 루프 정의

```
for epochs in range(50):
    iterator = tqdm.tqdm(enumerate(loader, 0), total=len(loader))

    for i, data in iterator:
        D_optim.zero_grad()

        # ❶ 실제 이미지에는 1, 생성된 이미지는 0으로 정답 설정
        label = torch.ones_like(
            data[1], dtype=torch.float32).to(device)
        label_fake = torch.zeros_like(
            data[1], dtype=torch.float32).to(device)

        # ❷ 실제 이미지를 감별자에 입력
        real = D(data[0].to(device))

        # ❸ 실제 이미지에 대한 감별자의 오차 계산
        Dloss_real = nn.BCELoss()(torch.squeeze(real), label)
        Dloss_real.backward()
```

❶ 감별자 학습에는 진짜 이미지와 생성자가 만들어낸 가짜 이미지가 사용됩니다. 따라서 진짜 이미지에는 참을, 가짜 이미지에는 거짓을 감별자에게 정답으로 알려줘야 합니다. 배치 크기만큼 1을 채워서 진짜 이미지를 인식하도록 정답을 만들어줍시다. label이 이에 해당합니다. 반대로 가짜 이미지를 인식하도록 0을 채워야 합니다. label_fake가 이에 해당합니다.

▼ 처음 등장하는 함수

함수 원형	설명	라이브러리
ones_like(A, dtype)	텐서 A와 같은 모양을 갖는 텐서를 만듭니다. 이때 모든 요소는 1로 채워지며 dtype의 자료형을 따라갑니다.	torch
zeros_like(A, dtype)	ones_like와 동일하지만 채우는 값이 0이 됩니다.	torch

❷ 먼저 감별자를 학습합니다. 감별자에게 우선 실제 이미지를 학습시켜줍니다. 진짜 이미지를 넣고 감별자가 참을 반환하도록 학습됩니다. ❸ 마지막으로 감별자의 오차를 계산하기 위해 진짜 이미지에 대한 감별자의 분류 오차를 계산합니다. 진짜냐 가짜냐의 이진분류이므로 BCE 손실을 이용합니다.

다음은 감별자의 가짜 이미지에 대한 오차를 계산합니다.

▼ 감별자 학습

```
# ❶ 가짜 이미지 생성
noise = torch.randn(label.shape[0], 100, 1, 1, device=device)
fake = G(noise)

# 가짜 이미지를 감별자에 입력
output = D(fake.detach())

# 가짜 이미지에 대한 감별자의 오차 계산
Dloss_fake = nn.BCELoss()(torch.squeeze(output), label_fake)
Dloss_fake.backward()

# ❷ 감별자의 전체 오차를 학습
Dloss = Dloss_real + Dloss_fake
D_optim.step()
```

다음은 감별자가 가짜 이미지를 학습할 차례입니다. ❶ 먼저 생성자가 가짜 이미지를 만들어냅니다. 생성된 이미지는 감별자의 입력으로 들어가고 가짜 이미지에 대한 오차를 계산합니다. ❷ 전체 손실은 진짜 이미지에 대한 손실과 가짜 이미지에 대한 손실을 합해줘야 합니다. 손실을 계산하고 오차를 역전파해서 감별자를 학습해줍니다.

마지막으로 생성자를 학습하겠습니다.

▼ 생성자 학습

```
            # ❶ 생성자의 학습
            G_optim.zero_grad()
            output = D(fake)
            Gloss = nn.BCELoss()(torch.squeeze(output), label)
            Gloss.backward()

            G_optim.step()

            iterator.set_description(f"epoch:{epochs} iteration:{i}
                    D_loss:{Dloss} G_loss:{Gloss}")

torch.save(G.state_dict(), "Generator.pth")
torch.save(D.state_dict(), "Discriminator.pth")
```

다음은 생성자의 학습입니다. ❶ 먼저 생성자가 만들어낸 이미지를 감별자에게 인식시킵니다. 감별자가 생성자가 만들어낸 이미지를 참으로 인식해야 하므로, 감별자의 예측을 label과 비교해서 손실을 계산해줍니다. 손실을 계산하고 오차를 역전파하면 생성자의 학습이 완료됩니다.

13.9 모델 성능 평가하기

무사히 학습이 완료됐다면 GAN이 만들어내는 이미지를 직접 확인해봅시다.

▼ 모델 성능 확인하기

```
with torch.no_grad():
    G.load_state_dict(
        torch.load("Generator.pth", map_location=device))

    # 특징 공간 상의 랜덤한 하나의 점 지정
```

```
feature_vector = torch.randn(1, 100, 1, 1).to(device)
# 이미지 생성
pred = G(feature_vector).squeeze()
pred = pred.permute(1, 2, 0).cpu().numpy()

plt.imshow(pred)
plt.title("predicted image")
plt.show()
```

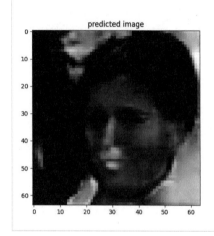

사람의 얼굴 같은 것을 모델이 만들었습니다. 아직 완벽하게 사람의 얼굴을 하고 있지 않지만, 눈, 코, 입, 귀 같은 얼굴의 특징을 잘 드러나 있네요. 더 완성도 있는 이미지를 원한다면 학습 에포크를 더 늘려서 학습하면 됩니다.

학습 마무리

이번 장에서는 GAN을 이용해 이미지를 만드는 모델을 알아봤습니다. GAN의 학습 방법을 이용하면 단순히 정답과 비교하는 것보다 좋은 결과를 얻을 수 있습니다. 생성자의 결과를 감별자가 구별하고, 감별자를 속이도록 생성자가 학습되기 때문에 적대적 생성 신경망이라고도 불립니다. GAN의 입력으로 특징 공간 상의 임의의 점을 받았는데, 특징 공간 상의 점이 이미지의 특징을 잘 표현할 수 있기 때문입니다.

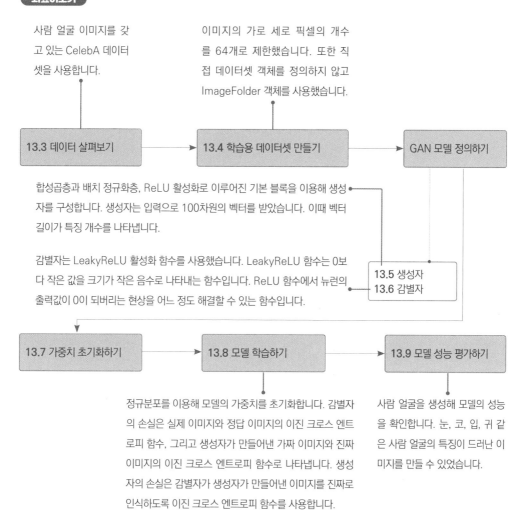

사람 얼굴 이미지를 갖고 있는 CelebA 데이터셋을 사용합니다.

이미지의 가로 세로 픽셀의 개수를 64개로 제한했습니다. 또한 직접 데이터셋 객체를 정의하지 않고 ImageFolder 객체를 사용했습니다.

13.3 데이터 살펴보기

13.4 학습용 데이터셋 만들기

GAN 모델 정의하기

합성곱층과 배치 정규화층, ReLU 활성화로 이루어진 기본 블록을 이용해 생성자를 구성합니다. 생성자는 입력으로 100차원의 벡터를 받았습니다. 이때 벡터 길이가 특징 개수를 나타냅니다.

감별자는 LeakyReLU 활성화 함수를 사용했습니다. LeakyReLU 함수는 0보다 작은 값을 크기가 작은 음수로 나타내는 함수입니다. ReLU 함수에서 뉴런의 출력값이 0이 되버리는 현상을 어느 정도 해결할 수 있는 함수입니다.

13.5 생성자
13.6 감별자

13.7 가중치 초기화하기

13.8 모델 학습하기

13.9 모델 성능 평가하기

정규분포를 이용해 모델의 가중치를 초기화합니다. 감별자의 손실은 실제 이미지와 정답 이미지의 이진 크로스 엔트로피 함수, 그리고 생성자가 만들어낸 가짜 이미지와 진짜 이미지의 이진 크로스 엔트로피 함수로 나타냅니다. 생성자의 손실은 감별자가 생성자가 만들어낸 이미지를 진짜로 인식하도록 이진 크로스 엔트로피 함수를 사용합니다.

사람 얼굴을 생성해 모델의 성능을 확인합니다. 눈, 코, 입, 귀 같은 사람 얼굴의 특징이 드러난 이미지를 만들 수 있었습니다.

생성자의 입력으로 사용하는 특징 개수를 줄이거나 늘리면서 특징 개수가 출력에 미치는 영향을 확인해봅시다.

연습문제

1 GAN을 이용해 안경을 쓴 사람과 안 쓴 사람의 이미지를 생성하는 생성자를 학습했습니다. 이때 안경을 쓴 사람의 안경을 벗기기 위해서는 어떻게 할까요?

2 LeakyReLU( )가 아닌 일반적인 ReLU( ) 함수를 사용하면 어떻게 될까요?

3 파란색과 빨간색을 합성해 보라색을 만들고 싶다면 픽셀의 평균값을 이용해야 할까요 아니면 특징 공간을 이용해야 할까요?

4 GAN 학습을 더 빨리 하기 위해 사람 얼굴 이미지 크기를 가로 세로 16픽셀로 줄여서 학습했습니다. 학습에 어떤 영향을 미칠까요?

---

1 <u>정답</u> 안경을 쓴 사람과 안 쓴 사람을 만들어내는 생성자의 입력을 저장하고, 두 입력값의 평균을 생성자로 입력하면 안경이 사라진 이미지를 만들 수 있습니다.

2 <u>정답</u> ReLU( ) 함수는 0 이하의 값을 0으로 만듭니다. 미분을 이용하는 딥러닝의 특성상 한 번 0이 된 뉴런은 더 이상 학습이 이루어지지 않습니다. 조금 더 나은 성능을 위해서 LeakyReLU( ) 함수를 사용해야 합니다.

3 <u>정답</u> 파란색과 빨간색을 합치면 보라색이 나옵니다. 이런 경우에는 특징 공간보다는 픽셀의 평균값을 이용해야 합니다.

4 <u>정답</u> 이미지를 가로 세로 16픽셀까지 줄이면 학습은 쉬워지지만 이미지가 너무 작아 사람 얼굴의 화질이 낮아집니다. 학습 난이도를 조절하기 위해 이미지 크기를 줄일 수는 있지만 너무 많이 줄이면 안 됩니다.

화질을 개선하는 GAN

학습 목표

자연스러운 이미지를 만든다는 것은 어떤 것일까요? 누가봐도 진짜 같다고 말하는 이미지라면 아마도 자연스러운 이미지라고 할 수 있을 겁니다. 13장에서는 GAN은 감별자 혼자서 이미지를 검증했습니다. 한 층 더 업그레이드된 GAN 모델인 SRGAN^{Super Resolution GAN}은 감별자 이외에도 특징 추출기를 사용해 생성자의 이미지를 검증합니다. SRGAN을 이용하면 입력 이미지의 해상도를 2배로 만들어 출력하는 신경망을 만들 수 있습니다.

학습 순서

핵심 용어 미리보기

1 **SRGAN**에서는 CNN이 비슷한 특징을 추출하도록 생성자가 학습됩니다. 생성자, 감별자와 별도로 특징 추출기가 필요합니다.

2 **L1 손실**은 정답과 예측값의 차이의 절댓값입니다. **L2 손실**은 정답과 예측값의 차를 제곱합니다. SRGAN의 특징 맵을 비교할 때는 L1 손실을 이용합니다. 특징 맵의 픽셀은 대부분 0과 1 사이의 값으로 이루어져 있어서 L2 손실을 이용하면 오차가 오히려 작아지기 때문입니다.

3 SRGAN 생성자의 손실은 **GAN 손실**과 **콘텐츠 손실**로 나뉩니다. GAN 손실은 감별자를 속이도록 하고 콘텐츠 손실은 특징 추출기가 비슷한 특징을 추출하도록 합니다.

4 생성자의 손실을 계산할 때 **GAN 손실에 붙는 계수**는 이미지의 선명도를 결정합니다. 계수가 커질수록 또렷한 이미지를 만들지만 왜곡이 심해지고, 값이 작을수록 왜곡이 덜 하지만 이미지가 또렷하지 못합니다.

문제 정의	GAN을 이용해 이미지의 화질을 높여보자.		
난이도	★★★★☆	노트 바로가기	
이름	GAN을 이용한 화질 개선		
알고리즘	SRGAN		
데이터셋 파일명	CelebA • 출처 : https://mmlab.ie.cuhk.edu.hk/projects/CelebA.html		
데이터셋 소개	연예인 얼굴을 모아놓은 GAN용 데이터셋		
문제 유형	생성	평가지표	BCE 손실
주요 패키지	torch, torch.nn, torchvision		
예제 코드 노트	• 위치 : colab.research.google.com/drive/1HullOZuCdjdSToi8XFlaV52g37kBgJza • 단축 URL : http://t2m.kr/ikQza • 파일 : ex14.ipynb		

14.1 이해하기 : SRGAN

SRGAN은 화질을 높이기 위해 제안된 모델입니다. 특징 공간 상의 점을 입력으로 받는 GAN과
는 달리 SRGAN은 이미지를 입력으로 받습니다. ❶ 생성자는 이미지로부터 특징을 추출하고, 추
출된 특징을 바탕으로 해상도를 높인 이미지를 출력으로 내보냅니다. ❷ 감별자는 기존과 마찬가
지로 실제의 이미지와 생성자가 만들어낸 이미지를 구별하도록 학습됩니다. 한 가지 주의 사항은
생성자를 학습할 때 감별자를 속이기만 하는 것이 아니라는 겁니다. ❸ 사전에 학습된 CNN을 준
비해서 생성자가 만든 이미지와 실제 이미지가 CNN의 입력으로 들어갔을 때, 특징이 비슷하게
추출되도록 학습이 이루어집니다. 즉, 감별자를 속이는 것과 동시에 실제 이미지와 비슷한 특징을
갖게 학습됩니다.

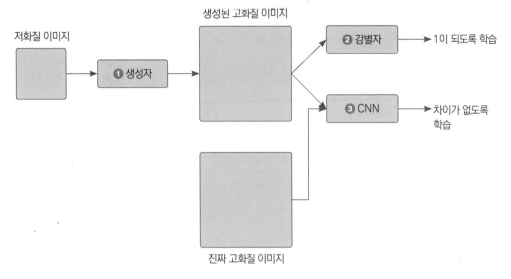

▼ SRGAN의 학습 과정

▼ SRGAN 장단점

장점	단점
• 자연스러운 이미지를 생성할 수 있습니다. • 특징 추출기를 이용해 생성자를 학습하기 때문에 일반적인 GAN에 비해 성능이 좋습니다.	• 특징 추출기를 추가적으로 사용하기 때문에 메모리 소비가 큽니다. • GAN의 특성상 이미지의 왜곡이 나타날 수 있습니다.

▼ 유용한 곳

• 이미지 생성, 화질 올리기 등
• 특징 추출기를 이용한 손실 함수는 인코더 디코더 구조에서 디코더를 학습할 때 사용할 수 있습니다.

14.2 학습용 데이터셋 만들기

이번에는 13장에서 사용한 Celeba 데이터셋을 이용합니다. 입력으로 32×32 크기의 저화질 이미지를 이용하고, 정답으로 64×64 크기 고화질 이미지를 이용하겠습니다. 13장과 마찬가지로 먼저 코랩에서 압축을 풀겠습니다(이미 13장에서 데이터셋의 압출을 풀었다면 이 과정을 건너뛰세요).

▼ 데이터 불러오기

```
!cp "/content/drive/MyDrive/Colab Notebooks/data/img_align_celeba.zip" "."
!unzip "./img_align_celeba.zip" -d "./GAN/"
```

다음은 코드를 통해 학습에 사용할 데이터셋을 만들겠습니다.

▼ 학습에 사용할 데이터셋 정의

```
import glob
import torchvision.transforms as tf

from torch.utils.data.dataset import Dataset
from PIL import Image


class CelebA(Dataset):
    def __init__(self):
        self.imgs = glob.glob("./GAN/img_align_celeba/*.jpg")

        # ❶ 정규화에 이용할 평균과 공분산
        mean_std = (0.5, 0.5, 0.5)

        # ❷ 입력용 이미지 생성
        self.low_res_tf = tf.Compose([
            tf.Resize((32, 32)),
            tf.ToTensor(),
            tf.Normalize(mean_std, mean_std)
        ])

        # ❸ 정답용 이미지 생성
        self.high_res_tf = tf.Compose([
            tf.Resize((64, 64)),
            tf.ToTensor(),
            tf.Normalize(mean_std, mean_std)
        ])
```

원본 이미지는 218×178 크기입니다. ❶ 이미지 정규화를 할 때 평균과 표준편차를 모두 0.5로 설정하겠습니다. 데이터셋의 평균과 표준편차를 직접 구할 수 없거나, 데이터 수가 많아 구하기 어려울 때 일반적으로 0.5로 설정합니다. 학습용 데이터를 ❷ 32×32 크기로 줄인 이미지를 입력으로, ❸ 64×64 크기로 줄인 이미지를 정답으로 사용하겠습니다.

다음은 __len__( ), __getitem__( ) 함수를 구현하겠습니다.

▼ 데이터 개수를 반환하는 함수와 데이터를 불러오는 함수

```python
def __len__(self):
    return len(self.imgs) # ❶ 이미지 개수 반환

def __getitem__(self, i):
    img = Image.open(self.imgs[i])

    # ❷ 저화질 이미지는 입력으로
    img_low_res = self.low_res_tf(img)
    # ❸ 고화질 입력은 정답으로
    img_high_res = self.high_res_tf(img)

    return [img_low_res, img_high_res]
```

❶ self.imgs 안에 학습에 필요한 이미지 데이터가 전부 들어 있습니다. 따라서 __len__( ) 함수는 self.imgs의 길이를 반환해주면 됩니다.

__getitem__( ) 함수는 저화질 이미지와 고화질 이미지를 반환합니다. ❷ img_low_res는 저화질 이미지, ❸ img_high_res는 고화질 이미지입니다.

14.3 SRGAN 생성자 정의하기

SRGAN은 구조가 매우 복잡합니다. 하지만 대부분 공통된 구조가 반복되는 형태이므로 차근차근 만들겠습니다. 생성자는 크게 특징을 추출하는 기본 블록과 이미지 크기를 키워주는 업샘플링 신경망으로 구성되어 있습니다.

먼저 기본 블록을 살펴봅시다. SRGAN 생성자의 기본 블록은 ResNet과 유사합니다. 합성곱과 배치 정규화, 활성화 함수를 거치게 됩니다. 합성곱을 거친 특징 맵은 입력 텐서와 더해져서 출력값을 내보냅니다.

▼ SRGAN 기본 블록

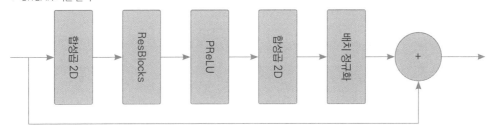

PReLU( )는 LeakyReLU( )와 유사한 함수입니다. LeakyReLU( )는 0 이하의 값에서 고정된 값의 기울기를 갖습니다. 반면 PReLU( ) 함수는 0 이하의 값에서 갖는 기울기를 학습할 수 있습니다. 기본 블록대로 층을 배치하고 순전파를 정의합니다. 마지막에 입력 텐서와 합성곱층을 거친 텐서를 더해줘야 된다는 것에 주의해주세요.

▼ 생성자 기본 블록

```python
import torch.nn as nn

class ResidualBlock(nn.Module):
    def __init__(self, in_channels, out_channels):
        super(ResidualBlock, self).__init__()

        # 생성자의 구성요소 정의
        self.layers = nn.Sequential(
            nn.Conv2d(in_channels, out_channels,
                    kernel_size=3, stride=1, padding=1),
            nn.BatchNorm2d(out_channels),
            nn.PReLU(),
            nn.Conv2d(out_channels, out_channels,
                    kernel_size=3, stride=1, padding=1),
            nn.BatchNorm2d(out_channels)
        )

    def forward(self, x):
        x_ = x
        x = self.layers(x)

        # 합성곱층을 거친 후 원래의 입력 텐서와 더해줌
        x = x_ + x

        return x
```

기본 블록을 거치고 나면 이미지 크기를 키우는 업샘플링 단계로 들어서게 됩니다. 업샘플링층은 다음과 같이 구성합니다.

▼ 새로 등장한 함수

함수 원형	설명	제공 라이브러리
PReLU( )	PReLU 함수를 계산해 반환합니다.	nn

▼ 업샘플링층의 구성

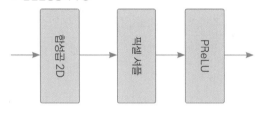

지금까지는 이미지 크기를 키우는 데 트랜스포즈드^{transposed} 합성곱(7장 참조)을 이용했습니다. 트랜스포즈드 합성곱은 학습 가능한 가중치를 이용해 이미지 크기를 키우는 과정이었습니다. 픽셀 셔플은 가중치를 갖지 않으며, 이미지의 채널을 적절하게 섞는 것으로 이미지 크기를 키우는 알고리즘입니다. 학습 가능한 가중치를 갖지 않기 때문에 바로 픽셀 셔플을 이용하면 특징 맵으로부터 정보를 복원할 수가 없습니다. 따라서 픽셀 셔플을 하기 전에 합성곱을 이용해 특징을 한 번 추출한 다음 픽셀 셔플을 해야 합니다. 픽셀 셔플은 이미지의 해상도를 높일 때 사용하는 알고리즘입니다. 해상도를 높이는 방식을 그림을 보면서 알아보겠습니다.

> **픽셀 셔플(PixelShuffle)**
> 이미지 크기를 특징 맵의 배치를 바꿔서 키우는 알고리즘을 말합니다.

▼ 픽셀 셔플 알고리즘

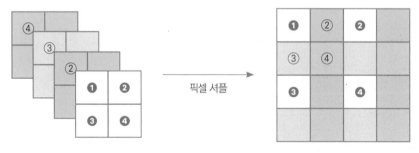

왼쪽의 ❶❷❸❹는 오른쪽의 ❶❷❸❹의 위치로 이동합니다. 왼쪽의 ②③④는 오른쪽의 ②③④로 이동합니다. 마찬가지로 ❷을 기준으로 뒤에 붙은 픽셀들은 ❶에 인접한 ②③④처럼 ❷ 주변으로 이동합니다.

이제 코드를 통해 업샘플링 블록을 만들어봅시다. 앞의 그림에서 봤던 대로 합성곱층과 픽셀 셔플층을 배치해주면 됩니다.

▼ 업샘플링층 정의

```
# 업샘플링층의 정의
class UpSample(nn.Sequential):
    def __init__(self, in_channels, out_channels):
        super(UpSample, self).__init__(
            nn.Conv2d(in_channels, out_channels,
                    kernel_size=3, stride=1, padding=1),
            nn.PixelShuffle(upscale_factor=2),
            nn.PReLU()
        )
```

▼ 새로 등장한 함수

함수 원형	설명	제공 라이브러리
PixelShuffle(upscale_factor)	이미지 크기가 upscale_factor배가 되도록 픽셀 셔플합니다.	nn

이제 생성자의 구성요소를 모두 살펴보았습니다. 이제 SRGAN의 생성자를 논문에 나온 대로 만듭시다.

▼ SRGAN의 생성자

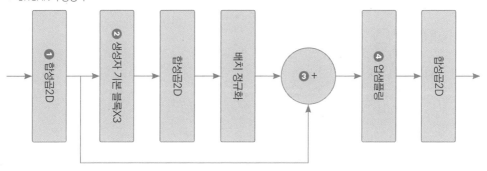

❶ 입력 텐서가 합성곱층을 한 번 거칩니다. 그다음은 앞에서 만든 ❷ 생성자 기본 블록을 세 번 거치고 합성곱층과 배치 정규화층을 거칩니다. ❸ 다음으로 첫 번째 합성곱층의 결과와 합성곱 블록을 거친 결과를 더해줍니다. ❹ 마지막으로 앞에서 만든 업샘플링 블록과 합성곱층을 거치면 완성입니다. 마지막 합성곱에 활성화가 붙지 않는 까닭은 SRGAN의 결과가 각 픽셀의 값이 되기 때문입니다. 활성화층으로 인해 값이 변하면 정보도 같이 변하기 때문에 합성곱층의 결과를 그대로 이용합니다.

이제 생성자를 코드로 정의해봅시다.

▼ 생성자 정의

```python
class Generator(nn.Module):
    def __init__(self):
        super(Generator, self).__init__()

        # ❶ 첫 번째 합성곱층
        self.conv1 = nn.Sequential(
            nn.Conv2d(3, 64,
                        kernel_size=9, stride=1, padding=4),
            nn.PReLU()
        )

        # ❷ 합성곱 블록
        self.res_blocks = nn.Sequential(
            ResidualBlock(in_channels=64, out_channels=64),
            ResidualBlock(in_channels=64, out_channels=64),
            ResidualBlock(in_channels=64, out_channels=64),
        )

        self.conv2 = nn.Conv2d(64, 64,
                            kernel_size=3, stride=1, padding=1)
        self.bn2 = nn.BatchNorm2d(64)

        # ❸ 업샘플링층
        self.upsample_blocks = nn.Sequential(
            UpSample(in_channels=64, out_channels=256)
        )

        # ❹ 마지막 합성곱층
```

```
        self.conv3 = nn.Conv2d(64, 3,
                               kernel_size=9, stride=1, padding=4)
```

❶ 첫 번째 합성곱층입니다. 활성화 함수로 PReLU( ) 함수를 이용합니다. ❷ 합성곱 블록입니다. 총 세 번을 거치고 나서, 합성곱과 배치 정규화층을 거치게 됩니다. ❸ 업샘플링 블록입니다. 이미지의 해상도가 변하는 부분입니다. ❹ 마지막으로 픽셀의 값을 정하는 합성곱층입니다.

앞에서 다룬 그림을 보고 순전파를 정의해주세요.

▼ 생성자의 순전파 정의

```
    def forward(self, x):
        # ❶ 첫 번째 합성곱층
        x = self.conv1(x)
        # ❷ 합성곱 블록을 거친 결과와 더하기 위해
        # 값을 저장
        x_ = x

        # ❸ 합성곱 블록
        x = self.res_blocks(x)
        x = self.conv2(x)
        x = self.bn2(x)
        # ❹ 합성곱 블록과 첫 번째 합성곱층의 결과를 더함
        x = x + x_

        # ❺ 업샘플링 블록
        x = self.upsample_blocks(x)
        # ❻ 마지막 합성곱층
        x = self.conv3(x)

        return x
```

❶ 가장 먼저 합성곱층을 이용해 특징을 추출합니다. ❷ 그다음 합성곱 블록의 결과와 값을 더해야 하므로 x_ 라는 변수를 만들어 값을 저장해줍니다. ❸ 첫 번째 합성곱층의 결과를 합성곱 블록에 넣어주고, 추가적으로 합성곱층과 배치 정규화층을 거쳐갑니다. ❹ 미리 저장했던 첫 번째 합성곱층의 결과와 더해줍니다. ❺ 업샘플링 블록을 이용해 이미지의 해상도를 높여줍니다. ❻ 마지막 합성곱층으로 출력 이미지 픽셀의 값을 결정합니다.

14.4 SRGAN 감별자 정의하기

SRGAN의 감별자는 CNN과 유사합니다. 먼저 합성곱층을 거친 후에 1차원으로 펼쳐주고, MLP 층으로 이진분류해주면 됩니다.

▼ 감별자 기본 블록 정의

```python
# 한 번 거칠 때마다 이미지 크기가 절반으로 줄어드는 합성곱층
class DiscBlock(nn.Module):
    def __init__(self, in_channels, out_channels):
        super(DiscBlock, self).__init__()

        self.layers = nn.Sequential(
            nn.Conv2d(in_channels, out_channels,
                        kernel_size=3, stride=2, padding=1),
            nn.BatchNorm2d(out_channels),
            nn.LeakyReLU()
        )

    def forward(self, x):
        return self.layers(x)
```

DiscBlock 클래스는 감별자의 합성곱층의 기본 블록이 되는 클래스입니다. 합성곱층과 배치 정규화층으로 구성되어 있습니다. 다음은 감별자 클래스를 정의하겠습니다.

▼ SRGAN 감별자의 합성곱 블록

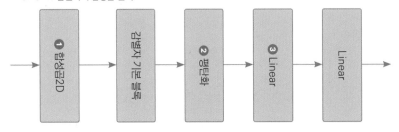

SRGAN 감별자의 구조는 일반적인 CNN과 같습니다. ❶ 합성곱층을 거친 뒤, 분류를 위해 ❷ 이미지를 1차원으로 변환해줍니다. ❸ 마지막으로 분류기 MLP층(시그모이드 함수)으로 이진분류의 결과를 출력합니다.

그림대로 감별자를 정의하겠습니다.

▼ 감별자 정의

```python
class Discriminator(nn.Module):
    def __init__(self):
        super(Discriminator, self).__init__()

        self.conv1 = nn.Sequential(
            nn.Conv2d(3, 64,
                      kernel_size=3, stride=1, padding=1),
            nn.LeakyReLU()
        )

        self.blocks = DiscBlock(in_channels=64, out_channels=64)

        self.fc1 = nn.Linear(65536, 1024)
        self.activation = nn.LeakyReLU()
        self.fc2 = nn.Linear(1024, 1)
        self.sigmoid = nn.Sigmoid()

    def forward(self, x):
        # ❶ 합성곱층
        x = self.conv1(x)
        x = self.blocks(x)

        # ❷ 1차원으로 펼쳐줌
        x = torch.flatten(x, start_dim=1)

        # ❸ 이진분류 단계
        x = self.fc1(x)
        x = self.activation(x)
        x = self.fc2(x)
        x = self.sigmoid(x)

        return x
```

❶ 먼저 합성곱층으로 특징을 추출합니다. 다음으로 앞에서 만든 합성곱 블록을 거칩니다. ❷ 감별자는 가짜와 진짜를 분류하는 이진분류기이므로 추출한 특징 맵을 MLP 분류기의 입력으로 사용

하려면 1차원으로 특징 맵을 변환해줘야 합니다. ❸ MLP층을 거쳐 최종적인 출력을 결정합니다. 이진분류기이므로 마지막 활성화 함수가 시그모이드 함수입니다.

14.5 CNN 특징 추출기 정의하기

SRGAN은 감별자 이외에도 CNN이 추출하는 특징을 고려해야 합니다. 이번에는 torchvision의 VGG19 모델을 특징 추출기로 이용하겠습니다.

▼ 특징 추출기 정의

```
import torch
from torchvision.models.vgg import vgg19


# VGG19 특징 추출기
class FeatureExtractor(nn.Module):
    def __init__(self):
        super(FeatureExtractor, self).__init__()
        # ❶ 사전 학습된 vgg19 모델 정의
        vgg19_model = vgg19(pretrained=True)

        # ❷ VGG19의 9개 층만 이용
        self.feature_extractor = nn.Sequential(
            *list(vgg19_model.features.children())[:9])

    def forward(self, img):
        return self.feature_extractor(img)
```

❶ 먼저 사전 학습된 VGG19 특징 추출기를 정의합니다. torchvision이 사전 학습된 모델을 제공해주므로 그대로 이용하면 됩니다.

❷ VGG 모델의 특성상, 이미지 크기를 줄이는 풀링 연산이 들어 있으므로, 9개 층만을 이용했습니다. 그 이상의 층을 사용하면 이미지의 최대 크기보다 더 줄어들게 되어 오류가 발생하기 때문입니다.

14.6 모델 학습하기

이제 학습 루프를 정의하고 SRGAN 모델을 학습하겠습니다. 감별자의 학습과 CNN 특징 추출기 손실을 정의하는 부분에 주의해주세요. SRGAN의 생성자는 두 가지 손실을 사용합니다. GAN 손실과 콘텐츠 손실인데요. GAN 손실은 감별자를 속이기 위한 손실이고 콘텐츠 손실은 가짜 이미지와 진짜 이미지가 비슷한 특징을 갖도록 하는 손실입니다.

> **GAN 손실(GAN loss)**
> 감별자가 생성자가 만든 이미지를 진짜라고 인식하게 하기 위한 손실 함수입니다.
>
> **콘텐츠 손실(content loss)**
> 생성자가 만든 이미지가 진짜 이미지와 비슷해지도록 하는 손실 함수입니다. 진짜 이미지와 생성자가 만든 이미지를 특징 추출기에 입력한 뒤, 두 값의 차이를 나타냅니다.

▼ 학습 루프

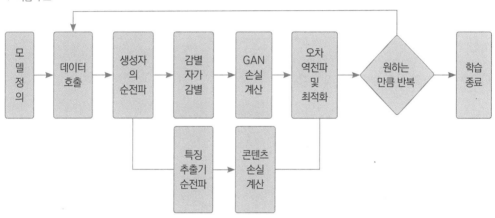

학습 루프대로 학습 코드를 작성합니다. 먼저 학습에 필요한 요소부터 정의합니다.

▼ 학습에 필요한 요소 정의

```python
import tqdm

from torch.utils.data.dataloader import DataLoader
from torch.optim.adam import Adam

device = "cuda" if torch.cuda.is_available() else "cpu"

# ❶ 데이터로더 정의
dataset = CelebA()
batch_size = 8
loader = DataLoader(dataset, batch_size=batch_size, shuffle=True)
```

```
# ❷ 생성자와 감별자 정의
G = Generator().to(device)
D = Discriminator().to(device)
feature_extractor = FeatureExtractor().to(device)
feature_extractor.eval()

# ❸ 생성자와 감별자의 최적화 정의
G_optim = Adam(G.parameters(), lr=0.0001, betas=(0.5, 0.999))
D_optim = Adam(D.parameters(), lr=0.0001, betas=(0.5, 0.999))
```

먼저 학습에 필요한 요소를 정의하겠습니다. ❶ 학습에 필요한 데이터셋을 정의합니다. ❷ 다음으로 생성자와 감별자 신경망을 정의합니다. ❸ 마지막으로 생성자와 감별자를 학습할 최적화를 정의합니다.

다음은 생성자의 학습 루프를 정의합니다.

▼ 학습 루프 정의

```
for epoch in range(1):
    iterator = tqdm.tqdm(loader)

    for i, (low_res, high_res) in enumerate(iterator):
        # ❶기울기의 초기화
        G_optim.zero_grad()
        D_optim.zero_grad()

        # ❷ 진짜 이미지와 가짜 이미지의 정답
        label_true = torch.ones(batch_size, dtype=torch.float32).to(device)
        label_false = torch.zeros(batch_size, dtype=torch.float32).to(device)

        # ❸ 생성자 학습
        fake_hr = G(low_res.to(device))
        GAN_loss = nn.MSELoss()(D(fake_hr), label_true)
```

생성자를 이용해 고화질 이미지를 생성하고 감별자가 참으로 인식하도록 GAN_loss를 계산해 줍니다. ❶ 먼저 기울기를 초기화합니다. ❷ 다음으로 진짜 이미지와 가짜 이미지의 정답을 만들어줍니다. 생성자를 학습할 때는 감별자가 진짜 이미지로 인식하도록 학습이 됩니다. 따라서 생성자의 학습에는 label_true가 사용됩니다. 생성자가 만들어내는 가짜 이미지가 진짜 이미지와 비슷해지도록 학습되어야 하기 때문입니다. 감별자는 가짜와 진짜 이미지 둘 다 학습해야 하므로 label_true와 label_false 둘 다 사용합니다. ❸ 마지막으로 GAN_loss를 계산하기 위해 생성자로 가짜 이미지를 만들고, 감별자가 진짜로 인식하도록 합니다.

CNN 특징 추출기를 이용해 실제 고화질 이미지와 생성자가 만들어낸 이미지를 각각 특징 추출기에 입력해 비교합니다.

▼ 특징 추출기를 이용한 오차 계산

```
# CNN 특징 추출기로부터 추출된 특징 비교
# ❶ 가짜 이미지의 특징 추출
fake_features = feature_extractor(fake_hr)
# ❷ 진짜 이미지의 특징 추출
real_features = feature_extractor(high_res.to(device))
# ❸ 둘의 차이 비교
content_loss = nn.L1Loss()(fake_features, real_features)
```

둘의 특징이 비슷해지도록 L1 손실을 이용해 content_loss를 계산해줍니다. L1 손실은 두 텐서의 차이의 절댓값입니다.

L1, L2 손실

L1 손실은 두 값의 차이의 절댓값을 의미합니다. L2 손실은 MSE처럼 두 값의 차이를 제곱합니다. 따라서 L2 손실은 1보다 큰 오차를 확대하고 1보다 작은 오차는 줄여주는 효과를 갖게 됩니다. 다만, 일반적으로 이미지를 0과 1 사이의 값으로 제한해 사용하기 때문에 모든 픽셀의 값이 0과 1 사이의 값이 됩니다. 그렇기 때문에 L2 손실을 이용하면 오차가 줄어들게 되므로 여기서는 L1 손실을 이용합니다.

▼ L1, L2 손실, L1, L2 규제 비교

L1 손실	L2 손실	L1 규제	L2 규제
정답과 예측값의 차이의 절댓값입니다.	정답과 예측값의 차이의 제곱입니다.	손실 함수에 가중치 크기를 더해주는 기법입니다. 불필요한 가중치를 제거하는 데 사용합니다.	손실 함수에 가중치 크기의 제곱을 더해주는 기법입니다. 오버피팅을 피하기 위해 사용합니다.

---

❶ 먼저 VGG를 이용해 가짜 이미지의 특징을 추출합니다. ❷ 다음으로 VGG로 진짜 이미지의 특징을 추출합니다. ❸ 마지막으로 둘의 차이를 비교합니다.

이제 생성자의 최종적인 손실을 보겠습니다.

▼ 생성자의 손실 정의

```
        loss_G = content_loss + 0.001*GAN_loss
        loss_G.backward()
        G_optim.step()
```

생성자의 전체 손실은 GAN_loss와 content_loss의 합입니다. 단, GAN_loss에 0.001을 곱해서 더해준다는 사실에 주의해주세요. GAN_loss에 붙는 계수가 작아질수록 이미지의 왜곡이 덜 하지만 또렷한 이미지를 만들 수 없고, 반대로 계수가 커질수록 또렷한 이미지를 만들지만 왜곡이 심해집니다. 이번에는 논문에 나온대로 0.001을 곱하겠습니다.

마지막으로 감별자의 학습을 살펴보겠습니다.

▼ 감별자 학습

```
        # 감별자 학습
        # ❶ 진짜 이미지의 손실
        real_loss = nn.MSELoss()(D(high_res.to(device)), label_true)
        # ❷ 가짜 이미지의 손실
        fake_loss = nn.MSELoss()(D(fake_hr.detach()), label_false)
        # ❸ 두 손실의 평균값을 최종 오차로 설정
        loss_D = (real_loss + fake_loss) / 2
        # ❹ 오차 역전파
        loss_D.backward()
        D_optim.step()

        iterator.set_description(
            f"epoch:{epoch} G_loss:{GAN_loss} D_loss:{loss_D}")

torch.save(G.state_dict(), "SRGAN_G.pth")
torch.save(D.state_dict(), "SRGAN_D.pth")
```

❶ 먼저 진짜 이미지에 대한 손실을 계산합니다. ❷ 다음으로 가짜 이미지에 대한 손실을 계산합니다. ❸ 감별자의 최종 손실은 진짜 이미지에 대한 손실과 가짜 이미지에 대한 손실의 평균입니다. ❹ 마지막으로 오차를 역전파하면 감별자가 학습됩니다.

14.7 모델 성능 평가하기

학습이 무사히 종료되었으면 결과를 확인해봅시다.

▼ 모델 성능 평가하기

```python
import matplotlib.pyplot as plt

G.load_state_dict(torch.load("SRGAN_G.pth", map_location=device))

with torch.no_grad():
    low_res, high_res = dataset[0]

    # ❶ 생성자의 입력
    input_tensor = torch.unsqueeze(low_res, dim=0).to(device)

    # ❷ 생성자가 생성한 고화질 이미지
    pred = G(input_tensor)
    pred = pred.squeeze()
    pred = pred.permute(1, 2, 0).cpu().numpy()

    # ❸ 저화질 이미지의 채널 차원을 가장 마지막으로
    low_res = low_res.permute(1, 2, 0).numpy()

    # ❹ 저화질 입력과 생성자가 만든 고화질 이미지 비교
    plt.subplot(1, 2, 1)
    plt.title("low resolution image")
    plt.imshow(low_res)
    plt.subplot(1, 2, 2)
    plt.imshow(pred)
    plt.title("predicted high resolution image")
    plt.show()
```

❶ 생성자의 입력을 만들어줍니다. 이때 배치 차원을 추가해야 합니다. ❷ 생성자로 고화질 이미지를 생성합니다. 파이토치는 채널 차원이 가로 세로 차원보다 먼저 나오기 때문에 맷플롯립에서 읽을 수 있도록 채널을 마지막으로 보내야 합니다. ❸ 비교를 위해 저화질 이미지도 표시하겠습니다. 마찬가지로 채널 차원을 마지막으로 보내줍니다.

▼ 새로 등장한 함수

함수 원형	설명	제공 라이브러리
permute(A, shape)	A의 차원의 순서를 shape가 되도록 변경합니다. 예를 들어 (224, 224, 3) 모양을 갖는 이미지를 A라고 할 때, shape를 (2, 0, 1)로 지정하면 모양의 2번째 요소인 3(채널), 0번째 요소(가로), 1번째 요소(세로)순으로 변경됩니다.	torch

❹ 저화질 이미지와 생성자가 만든 고화질 이미지를 비교합니다. 오른쪽의 이미지가 생성자가 만든 고화질 이미지입니다. 왼쪽의 저화질 이미지에 비해 선이 훨씬 부드러워졌습니다.

▼ 실행 결과

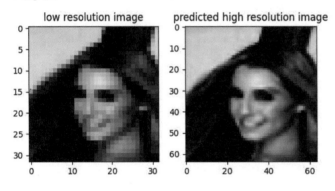

학습 마무리

SRGAN을 이용해 이미지의 화질을 높이는 모델을 알아봤습니다. 생성자의 학습에 감별자만 관여하는 것이 아니라, CNN 특징 추출기가 비슷한 특징을 추출하도록 생성자가 학습되었습니다. 딥러닝 모델을 학습할 때는 출력값 크기를 0과 1 사이로 제한하는 것이 좋다고 알려져 있습니다. GAN처럼 미묘한 차이가 성능을 크게 좌우할 때는 L2 손실이 아니라 L1 손실이 좋습니다.

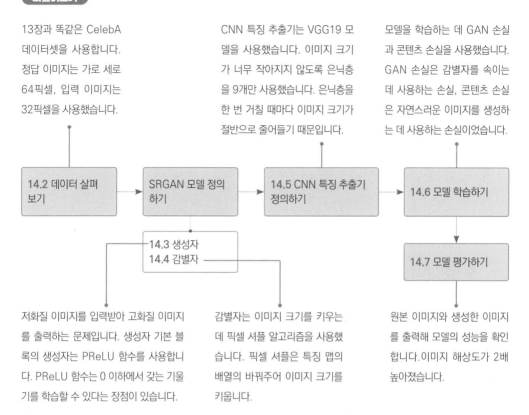

13장과 똑같은 CelebA 데이터셋을 사용합니다. 정답 이미지는 가로 세로 64픽셀, 입력 이미지는 32픽셀을 사용했습니다.

CNN 특징 추출기는 VGG19 모델을 사용했습니다. 이미지 크기가 너무 작아지지 않도록 은닉층을 9개만 사용했습니다. 은닉층을 한 번 거칠 때마다 이미지 크기가 절반으로 줄어들기 때문입니다.

모델을 학습하는 데 GAN 손실과 콘텐츠 손실을 사용했습니다. GAN 손실은 감별자를 속이는 데 사용하는 손실, 콘텐츠 손실은 자연스러운 이미지를 생성하는 데 사용하는 손실이었습니다.

14.2 데이터 살펴보기 → **SRGAN 모델 정의하기** → **14.5 CNN 특징 추출기 정의하기** → **14.6 모델 학습하기**

14.3 생성자
14.4 감별자

14.7 모델 평가하기

저화질 이미지를 입력받아 고화질 이미지를 출력하는 문제입니다. 생성자 기본 블록의 생성자는 PReLU 함수를 사용합니다. PReLU 함수는 0 이하에서 갖는 기울기를 학습할 수 있다는 장점이 있습니다.

감별자는 이미지 크기를 키우는 데 픽셀 셔플 알고리즘을 사용했습니다. 픽셀 셔플은 특징 맵의 배열의 바꿔주어 이미지 크기를 키웁니다.

원본 이미지와 생성한 이미지를 출력해 모델의 성능을 확인합니다. 이미지 해상도가 2배 높아졌습니다.

과제

특징 추출기를 다른 CNN 모델로 바꿔서 결과를 확인해봅시다. 사용 가능한 CNN 모델은 아래 링크를 참고해주세요.

- https://pytorch.org/vision/stable/models.html

연습문제

1 SRGAN의 특징 추출기로부터 추출된 가짜 이미지의 특징과 진짜 이미지의 특징을 L2 손실을 이용해 학습한다면 어떻게 될까요?

2 SRGAN을 학습할 때 GAN 손실의 계수를 키우면 어떻게 될까요?

3 다음 중 콘텐츠 손실을 계산할 때 사용하기 어려운 손실 함수는 무엇일까요?

　❶ MSE 손실

　❷ L1 손실

　❸ L2 손실

　❹ 크로스 엔트로피 손실

4 다음 중 이미지 크기를 키울 때 사용하기 어려운 알고리즘은 어떤 것일까요?

　❶ 업샘플링층(TransposedConv2d)

　❷ 픽셀 셔플층(PixelShuffle)

　❸ MLP층(Linear)

　❹ 합성곱층(Conv2d)

1 정답 L2 손실은 차이를 제곱하기 때문에 1보다 작은 값은 오히려 줄이는 특징이 있습니다. 따라서 L2 손실을 사용하면 오차가 있음에도 불구하고 오차를 줄이기 때문에 자연스럽지 못한 이미지를 만들게 될 가능성이 있습니다.

2 정답 GAN 손실은 이미지의 선명도에 영향을 미칩니다. 하지만 이미지가 선명해짐과 동시에 이미지에 왜곡이 발생합니다. 따라서 GAN 손실의 계수를 키우면 이미지가 또렷해지는 대신 왜곡이 발생합니다.

3 정답 ❹ 크로스 엔트로피는 분류에 사용하는 손실 함수입니다. 이미지를 비교하기에는 적당하지 않습니다.

4 정답 ❹ 합성곱층은 이미지 크기를 늘릴 수 없습니다. MLP층도 이미지 크기를 늘리는 데 잘 사용하지는 않지만, 늘린 이미지의 픽셀 개수만큼의 출력값을 갖도록 MLP층을 정의하면 이미지 크기를 늘릴 수 있습니다.

데이터 없이 학습하는 GAN

☐ 학습 목표

가끔은 외부에 공개되지 않는 데이터도 있습니다. 하지만 나에게 그 데이터가 반드시 필요하다면 어떻게 해야 할까요? 이번 장에서는 GAN을 이용해 학습용 데이터 없이도 모델을 학습할 수 있는 방법을 설명합니다. 예제 데이터로 CIFAR-10을 사용해 동물 사진을 분류하는 모델을 만들어보 겠습니다.

☐ 학습 순서

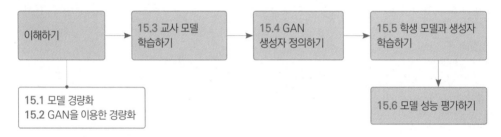

☐ 핵심 용어 미리보기

1 **모델 경량화**는 가중치 개수가 많은 교사 모델의 출력과, 가중치 개수가 적은 학생 모델의 출력이 비슷해지도록 학습하는 것을 말합니다.

2 **지식증류 알고리즘**은 가중치가 많은 교사 모델을 이용해 가중치가 적은 학생 모델을 학습하는 알 고리즘입니다.

3 모델 경량화와 GAN을 이용하면 데이터 없이도 **학생 모델**을 학습할 수 있습니다.

4 데이터 없이 학습할 때는 생성자보다 학생 모델을 더 많이 학습합니다.

5 **L1 손실**은 두 값의 차이의 절댓값을 의미합니다. L2 손실은 MSE처럼 두 값의 차이를 제곱합 니다.

문제 정의	데이터를 이용하지 않고 GAN 모델을 학습해보자.		
난이도	★★★★★	노트 바로가기	
이름	데이터 없이 학습하는 GAN		
알고리즘	GAN		
데이터셋 파일명	CIFAR-10 • 출처 : https://mmlab.ie.cuhk.edu.hk/projects/CelebA.html ※ 알림 : 학습할 때는 데이터를 이용하지 않지만 성능을 평가할 때 사용합니다.		
데이터셋 소개	10가지 사물과 동물로 이루어진 간단한 데이터셋		
문제 유형	분류	평가지표	CE 오차
주요 패키지	torch, torch.nn, torchvision		
예제 코드 노트	• 위치 : colab.research.google.com/drive/12iB7ceENLMF5r8CkdKgD9vVyV3Qm9uM- • 단축 URL : http://t2m.kr/YH5HP • 파일 : ex15.ipynb		

15.1 이해하기 : 모델 경량화

딥러닝 모델이 갖는 뉴런 수는 곧 딥러닝 모델의 성능과 연결됩니다. 따라서 고성능의 딥러닝 모델은 층 개수도 많고 그에 따라 뉴런 수도 많아집니다. 성능이 좋은 컴퓨터에서 크기가 큰 모델을 사용하는 데 아무런 지장이 없지만, 모바일 환경이나 마이크로 컨트롤러 같은 기기에서는 성능이 제한될 수밖에 없습니다. 따라서 크기가 큰 모델을 가볍게 만드는 경량화 방법이 있습니다. 다음은 모델 경량화 기법의 대표적인 예로 지식증류 알고리즘을 나타낸 그림입니다. 지식증류란 큰 모델이 선생님이 되어 크기가 작은 모델의 학습을 도와주는 일련의 과정입니다.

> **모델 경량화**
> 인공 신경망이 비슷한 성능을 갖되, 더 적은 가중치를 갖도록하는 기법을 의미합니다.
>
> **지식증류 알고리즘(Knowledge Distillation)**
> 모델 경량화 알고리즘의 일종입니다. 더 많은 가중치를 갖는 모델(교사 모델)을 이용해 적은 가중치를 갖는 모델(학생 모델)을 학습하는 기법입니다.

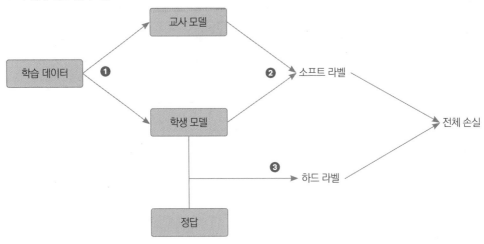

❶ 먼저 교사 모델과 학생 모델은 같은 입력값을 갖게 됩니다. ❷ 이때 두 모델은 서로 다른 예측 값을 출력합니다. 교사 모델과 학생 모델의 예측값의 차이를 '소프트 라벨'이라고 부릅니다. 소프 트 라벨을 이용해 학생 모델을 학습하면, 학생 모델이 교사 모델의 예측값을 흉내내게 됩니다. 같 은 입력에 대해 학생 모델의 출력이 교사 모델과 비슷해지도록 학습이 이루어지기 때문입니다. 하 지만 교사 모델의 학습이 반드시 옳다는 보장이 없기 때문에 정답 데이터 또한 필요합니다. ❸ 정 답 데이터와 학생 모델의 예측값의 차이는 '하드 라벨'이라고 부릅니다. 하드 라벨은 학생 모델의 학습이 올바른 방향으로 갈 수 있도록 해줍니다. 만약 제대로 학습이 이루어진다면, 크기가 더 작 은 학생 모델이 교사 모델의 동작을 흉내낼 수 있게 되므로 모델 경량화에 성공했다고 볼 수 있습 니다.

15.2 이해하기 : GAN을 이용한 경량화

만약 교사 모델이 구글의 이미지넷 데이터셋을 이용해 학습했다면 어떻게 할까요? 이미지넷 데이 터셋은 학습용 이미지만 138GB이기 때문에 사용에 큰 제한이 있습니다. 이미지넷으로 학습된 모델을 갖고 있어도 경량화 목적으로 이미지넷을 다시 사용한다는 것은 주객이 전도된 느낌입니 다. 이때 GAN을 이용한다면 굳이 이미지넷을 사용하지 않아도 교사 모델의 동작을 흉내낼 수 있 게 됩니다.

▼ GAN을 이용한 모델 경량화

GAN을 이용한 모델 경량화의 원리는 다음과 같습니다. 먼저 데이터셋을 전혀 모르는 상황에서 학습되기 때문에 하드 라벨 이용이 불가능합니다. 그래서 학생 모델은 교사 모델의 동작을 흉내내도록 학습됩니다. 생성자는 교사 모델과 학생 모델의 차이가 벌어질 수 있도록 학습됩니다. 생성자의 학습에 교사와 학생의 차이가 벌어지도록 학습되는 이유는 학생 모델에게 더 어려운 학습용 데이터를 만들어줄 수 있도록 해야 하기 때문입니다.

학생 모델을 학습할 때는 생성자의 가중치는 변하지 않습니다. 생성자가 만들어낸 이미지를 교사와 학생이 입력받아 둘의 예측값의 차이를 줄이도록 학생 모델을 학습합니다. 반대로 생성자를 학습할 때는 학생 모델의 가중치는 변하지 않습니다. 생성자를 학습하기 위한 감별자는 교사 모델과 학생 모델의 차이입니다. 생성자의 학습 당시, 생성자가 만들어낸 이미지를 교사와 학생 모델에 입력하고 둘의 차이가 커지는 방향으로 학습이 이루어집니다.

▼ GAN을 이용한 경량화 장단점

장점	단점
• 데이터가 없어도 학습할 수 있습니다. • 비슷한 성능을 내는 모델을 더 작은 가중치로 학습할 수 있습니다.	• 제대로 된 성능을 내려면 반복적으로 학습 파라미터를 바꿔가며 학습해야 합니다. • 실제로 데이터를 갖고 있지 않기 때문에 제대로 학습이 이루어졌는지 확인하기 어렵습니다.

▼ 유용한 곳

• 내려받을 수 없을 정도의 거대한 데이터셋이나 외부에 공개되지 않은 데이터셋을 학습할 때 유용합니다.
• 모델의 크기를 줄이고 싶을 때 사용할 수 있습니다.

15.3 교사 모델 학습하기

CIFAR-10 데이터셋을 실습에 사용하겠습니다. 먼저 CIFAR-10을 이용해 교사 모델을 학습해 봅시다. 교사 모델은 토치비전이 제공하는 resnet34를 이용하겠습니다. 먼저 데이터 전처리를 정의하겠습니다.

▼ 데이터 전처리 정의

```python
import tqdm
import torch
import torch.nn as nn

from torchvision.datasets.cifar import CIFAR10
from torchvision.transforms import Compose, ToTensor
from torchvision.transforms import RandomHorizontalFlip, RandomCrop
from torchvision.transforms import Normalize
from torch.utils.data.dataloader import DataLoader
from torchvision.models.resnet import resnet34, resnet18


from torch.optim.adam import Adam

# 학습할 때 이용할 전처리 정의
transforms = Compose([
    RandomCrop((32, 32), padding=4),
    RandomHorizontalFlip(p=0.5),
    ToTensor(),
    Normalize(mean=(0.4914, 0.4822, 0.4465),
              std=(0.247, 0.243, 0.261))
])
```

RandomCrop()으로 랜덤 크롭핑한 이미지를 RandomHorizontalFlip()으로 y축 대칭시켰습니다. 마지막으로 이미지를 정규화해서 학습하겠습니다.

다음은 교사 모델의 학습에 필요한 요소를 정의하겠습니다.

▼ 교사 모델 학습에 필요한 요소 정의

```python
# 학습용 데이터 준비
training_data = CIFAR10(root="./",
```

```
                                    train=True,
                                    download=True,
                                    transform=transforms)
test_data = CIFAR10(root="./",
                        train=False,
                        download=True,
                        transform=transforms)

# 검증용 데이터 준비
train_loader = DataLoader(
    training_data,
    batch_size=32,
    shuffle=True)
test_loader = DataLoader(
    test_data,
    batch_size=32,
    shuffle=False)

device = "cuda" if torch.cuda.is_available() else "cpu"

# 교사 모델 정의
teacher = resnet34(pretrained=False, num_classes=10)
teacher.to(device)

lr = 1e-5
optim = Adam(teacher.parameters(), lr=lr)
```

학습용 데이터와 검증용 데이터 그리고 교사 모델을 정의합니다. 최적화는 Adam 최적화를 사용합니다. 다음으로 교사 모델의 학습 루프입니다.

▼ 교사 모델 학습 루프 정의

```
# 학습 루프
for epoch in range(30):
    iterator = tqdm.tqdm(train_loader)
    for data, label in iterator:
        optim.zero_grad()

        preds = teacher(data.to(device))
```

```
        loss = nn.CrossEntropyLoss()(preds, label.to(device))
        loss.backward()
        optim.step()

        iterator.set_description(f"epoch:{epoch+1} loss:{loss.item()}")

# 교사 모델의 가중치 저장
torch.save(teacher.state_dict(), "teacher.pth")
```

4.3절 'CNN으로 이미지 분류하기'에서 정의한 학습 루프 코드와 흡사합니다. 교사 모델의 예측 값과 정답의 크로스 엔트로피를 계산하고 역전파해줍니다. 학습이 완료되면 교사 모델의 가중치를 저장합니다. 이제 교사 모델의 성능을 확인해봅시다.

▼ 교사 모델 성능 평가하기

```
# 교사 모델의 가중치 불러오기
teacher.load_state_dict(torch.load("teacher.pth", map_location=device))

num_corr = 0

# 교사 모델의 성능 검증
with torch.no_grad():
    for data, label in test_loader:

        output = teacher(data.to(device))
        preds = output.data.max(1)[1]
        corr = preds.eq(label.to(device).data).sum().item()
        num_corr += corr

    print(f"Accuracy:{num_corr/len(test_data)}")
```

```
Accuracy:0.8098
```

교사 모델의 분류 정확도를 계산합니다. 그럭저럭 괜찮은 결과를 얻었습니다. 조금 더 좋은 성능을 원한다면 에포크 수를 늘려서 학습해주세요.

15.4 GAN 생성자 정의하기

이제 학생 모델을 학습할 때 사용할 이미지를 만들어주는 GAN 생성자를 만들겠습니다. 중요한 점은 학생 모델과 생성자의 학습 속도가 차이가 나면 안 된다는 점입니다. 이전 프로젝트에서 만든 생성자는 성능은 좋지만 학습에 시간이 너무 오래 걸립니다. ResNet은 학습 속도가 GAN의 생성자에 비해 빠르기 때문에 이전 프로젝트에서 사용했던 생성자를 사용하면 학습이 제대로 이루어지지 않습니다. 생성자는 학생 모델의 학습에 필요한 이미지를 제대로 만들어낼 수 없고, 학생 모델의 학습 방향 역시 이상해질 겁니다. 따라서 이번에는 합성곱층을 이용한 간단한 생성자 모델을 만들겠습니다.

생성자의 입력으로는 256차원의 랜덤 벡터를 이용하겠습니다. 그다음, MLP층을 이용해 128채널 8×8 크기의 이미지를 만들어낸 다음, 합성곱과 배치 정규화를 이용해 32×32 크기 3채널 이미지를 만들게 됩니다.

▼ 생성자의 구조

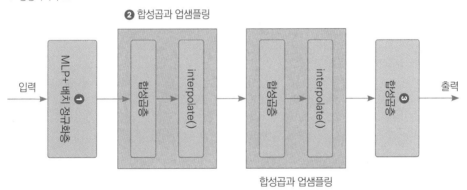

앞의 그림은 생성자의 구조를 나타냅니다. ❶ MLP층과 배치 정규화층을 거친 입력은 128채널 (8×8) 이미지가 됩니다. ❷ 다음으로 합성곱과 업샘플링층입니다. 이번에 사용할 업샘플링은 파이토치의 interpoloate( ) 메서드를 이용합니다. interpoloate( ) 메서드는 가중치를 사용하지 않고 이미지의 해상도를 scale_factor만큼 올려줍니다. 이미지를 두 배 키우기 위해 scale_factor=2로 설정해주세요. 마지막 합성곱층은 이미지의 픽셀값을 나타내는 출력층이기 때문에 활성화층이 없습니다. ❸ 활성화에 의해 픽셀값의 변화가 생기면 정보가 소실되기 때문입니다.

▼ 데이터 생성자 정의

```python
import torch.nn.functional as F

class Generator(nn.Module):
    def __init__(self, dims=256, channels=3):
        super(Generator, self).__init__()

        # 256차원 벡터를 입력받아 128채널 8×8 이미지 생성
        self.l1 = nn.Sequential(nn.Linear(dims, 128 * 8 * 8))

        self.conv_blocks0 = nn.Sequential(
            nn.BatchNorm2d(128),
        )
        self.conv_blocks1 = nn.Sequential(
            nn.Conv2d(128, 128, 3, stride=1, padding=1),
            nn.BatchNorm2d(128),
            nn.LeakyReLU(0.2),  # ❶ 활성화 함수
        )
        self.conv_blocks2 = nn.Sequential(
            nn.Conv2d(128, 64, 3, stride=1, padding=1),
            nn.BatchNorm2d(64),
            nn.LeakyReLU(0.2),
            nn.Conv2d(64, channels, 3, stride=1, padding=1),
            nn.Tanh(),
            nn.BatchNorm2d(channels, affine=False)  # ❷ 배치 정규화
        )

    def forward(self, z):
        # 256차원 벡터를 128채널 8×8 이미지로 변환
        out = self.l1(z.view(z.shape[0], -1))
        out = out.view(out.shape[0], -1, 8, 8)

        out = self.conv_blocks0(out)
        # ❸ 이미지를 두 배로 늘려줌
        out = nn.functional.interpolate(out, scale_factor=2)
        out = self.conv_blocks1(out)
        out = nn.functional.interpolate(out, scale_factor=2)
        out = self.conv_blocks2(out)
        return out
```

❶ ReLU 함수 대신 LeakyReLU( ) 함수를 이용했습니다. 0 이하의 값들을 계속 사용할 수 있게 하기 위함입니다. 딥러닝은 미분을 이용하기 때문에 한 번 값이 0이 되면 더 이상 가중치 업데이트가 이루어지지 않습니다. 0에는 어떤 값을 곱해도 0이기 때문이죠. 그래서 LeakyReLU( )나 14장처럼 PReLU( )를 사용하는 것이 좋습니다.

❷ 배치 정규화의 affine 인수는 편향의 유무를 결정합니다. 지금은 Tanh 함수로 인해 출력값의 범위가 제한돼 있으므로 affine을 False로 둬서 값의 범위를 유지할 수 있게 해줍니다. ❸ 텐서를 일정 비율로 줄이거나 늘릴 수 있습니다. 여기서는 이미지를 2배로 키우기 위해 scale_factor=2 를 사용했습니다. 이미지 크기는 일반적으로 2의 거듭제곱 크기를 선호합니다. 그래야 이미지를 키우고 줄일 때 계산이 편해지기 때문입니다.

▼ 새로 등장한 함수

함수 원형	설명	제공 라이브러리
interpolate(out, scale_factor)	out이 scale_factor배가 되도록 변환합니다. 이미지 크기가 커지면서 생기는 빈 공간을 자동으로 보간합니다.	torch.functional

15.5 학생 모델과 생성자 학습하기

이제 학생 모델을 학습하는 데 사용할 데이터를 만들어주는 생성자까지 정의했으니, 학생 모델을 학습해봅시다. 학생 모델을 학습하려면 교사 모델, 데이터 생성자, 그리고 학생 모델 마지막으로 학생 모델과 생성자의 가중치를 학습하는 최적화를 정의해줘야 합니다.

▼ 학습 루프

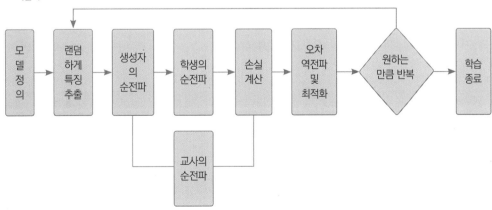

▼ 학생 모델과 생성자 학습

```python
from torch.optim.sgd import SGD

# ❶ 교사 모델 불러오기
teacher = resnet34(pretrained=False, num_classes=10)
teacher.load_state_dict(torch.load("./teacher.pth", map_location=device))
teacher.to(device)
teacher.eval()

# ❷ 학생 모델 정의
student = resnet18(pretrained=False, num_classes=10)
student.to(device)

# ❸ 생성자 정의
generator = Generator()
generator.to(device)

# ❹ 생성자는 Adam으로, 학생 모델은 SGD를 이용해서 학습
G_optim = Adam(generator.parameters(), lr=1e-3)
S_optim = SGD(student.parameters(), lr=0.1, weight_decay=5e-4, momentum=0.9)
```

❶ 먼저 앞서 학습한 교사 모델을 불러옵니다. ❷ 다음으로 학생 모델을 정의합니다. ❸ 데이터를 만들어줄 생성자를 정의하고 ❹ 최적화 기법을 정의합니다. 이번에 눈에 띄는 부분은 생성자의 최적화와 학생 모델의 최적화가 다르다는 점입니다. Adam은 수렴 속도가 빠른 알고리즘인 반면, SGD는 오버피팅을 피하기에 유리한 알고리즘입니다. 생성자가 만들어내는 이미지는 원래의 데이터셋에는 들어 있지 않습니다. 그렇기 때문에 수렴이 빠른 Adam으로 학생 모델을 학습하면 생성자가 만들어내는 이미지에 대해 오버피팅이 발생할 가능성이 큽니다. 반면 생성자가 SGD를 이용하면 수렴 속도가 느려져서 학생 모델에게 다양한 이미지를 제공하기 어려워집니다. 따라서 학생 모델은 SGD로, 생성자는 Adam으로 학습합니다.

▼ 새로 등장한 함수

함수 원형	설명	제공 라이브러리
SGD(params, lr)	모델의 가중치 params를 학습률 lr을 이용해 경사 하강법으로 최적화합니다.	torch.optim.sgd

이어서 학생 모델의 학습 루프를 정의합시다.

▼ 학습 루프 정의

```
for epoch in range(500):
    # ❶ 학생 모델을 5번, 생성자는 1번 가중치 학습
    for _ in range(5):
        # ❶ 이미지 생성을 위한 노이즈 생성
        noise = torch.randn(256, 256, 1, 1, device=device)
        S_optim.zero_grad()
        # ❷ 이미지 생성
        fake = generator(noise).detach()
        # ❸ 교사의 예측
        teacher_output = teacher(fake)
        # ❹ 학생의 예측
        student_output = student(fake)
        # ❺ 학생의 오차 계산
        S_loss = nn.L1Loss()(student_output, teacher_output.detach())

        print(f"epoch{epoch}: S_loss {S_loss}")
        # ❻ 오차 역전파
        S_loss.backward()
        S_optim.step()
```

❶ 학생 모델을 5번 학습하고 생성 모델을 한 번 학습합니다. 최종적으로 학습하고자 하는 대상은 학생 모델입니다. 생성 모델은 한 번 학습할 때마다 분류하기 더 어려운 이미지를 만들어냅니다. 그렇기 때문에 생성자가 너무 빨리 학습되면 학생 모델을 학습할 수 없습니다.

❶ 먼저 생성자가 이미지를 만들어내기 위한 특징 공간 상의 좌표를 만들어줍니다. 13장에서도 생성자의 입력으로 벡터를 입력했던 것을 기억해주세요. ❷ 다음으로 만든 노이즈를 이용해 생성자가 이미지를 만들어냅니다.

▼ 새로 등장한 함수

함수 원형	설명	제공 라이브러리
detach( )	텐서를 계산 그래프로부터 떼어냅니다. 오차를 역전파할 때 detach된 텐서의 기울기는 역전파되지 않습니다.	torch

❸ 생성자의 이미지를 교사 모델의 출력을 계산하고 ❹ 학생 모델도 역시 출력을 계산합니다.
❺ 교사 모델과 학생 모델의 출력의 차이를 계산합니다. 이때 L1 손실을 이용합니다.

> **TIP L1 손실**
>
> L1 손실은 두 값의 차이의 절댓값을 의미합니다. L2 손실은 MSE처럼 두 값의 차이를 제곱합니다. 따라서 L2 손실은 1보다 큰 오차를 확대하고 1보다 작은 오차는 줄여주는 효과를 갖게 됩니다. 다만, 분류 모델은 마지막 출력층에 소프트맥스 함수를 이용하므로 모든 요소의 값이 0과 1 사이의 값이 됩니다. 그렇기 때문에 L2 손실을 이용하면 오차가 줄어들게 되므로 여기서는 L1 손실을 이용합니다.

❻ 계산된 오차를 역전파하면 학생 모델이 학습됩니다.

다음은 생성자를 학습하겠습니다.

▼ 생성자 학습

```python
# ❶ 이미지 생성을 위한 노이즈 정의
noise = torch.randn(256, 256, 1, 1, device=device)
G_optim.zero_grad()
# ❷ 이미지 생성
fake = generator(noise)


# ❸ 교사와 학생 모델의 출력 계산
teacher_output = teacher(fake)
student_output = student(fake)


# ❹ 생성자의 오차 계산
G_loss = -1 * nn.L1Loss()(student_output, teacher_output)


# ❺ 오차 역전파
G_loss.backward()
G_optim.step()


print(f"epoch{epoch}: G_loss {G_loss}")
```

생성자를 학습할 차례입니다. ❶ 먼저 이미지 생성을 위한 특징 공간 상의 좌표를 정의합니다.
❷ 노이즈를 이용해 이미지를 생성합니다. ❸ 생성자가 만들어낸 이미지를 이용해 교사와 학생 모델의 출력을 계산합니다. ❹ 교사와 학생 모델의 차이를 생성자의 오차로 정의하고, ❺ 오차를 역전파합니다.

15.6 모델 성능 평가하기

학습이 완료되었습니다. 학생 모델을 학습할 때 학습용 데이터를 전혀 사용하지 않았습니다. 그렇다면 학습용 데이터를 전혀 사용하지 않은 학생 모델은, 얼마나 정확하게 학습용 데이터를 분류할 수 있을까요? 직접 확인하겠습니다.

▼ 학생 모델 성능 평가하기

```python
num_corr = 0

student.load_state_dict(
    torch.load("student.pth", map_location=device))

# 학습용 데이터에 대한 정확도
with torch.no_grad():
    for data, label in train_loader:

        output = student(data.to(device))
        preds = output.data.max(1)[1]
        corr = preds.eq(label.to(device).data).sum().item()
        num_corr += corr

    print(f"Accuracy:{num_corr/len(training_data)}")

num_corr = 0

# 검증용 데이터에 대한 정확도
with torch.no_grad():
    for data, label in test_loader:

        output = student(data.to(device))
        preds = output.data.max(1)[1]
        corr = preds.eq(label.to(device).data).sum().item()
        num_corr += corr

    print(f"Accuracy:{num_corr/len(test_data)}")
```

```
Accuracy:0.50836
Accuracy:0.5003
```

학습용 데이터와 검증용 데이터 모두 정확도를 측정했습니다. 사용한 코드는 이전과 같습니다.

결과가 눈에 띄게 좋지 않습니다만, 한 번도 들여다보지 않은 학습용 데이터를 약 절반 정도 올바르게 분류할 수 있습니다. 더 나은 성능을 얻으려면 더 정확한 교사 모델이 필요합니다. 교사 모델을 학습할 때 사전 학습된 모델을 이용하면 더 좋은 성능을 낼 수 있습니다.

학습 마무리

이번 장에서는 모델 경량화 기법 중 하나인 지식증류 알고리즘과 GAN을 이용해 데이터 없이 학생 모델을 학습했습니다. 지식증류는 모델의 가중치를 줄이는 것뿐만 아니라 GAN과 함께 사용한다면 데이터를 갖고 있지 않더라도 자신의 모델을 학습할 수 있습니다. CRNN이 두 가지 모델을 합쳐서 새로운 문제를 해결할 수 있듯이, 두 가지 학습 기법을 합치는 것으로 새로운 문제를 해결할 수도 있습니다.

되짚어보기

교사 모델의 출력과 동일한 출력을 내보내도록 학생 모델을 학습하고, 두 모델의 입력 데이터를 내보내는 생성자를 학습하는 문제입니다. 교사 모델은 크기가 큰 모델을 말하고, 학생 모델은 크기가 작은 모델을 의미합니다. 교사 모델로 resnet34를 사용했습니다. CIFAR-10 데이터셋을 이용해 학습했습니다.

학생 모델은 resnet18 모델을 사용했습니다. 생성자는 학생 모델이 학습해야 하는 데이터셋의 데이터를 생성하는 데 사용합니다. 생성자의 손실은 교사 모델의 예측값과 학생 모델의 예측값의 L1 손실입니다. L1 손실은 두 값의 차이의 절댓값입니다.

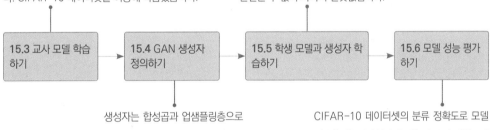

15.3 교사 모델 학습하기 → 15.4 GAN 생성자 정의하기 → 15.5 학생 모델과 생성자 학습하기 → 15.6 모델 성능 평가하기

생성자는 합성곱과 업샘플링층으로 기본 블록을 구성했습니다. 업샘플링은 파이토치의 interpolate() 함수를 사용했습니다.

CIFAR-10 데이터셋의 분류 정확도로 모델의 성능을 평가합니다. 약 50%의 정확도가 나왔습니다. 더 좋은 성능을 위해서는 사전 학습된 교사 모델을 이용하는 것이 좋습니다.

과제

MNIST 데이터셋을 이용해 학습해봅시다.

연습문제

1 모델 경량화를 할 때 학생 모델과 교사 모델의 차이와, 학생 모델과 정답의 차이를 각각 뭐라고 부를까요?

2 데이터 없이 학생 모델을 학습할 때 생성자를 더 많이 학습하면 어떻게 될까요?

3 다음 상황 중 모델 경량화가 아닌 경우는 어떤 경우인가요?

❶ 모델의 은닉층 일부를 제거하는 경우

❷ 모델의 가중치 중 일부를 제거하는 경우

❸ 모델의 분류기의 출력층의 뉴런을 제거하는 경우

❹ 가중치가 많은 모델을 이용해 더 작은 모델을 학습하는 경우

4 지식증류 알고리즘 중 잘못된 것을 고르시오?

❶ 교사 모델은 가중치가 더 많은 모델입니다.

❷ 학생 모델은 가중치가 적은 모델입니다.

❸ 학생 모델과 교사 모델의 예측값의 차이를 L1 손실을 이용해 학습할 수 있습니다.

❹ VGG16은 교사 모델로 사용할 수 없습니다.

❺ ResNet34를 교사 모델로, VGG19를 학생 모델로 사용합니다.

---

1 **정답** 학생 모델과 교사 모델의 출력의 차를 '소프트 라벨'이라고 부릅니다. 학생 모델과 정답의 차이는 '하드 라벨'이라고 부릅니다.

2 **정답** 생성자는 학생 모델이 분류하기 어려운 이미지를 생성하도록 학습됩니다. 따라서 생성자를 학생 모델보다 더 많이 학습하면 학생 모델이 더는 분류할 수 없게 됩니다. 또한 생성자 역시 학생 모델의 학습에 도움이 되지 않는 이상한 이미지를 생성합니다.

3 **정답** **❸** 출력층을 늘리고 줄이는 건 전이 학습에서 사용하는 방법입니다.

4 **정답** **❹** VGG16보다 더 작은 모델을 학생 모델로 사용한다면 VGG16도 교사 모델이 될 수 있습니다. 또한, ResNet을 교사 모델로 사용했다고 학생 모델도 반드시 ResNet이 될 필요는 없습니다.

트랜스포머 · GPT ·
BERT · ViT 알아보기

A.1 트랜스포머

CNN을 이용하면 이미지로부터 특징을 추출해 이미지를 분류하거나, 물체의 위치를 예측하는 등의 처리를 할 수 있습니다. RNN을 이용하면 순서가 있는 데이터로부터 특징을 추출해 글을 쓰거나 번역할 수 있습니다. 그런데 CNN과 RNN 둘 다, 입력의 일부분만을 보도록 설계되어 있습니다. CNN은 커널을 이용하기 때문에 이미지의 특징을 추출하는 데 국소적인 부분만 고려합니다. RNN은 시간의 흐름에 따라 점점 과거의 정보가 흐려진다는 단점이 있습니다. 이를 극복하기 위해 어텐션 메커니즘이 등장했지만 여전히 RNN 계열의 알고리즘을 사용해야 합니다.

트랜스포머transformer는 RNN 계열의 알고리즘 없이, 순수하게 어텐션만으로 구성된 신경망 모델입니다. 트랜스포머는 RNN 계열 알고리즘과 다르게 인코더에서 모든 단어를 동시에 고려합니다. 11장에서 다룬 어텐션 메커니즘은 인코더에서 GRU층의 은닉 상태를 사용했기 때문에 모든 단어를 동시에 처리하지 못했습니다. GRU는 각 시점의 은닉 상태를 계산할 때 과거 시점의 정보가 흐려지는 RNN 계열의 알고리즘이기 때문에 어텐션 메커니즘을 사용하더라도 동시에 단어를 고려하지는 못합니다. 11장에서 다룬 어텐션 메커니즘과 트랜스포머의 가장 큰 차이는 트랜스포머는 입력에서 순서 정보가 없다는 겁니다. RNN 계열 알고리즘과 다르게 입력이 순차적으로 들어오지 않기 때문입니다.

▼ 트랜스포머의 구조

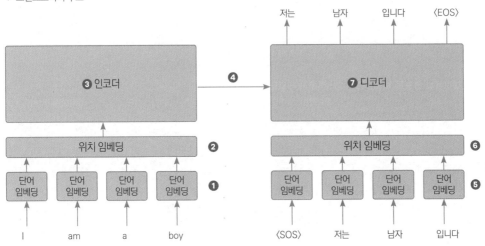

앞의 그림이 트랜스포머의 구조를 나타낸 그림입니다. 트랜스포머는 기계 번역 알고리즘이기 때문에 11장과 유사한 구조를 갖고 있습니다. ❶은 단어 임베딩층을 나타냅니다. 10장에 사용한 임베딩층과 같습니다. ❷는 각 단어의 위치 정보를 나타내는 위치 임베딩층입니다. 트랜스포머의 입력은 순서 정보가 없기 때문에 위치 임베딩을 이용해 각 단어의 순서에 대한 정보를 만들어줘야 합니다. 단어 임베딩과 비슷하게 각 시점마다 겹치지 않도록 밀집 표현을 지정해줍니다. ❸은 트랜스포머의 인코더입니다. 여기서 입력 문장의 특징을 추출합니다. ❹는 인코더의 출력을 디코더의 입력으로 넣어주는 부분입니다. ❺는 디코더 입력의 단어 임베딩을 나타냅니다. ❻은 디코더 입력의 위치 임베딩을 나타냅니다. ❼은 트랜스포머의 디코더입니다. 여기서 변역하고자 하는 언어의 단어를 출력합니다.

A.1.1 트랜스포머 인코더

트랜스포머의 인코더의 구성을 살펴봅시다.

▼ 트랜스포머 인코더 구조

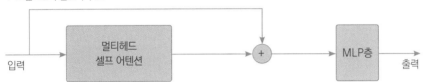

멀티헤드 셀프 어텐션multi-head self attention은 어텐션 머케니즘의 일종입니다. 셀프 어텐션은 자기 자신을 이용해 어텐션을 계산하는 기법입니다. 11장의 어텐션 메커니즘은 디코더의 입력과 인코더의 출력에 대한 어텐션을 계산했습니다. 이렇게 일반적인 어텐션 메커니즘은 다른 두 대상에 대해서 계산합니다. 하지만 셀프 어텐션은 자기 자신만을 이용해 어텐션 메커니즘을 수행합니다.

> **셀프 어텐션(self attention)**
> 자기 자신에 대해 어텐션 메커니즘을 수행하는 기법을 말합니다.

▼ 셀프 어텐션

멀티헤드 셀프 어텐션은 어텐션 메커니즘을 계산할 때, 하나의 벡터로 여러 특징을 추출할 수 있게 하는 알고리즘입니다. 셀프 어텐션은 한 번에 하나의 특징을 추출합니다. 멀티 헤드 셀프 어텐

션은 한 번에 여러 개의 특징을 추출하도록 벡터를
나누어 계산하는 알고리즘입니다.

▼ 멀티 헤드 셀프 어텐션의 계산

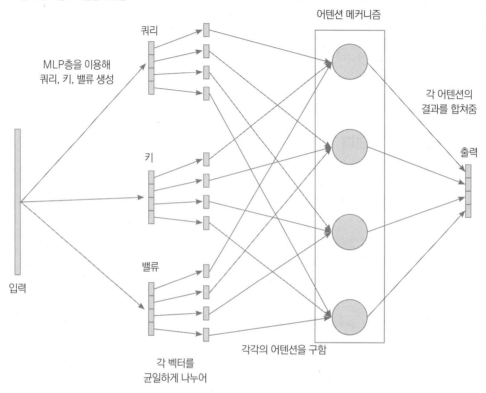

앞에 나온 그림이 멀티헤드 셀프 어텐션을 계산하는 방법을 나타낸 그림입니다. 먼저 입력 텐서를
MLP층을 이용해 쿼리^{query}, 키^{key}, 밸류^{value}를 계산합니다. 어텐션 메커니즘의 기본적인 골자는 쿼
리와 키의 유사도를 밸류에 곱해 사용하는 겁니다. 쉽게 생각하면 쿼리는 디코더의 현재 입력, 키
와 밸류는 인코더의 모든 시점의 은닉 상태입니다. 11장의 어텐션 메커니즘은 디코더의 입력과
인코더의 모든 은닉 상태의 유사도를 계산한 뒤,
인코더의 은닉 상태와 내적해 각 인코더 시점의 중
요도를 구한 뒤, 그 중요도를 이용해 디코더의 출
력을 결정했습니다. 트랜스포머는 훨씬 간단하게
쿼리, 키, 밸류 모두 인코더의 모든 입력 단어들이
됩니다.

쿼리(query), 키(key), 밸류(value)
일반적인 어텐션 메커니즘의 경우 쿼리는 디코더의
입력, 키와 밸류는 모든 시점의 인코더 은닉 상태를
말합니다. 트랜스포머에서는 모두 인코더의 입력 단
어들입니다.

쿼리, 키, 밸류를 계산했다면 다음은 각 벡터들을 균일하게 나누게 됩니다. 나누어진 벡터의 일부분을 헤드[head]라고 부르며, 헤드를 이용해 어텐션을 계산합니다. 쿼리, 키, 밸류를 그대로 어텐션 계산에 사용하면 한 번에 특징 하나만을 추출하지만, 여러 헤드로 나누면 한 번에 여러 특징을 추출할 수 있게 됩니다. 어텐션의 계산법은 11장과 같습니다. 쿼리와 키를 내적한 뒤, 소프트맥스 함수를 이용해 중요도를 구하고, 밸류에 곱해주면 됩니다.

▼ 트랜스포머의 어텐션 중요도 방법

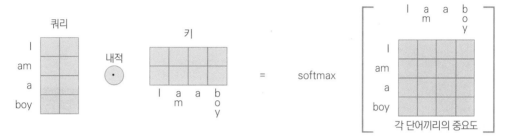

앞의 그림이 어텐션을 계산할 때 가장 중요한 중요도 계산 방법입니다. 쿼리와 키를 내적한 결과를 소프트맥스 함수의 입력으로 사용해 각 단어끼리의 중요도를 얻습니다. 이 중요도를 밸류에 곱하면 어텐션 계산이 완료됩니다.

각 헤드의 어텐션 계산값을 하나로 합치면 멀티헤드 셀프 어텐션의 출력을 얻을 수 있습니다.

A.1.2 트랜스포머 디코더

트랜스포머의 디코더는 어텐션을 두 번 계산합니다. 먼저 디코더 입력의 ❶ 셀프 어텐션을 계산하고, 인코더 출력과 디코더 입력의 ❷ 어텐션을 계산합니다.

▼ 트랜스포머 디코더 구조

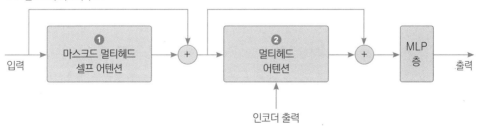

앞의 그림이 트랜스포머의 디코더 구조를 나타낸 그림입니다. 먼저 디코더 입력의 셀프 어텐션을 구해야 합니다. 하지만 하나의 시점에서 앞으로 오게 될 단어를 미리 알 수는 없습니다. 따라서 현재 시점 이후의 시점은 크기가 아주 큰 음의 값을 넣어 주는 것으로 소프트맥스를 계산했을 때 값이 0에 가깝게 나오도록 해서 미래의 단어는 고려하지 않도록 합니다. 이런 방식을 마스크드 멀티헤드 셀프 어텐션이라고 합니다.

> **마스크드 멀티헤드 셀프 어텐션**
> **(masked multi head self attention)**
> 현재 시점에서 미래에 오게 될 단어의 영향을 줄이기 위해 현재 시점 이후의 시점의 단어 임베딩 대신 크기가 매우 큰 음의 실수를 입력하는 것을 말합니다.

▼ 마스크드 셀프 어텐션의 계산

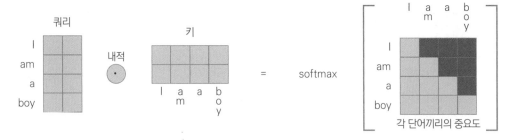

앞의 그림이 마스크드 셀프 어텐션을 계산하는 방법을 나타낸 그림입니다. 일반적인 셀프 어텐션과 같습니다만, 마지막의 중요도에서 까맣게 칠해진 부분이 있습니다. 이 부분이 크기가 큰 음의 실수를 이용해 영향을 없애는 마스킹masking을 나타냅니다.

디코더의 셀프 어텐션 계산이 끝나면 다음은 인코더의 출력과 디코더의 어텐션을 계산합니다. 이때의 결과를 MLP층의 입력으로 넣어 디코더의 출력을 계산합니다.

A.2 GPT

GPT는 Generative Pre-trained Transformer의 약어입니다. 즉, GPT는 트랜스포머를 사전 학습시키기 위한 알고리즘입니다. GPT는 두 단계를 통해 트랜스포머를 학습합니다. 각 단어들의 관계를 학습하는 사전 훈련pre-training 단계와 입력 데이터를 이용해 정답을 예측하도록 학습하는 미세 조정fine-tuning 단계입니다. 사전 훈련을 선행학습이라고도 합니다. 미세 조정 단계는 일반적인 자연어 처리 학습과 같습니다.

▼ 사전 훈련 단계

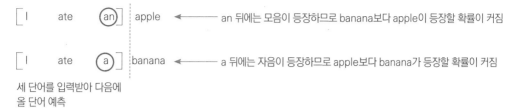

세 단어를 입력받아 다음에
올 단어 예측

앞의 그림이 GPT의 사전 훈련 단계를 나타낸 그림입니다. 사전 훈련 단계는 단어들끼리의 관계를 학습시키는 단계입니다. 예를 들어 인접한 단어 3개를 이용해 사전 훈련한다고 합시다. 그렇다면 I ate an이라는 문장 뒤에는 모음이 등장할 것이기 때문에 banana보다 apple이 나올 확률이 커지게 됩니다. 반대로 I ate a라는 문장이 나왔다면 banana의 등장 확률이 더 커지게 됩니다. 이렇게 갖고 있는 데이터로부터 사전 훈련이 이루어지게 됩니다.

▼ GPT 신경망의 구조

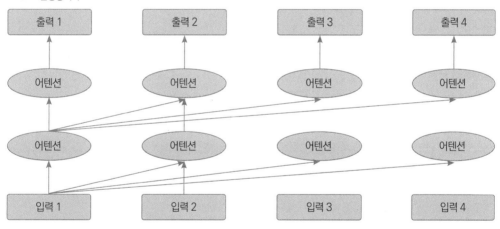

GPT는 디코더만을 사용하는 신경망 구조를 갖습니다. 앞의 그림이 GPT가 사용하는 신경망의 구조입니다. 그림에서 어텐션은 트랜스포머에서 사용했던 멀티 헤드 셀프 어텐션입니다. Seq2Seq 구조의 디코더와 동일하게 이전 시점의 예측 단어가 현재 시점의 입력으로 사용됩니다. 또한 각 시점마다, 이전에 등장한 모든 단어의 어텐션을 계산합니다.

GPT는 다양한 버전이 있습니다. GPT-2, GPT-3는 GPT와 같은 신경망 구조를 갖고 있습니다. GPT-2는 다양한 종류의 문제를 해결하기 위해나온 모델입니다. 일반적인 경우 모델을 학습할 때는 입력 데이터를 이용해 정답을 예측합니다. GPT-2는 입력 데이터뿐만 아니라 문제의 메타 데이터까지 같이 입력받아서 하나의 신경망으로 여러 종류의 문제를 해결하도록 히는 모델입니다. 예를 들어 똑같은 문장을 입력하더라도 문제의 종류에 따라 질문에 대한 대답을 하게 한다든가, 그 문장을 다른 언어로 번역한다든가 하는 식으로 다양한 문제 해결할 수 있습니다.

GPT-3는 GPT-2처럼 다양한 문제를 해결할 수 있을 뿐만 아니라, 더 적은 데이터로도 학습하도록 모델 크기를 키웠습니다. 이렇게 적은 데이터로 학습할 수 있게 하는 것을 퓨샷 러닝이라고 부릅니다.

> **퓨샷 러닝(few-shot learning)**
> 매우 적은 양의 데이터로도 학습하는 방법

A.3 BERT

BERT는 MLM^{Masked Language Model}이라는 전처리 기법을 사용합니다. MLM은 한 문장의 15%에 해당하는 단어에 마스크를 씌웁니다. 마스크를 씌운다는 것은 단어 토큰의 일부분에 특정한 처리를 하기 위해 토큰에 표시를 남기는 것을 의미합니다. 이때 표시된 단어 토큰에 '마스크가 씌워졌다'고 부릅니다. 이때 마스크가 씌워진 단어의 80%는 마스크 토큰으로 대체합니다. 그림에서의 **[MASK] 토큰**이 마스크 토큰을 의미합니다. delicious가 마스크 토큰으로 대체되었습니다. 나머지 10%의 마스크가 씌워진 단어는 원래 단어를 그대로 사용하고 마지막 10%의 마스크가 씌워진 단어는 무작위로 바꾸어 사용합니다. 그림에서는 ate는 그대로, banana는 apple로 바뀌었습니다. 이렇게 단어를 랜덤하게 바꿔주는 것으로 뒤에 나올 단어를 모르더라도 어느 정도 예측할 수가 있습니다.

▼ MLM

BERT는 MLM^{Masked Language Model}이라는 전처리 기법을 사용합니다. MLM은 한 문장의 15%에 해당하는 단어에 마스크를 씌웁니다. 이때 마스크의 80%는 마스크 토큰으로 대체합니다. 앞의 그림에서는 delicious가 마스크 토큰으로 대체되었습니다. 나머지 10% 마스크는 원래 단어를 그대로 사용하고 마지막 10% 마스크는 단어를 무작위로 바꾸어 사용합니다. 그림에서는 ate는 그대로, banana는 apple로 바뀌었습니다. 이렇게 단어를 랜덤하게 바꿔주는 것으로 뒤에 나올 단어를 모르더라도 어느 정도 예측할 수가 있습니다(이해를 돕고자 짧은 문장을 사용해서 그림에서는 단어의 60%에 마스크가 씌워져 있습니다. 실제로는 전체 단어의 15%에 마스크를 씌운다는 사실에 주의해주세요).

▼ 다음 문장 예측

BERT의 다음 문장 예측next sentence prediction에서는 입력 문장에 대해 다음에 올 문장이 올바른가를 학습합니다. 앞의 그림에서처럼 I ate a banana라는 문장의 뒤에 it was good이 온다면 올바른 문장입니다. 하지만 he is running과 같은 엉뚱한 문장이 온다면 올바르지 못한 문장이라고 예측하도록 하는 겁니다. 이때 50%의 확률로 뒤에 올바르지 않은 문장이 등장합니다.

▼ BERT의 신경망 구조

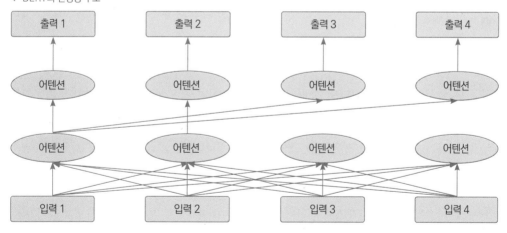

BERT는 사전에 데이터에 무작위성을 추가하는 것으로 매 시점 문장 전체를 이용해 추론할 수 있습니다. 앞에 나온 그림이 BERT의 신경망을 나타냅니다. GPT와 마찬가지로 여기서의 어텐션은 멀티 헤드 셀프 어텐션입니다. BERT는 Seq2Seq의 인코더만을 사용합니다. 또한 매 시점의 어텐션을 계산할 때 모든 시점의 단어를 고려합니다.

A.4 ViT

트랜스포머는 이미지에서도 활용할 수 있습니다. ViT는 Vision Transformer의 약자로 최초로 트랜스포머를 이미지에서 활용한 모델입니다.

▼ ViT의 구조

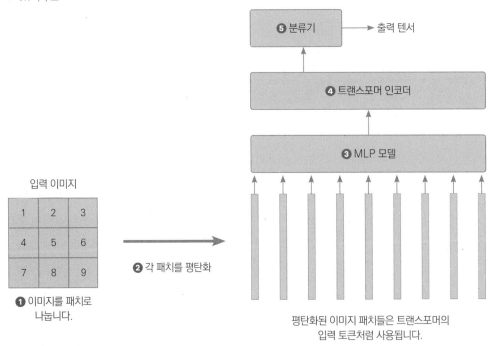

앞의 그림은 ViT의 구조를 나타낸 그림입니다. 먼저 ❶ 이미지의 가로 세로를 일정 비율로 구역을 나눠 이미지 패치로 나눕니다. ❷ 그다음, 각 이미지 패치를 평탄화해 2차원 이미지를 1차원 벡터로 변환합니다. 이때 평탄화된 이미지는 ❸ MLP 모델의 입력으로 들어가게 됩니다. 여기서 MLP 모델을 이용하는 까닭은 텍스트가 단어 임베딩을 하듯 이미지 패치의 픽셀에 임베딩 정보를 부여하기 위함입니다. ❹ MLP층을 통해 임베딩 정보가 부여된 이미지 패치들은 트랜스포머 인코더의 입력으로 사용됩니다. ❺ 트랜스포머 인코더의 출력은 최종적으로 분류기의 입력으로 들어가 모델의 예측값을 출력합니다.

이미지에서 트랜스포머를 이용함으로써 합성곱 커널보다 훨씬 넓은 범위를 볼 수 있게 됩니다. 이렇게 트랜스포머는 분야를 막론하고 최근 딥러닝에 많은 영향을 미치는 모델이기 때문에 개념을 반드시 알아두는 게 좋습니다.

오차 역전파에서
가중치 업데이트 과정

가중치가 업데이트되는 과정을 직접 유도하겠습니다. 오차 역전파를 설명하면서 적지 않은 미분 수식을 사용합니다. 그래서 미분에 익숙하지 않은 분께는 어려울 수 있습니다. 한 번 읽고 도저히 무슨 말인지 모르겠다고는 생각이 드시는 분은 '가중치는 가중치에 대한 손실의 기울기 만큼만 이 동시킨다'라고만 기억하고 넘어가주세요.

우선 오차 역전파 알고리즘의 큰 흐름을 그림으로 확인해봅시다.

▼ 오차 역전파에서 가중치 업데이트 과정

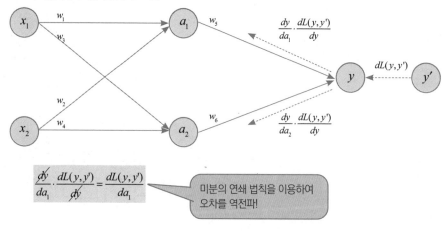

이번에는 실제로 오차가 역전파되는 과정을 구해봅시다. 먼저 손실 함수 L을 다음과 같이 정의하 겠습니다.

$$L(y, y') = \frac{1}{2}(y - y')^2$$

이 손실 함수를 신경망의 출력값 y로 미분하면 다음과 같이 됩니다.

$$\frac{dL}{dy} = y - y'$$

출력층의 출력값 y는 은닉층의 출력 a1과 a2로 표현할 수 있습니다. 또한 미분의 연쇄 법칙을 이 용하면 손실을 입력층의 가중치로 미분한 결과를 손쉽게 얻을 수 있습니다. 단, 활성화 함수 F를 반드시 고려해야 합니다. 활성화 함수로는 시그모이드 함수를 사용했으므로 먼저 시그모이드 함 수를 미분하겠습니다. 다음 그림은 시그모이드 함수의 도함수입니다.

▼ 시그모이드 함수의 도함수

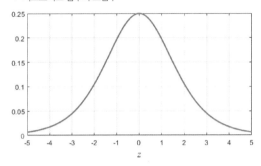

이제 가중치를 수정하겠습니다.

$$\frac{dlL}{dw_5} = \frac{dL}{dy} \cdot \frac{dy}{dw_5}$$

여기서 $\frac{dL}{dy}$ 은 위에서 $y - y'$ 임을 보였습니다. 또한 $y = F(w_5 a_1 + w_6 a_2 + b_3)$ 이므로 $\frac{dy}{dw_5}$ 는 다음과 같음을 알 수 있습니다.

$$\frac{dy}{dw_5} = a_1 \cdot f'(w_5 a_1 + w_2 a_2 + b_3)$$

여기서 $w_5 a_1 + w_6 a_2 + b_3$ 은 신경망의 순전파로부터 계산된 값이므로 상수 C로 치환할 수 있습니다. 따라서 다음과 같이 쓸 수 있습니다.

$$\frac{dy}{dw_5} = a_1 \cdot f'(C)$$

▼ y를 w_5로 미분한 결과

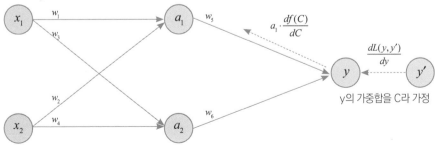

$y = f(C)$ 출력값을 w_1로 미분하면

$$\frac{dy}{dw_5} = a_1 \times \frac{df(C)}{dC}$$

즉 최종적으로 w_5까지 역전파된 기울기 $\frac{dL}{dw_5}$은 다음과 같습니다.

$$\frac{dL}{dw_5} = (y - y') \cdot a_1 \cdot \frac{df(C)}{dC}$$

▼ L을 w_5로 미분한 결과

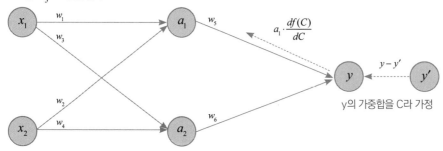

w_5를 다음과 같이 수정합니다.

$$\frac{dL}{dw_5} = (y - y') \cdot a_1 \cdot \frac{df(C)}{dC}$$

마지막으로 학습률 lr을 곱해서 w_5의 새로운 값, 즉 새로운 가중치 값으로 $w_5 - lr \cdot \frac{dL}{dw_5}$을 얻을 수 있습니다.

윈도우 · 맥OS · 우분투에
개발 환경 구축하기

C.1 윈도우

C.1.1 GPU 설정(GPU가 있는 경우)

GPU를 사용하려면 CUDA를 반드시 설치해야 합니다. CUDA 버전은 갖고 있는 그래픽카드의
드라이버 버전과 호환 가능해야 하므로 아래 표를 참고해 자신에게 알맞는 CUDA 버전을 설치해
주세요.

CUDA 버전	드라이버 버전
11.X	>=452.39
10.2	>=441.22
10.1	>=418.96
10.0	>=411.31

CUDA는 아래 링크에서 자신에게 맞는 버전을 클릭하면 내려받기 링크로 이동합니다.

- https://developer.nvidiB.com/cuda-toolkit-archive

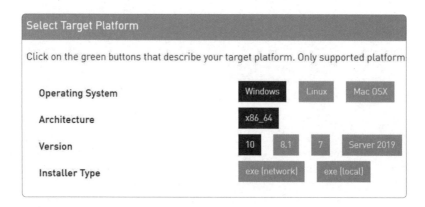

exe(local)을 내려받고 CUDA를 설치해주세요.

C.1.2 파이썬 설치

다음 링크에 들어가서 파이썬을 설치해줍시다. [Windows x86-64 executable installer]를 내려받고 실행시킵니다.

- https://www.python.org/downloads/release/python-379/

내려받은 파일을 실행시키면 다음과 같은 창이 나옵니다. 반드시 [Add Python 3.7 to PATH]를 체크해주세요. 체크를 완료했다면 [Install Now]를 눌러서 파이썬을 설치해줍시다.

설치가 완료되면 다음과 같은 창이 나옵니다. [Close] 버튼을 눌러서 창을 닫아 줍니다.

C.1.3 파이참 설치

다음 링크로 들어가면 오른쪽 위에 [Downloads] 탭을 클릭해주세요.

- https://www.jetbrains.com/pycharm/

윈도우 탭을 누르고 [Download] 버튼을 눌러 파이참을 내려받습니다.

내려받기가 완료되면 실행 프로그램을 실행시켜 파이참을 설치합니다. 설치가 완료되면 파이참을 실행시킵니다.

파이참을 실행해 [New Project]를 눌러 새롭게 프로젝트를 만듭시다. 이 책의 예제 코드는 모두 같은 프로젝트에 넣어주세요.

[Create] 버튼을 눌러서 프로젝트를 생성해주세요.

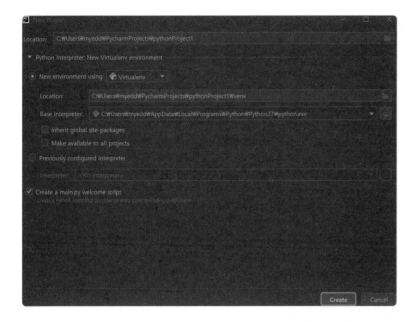

C.1.4 파이토치 설치

먼저 터미널 창을 열어줍니다. 자신의 CUDA 버전에 맞는 명령어를 입력해주세요.

```
# CUDA 11.0
pip install torch==1.7.1+cu110 torchvision==0.8.2+cu110 torchaudio==0.7.2 -f
https://download.pytorch.org/whl/torch_stable.html

# CUDA 10.2
pip install torch==1.7.1 torchvision==0.8.2 torchaudio==0.7.2

# CUDA 10.1
pip install torch==1.7.1+cu101 torchvision==0.8.2+cu101 torchaudio==0.7.2 -f
https://download.pytorch.org/whl/torch_stable.html

# CUDA 9.2
pip install torch==1.7.1+cu92 torchvision==0.8.2+cu92 torchaudio==0.7.2 -f
https://download.pytorch.org/whl/torch_stable.html
```

```
# CPU only
pip install torch==1.7.1+cpu torchvision==0.8.2+cpu torchaudio==0.7.2 -f
https://download.pytorch.org/whl/torch_stable.html
```

명령어는 모두 한 줄에 입력해야 합니다. 파이토치 설치가 완료되면 파이참으로 돌아가서 다음과 제대로 설치됐는지 확인해봅시다. 파이참이 파이썬에 설치된 패키지를 읽어오는 데 시간이 걸리기 때문에 몇 분 정도 기다려야 합니다.

환경 설정이 완료됐으면 소스 코드를 추가하겠습니다. 프로젝트 폴더를 오른쪽 클릭한 뒤, [New] → [Python File]을 눌러 파이썬 소스 코드를 추가해주세요. 같은 방법으로 폴더를 추가하거나 텍스트 파일 등을 추가할 수 있습니다.

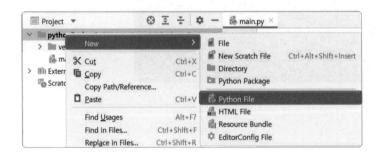

test.py 파일을 추가해봅시다. test.py에 다음 코드를 입력해서 실행해주세요.

```
import torch

print("Hello Pytorch")
```

만약 파이토치가 설치되지 않았다는 오류가 생긴다면 다음과 같이 인터프리터 설정을 바꿔줘야 합니다. 파이참에서 [File] → [Settings] → [Project] → [Python Interpreter] 탭으로 들어가주세요.

다음과 같은 화면이 보이면 톱니바퀴 모양을 누른 뒤 [Add]를 클릭해주세요.

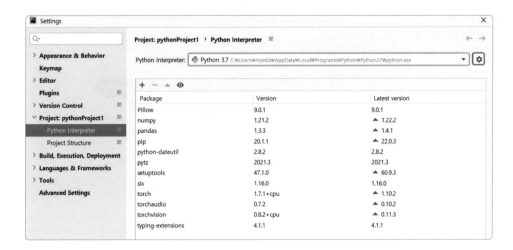

[System Interpreter] 탭에 들어가서 파이썬 인터프리터를 추가해주세요. 추가가 완료된 뒤 몇 분 정도 기다리면 환경 설정이 완료됩니다.

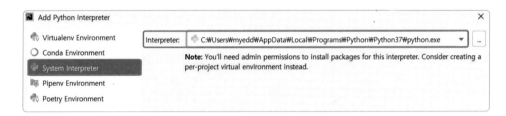

C.2 맥OS

C.2.1 파이썬 설치

다음 명령어를 터미널에서 실행해 파이썬을 설치합니다.

```
/usr/bin/ruby -e "$(curl -fsSL https://raw.githubusercontent.com/Homebrew/
install/master/install)"
brew install python@3.7
```

C.2.2 파이참 설치

파이참 다운로드 페이지에 접속해 [Downloads] 버튼을 클릭합니다.

- https://www.jetbrains.com/pycharm/

그러면 내려받기 페이지로 이동합니다. [macOS] → [Download]를 눌러 파이참을 내려받으세요.

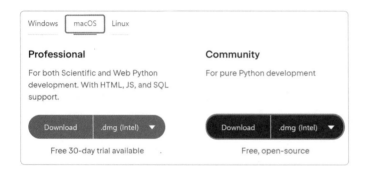

내려받기가 완료되면 dmg 파일을 애플리케이션 목록에 추가하고 파이참을 실행합니다.

[New Project]를 눌러 새롭게 프로젝트를 만듭시다. 이 책의 예제 코드는 모두 같은 프로젝트에 넣어주세요.

[Create] 버튼을 눌러서 프로젝트를 생성해주세요.

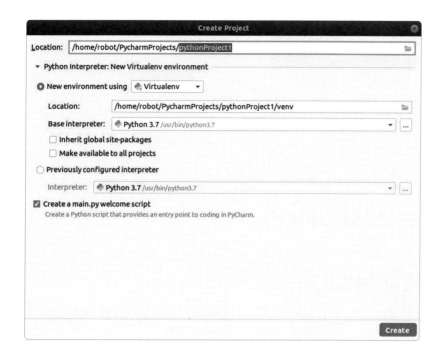

C.2.3 파이토치 설치

파이토치 홈페이지에 접속합니다.

- https://pytorch.org/

페이지를 조금 아래로 내리면 다음 그림과 같은 표가 있습니다. 설치 환경에 알맞게 옵션을 선택하면 설치 명령어를 자동으로 만들어줍니다. ❶에 있는 명령어를 터미널에서 실행하면 파이토치를 설치할 수 있습니다. 파이토치는 현재 맥OS GPU 중에서 M1만을 지원합니다. 다음 그림에 나온 명령어를 똑같이 입력해주세요.

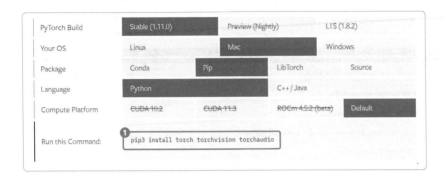

C.3 우분투 리눅스(18.04 버전)

C.3.1 GPU 설정(GPU가 있는 경우)

GPU를 사용하려면 CUDA를 반드시 설치해야 합니다. CUDA 버전은 갖고 있는 그래픽카드의 드라이버 버전과 호환되어야 하므로 아래 표를 참고해 자신에게 알맞는 CUDA 버전을 설치해주세요.

CUDA 버전	드라이버 버전
11.X	>= 450.80.02
10.2	>= 440.33
10.1	>= 418.39
10.0	>= 410.48

CUDA는 다음 링크에서 자신에게 맞는 버전을 클릭하면 내려받기 링크로 이동합니다.

- https://developer.nvidiB.com/cuda-toolkit-archive

deb(local)을 내려받고 CUDA를 설치해주세요.

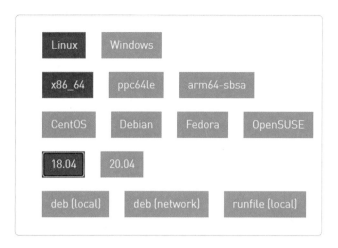

C.3.2 파이썬 설치

다음 명령어를 이용해 파이썬을 설치해주세요.

```
sudo apt update
sudo apt install software-properties-common
sudo add-apt-repository ppa:deadsnakes/ppa
sudo apt install python3.7
```

C.3.3 파이참 설치

다음 링크로 들어가면 오른쪽 위에 [Downloads] 탭을 클릭합니다.

- https://www.jetbrains.com/pycharm/

Coming in 2022.1 What's New Features Learn Buy Download

그러면 내려받기 페이지로 이동합니다. [Linux] 탭 → [Download]를 눌러 파이참을 내려받으세요.

내려받기가 완료되면 압축을 해제하고 pycharm.sh를 실행시켜 파이참을 설치합니다. 설치가 완료되면 파이참을 실행시킵니다.

[New Project]를 눌러 새롭게 프로젝트를 만듭시다. 이 책의 예제 코드는 모두 같은 프로젝트에 넣어주세요.

[Create] 버튼을 눌러서 프로젝트를 생성해주세요.

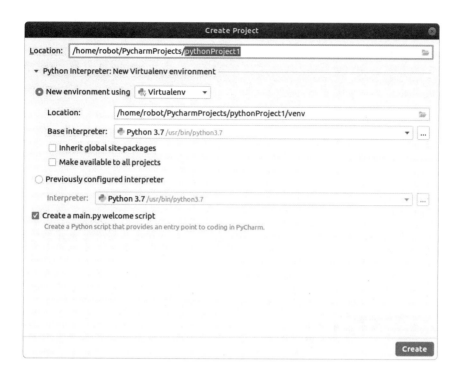

C.3.4 파이토치 설치

먼저 터미널을 열어줍니다. 터미널에 자신의 CUDA 버전에 맞는 명령어를 입력해주세요.

```
# CUDA 11.0
pip install torch==1.7.1+cu110 torchvision==0.8.2+cu110 torchaudio==0.7.2 -f
https://download.pytorch.org/whl/torch_stable.html

# CUDA 10.2
pip install torch==1.7.1 torchvision==0.8.2 torchaudio==0.7.2

# CUDA 10.1
pip install torch==1.7.1+cu101 torchvision==0.8.2+cu101 torchaudio==0.7.2 -f
https://download.pytorch.org/whl/torch_stable.html

# CUDA 9.2
pip install torch==1.7.1+cu92 torchvision==0.8.2+cu92 torchaudio==0.7.2 -f
https://download.pytorch.org/whl/torch_stable.html
```

```
# CPU only
pip install torch==1.7.1+cpu torchvision==0.8.2+cpu torchaudio==0.7.2 -f
https://download.pytorch.org/whl/torch_stable.html
```

명령어는 모두 한 줄에 입력해야 합니다. 파이토치 설치가 완료되면 파이참으로 돌아가서 다음과
제대로 설치됐는지 확인해봅시다. 파이참이 파이썬에 설치된 패키지를 읽어오는 데 몇 분 정도 걸
립니다.

환경 설정이 완료됐으면 소스 코드를 추가하겠습니다. 프로젝트 폴더를 오른쪽 클릭한 뒤, [New]
→ [Python File]을 눌러 파이썬 소스 코드를 추가해주세요. 같은 방법으로 폴더를 추가하거나
텍스트 파일 등을 추가할 수 있습니다.

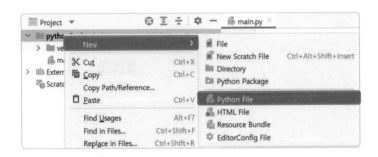

test.py 파일을 추가해봅시다. test.py에 다음 코드를 입력해서 실행해주세요.

```
import torch

print("Hello Pytorch")
```

만약 파이토치가 설치되지 않았다는 오류가 난다면 다음과 같이 인터프리터 설정을 바꿔줘야 합니다. 파이참에서 [File] → [Settings] → [Project] → [Python Interpreter] 탭으로 들어가세요. 톱니바퀴 모양을 누른 뒤 [Add]를 클릭 해주세요.

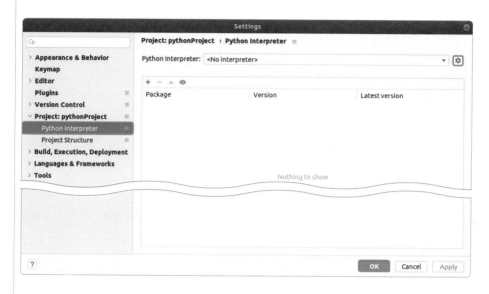

[System Interpreter] 탭에 들어가서 파이썬 인터프리터를 추가해주세요. 추가가 완료된 뒤 몇 분 정도 기다리면 환경 설 정이 완료됩니다.

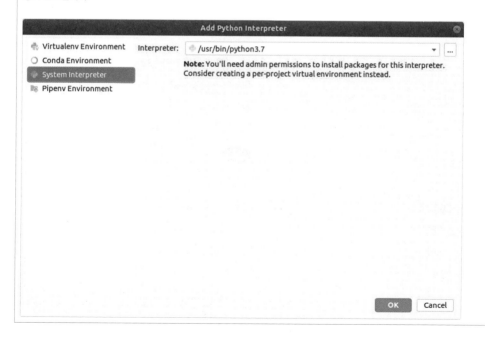

용어 찾기

용어 찾기

용어 찾기

코드 찾기

텐초의 파이토치 딥러닝 특강

CNN부터 GAN까지 15가지 신경망 예제 + 실무 노하우로 익히는 문제풀이 해법서

초판 1쇄 발행 2022년 08월 12일

지은이 이종민(텐초)

펴낸이 최현우 **기획** 최현우 **편집** 최현우, 이복연

디자인 Nu:n · **조판** SEMO **마케팅** 조수현

펴낸곳 골든래빗(주)

등록 2020년 7월 7일 제 2020-000183호

주소 서울 마포구 신촌로2길 19, 302호

전화 0505-398-0505 · **팩스** 0505-537-0505

이메일 ask@goldenrabbit.co.kr

SNS facebook.com/goldenrabbit2020

홈페이지 goldenrabbit.co.kr

ISBN 979-11-91905-21-2 93000